辺野古の弁証法

ポスト・フクシマと「沖縄革命」

山口泉

オーロラ自由アトリエ

目次

Ⅲ　二〇一三年　〝戦後日本〟の果てに

カバー・表紙写真――著者（二〇一四年）
カバー装画――李相浩『地獄圖』（二〇〇〇年）
装幀――知里永

辺野古の弁証法

——ポスト・フクシマと「沖縄革命」

琉球弧に捧ぐ――

かねてより
麗《うるは》しと見し
清《ちゅ》ら邦《くに》は
来たりて
栖《す》めば
いよよ
遙けし

……そして全篇が〝開き直り〟に満ちたこの「談話」の中でも、最も絶望的、そして日本人として慚愧に堪えないのは、以下の部分だ。

《あの戦争には何ら関わりのない、私たちの子や孫、そしてその先の世代の子どもたちに、謝罪を続ける宿命を背負わせてはなりません》

明白なのは、この日本国内閣総理大臣においては「謝罪」「責任」なる概念が、ア・プリオリに嫌忌すべきものとしてしか位置づけられていないという事実である。その必要性が検証されるのではない。「謝罪」「責任」である以上、一刻も早く否定し去ろうという情動。

《何ら関わりのない》《世代》に《謝罪を続ける宿命を背負わせ》る？　そう言うなら、その《宿命》は、むしろ意志的に《背負い》続けるべきもの。犯した過ちは取り返しがつかない。そしてこの国が人倫を回復し得るとすれば、その「責任」の継承によってこそ。

単に小選挙区制によって選ばれた内閣総理大臣というのみで、第一次内閣以来の致命的失政はじめ何の責任を負う気もない者が、あろうことか自らの「独断」で《謝罪》の一方的終了を宣言する。もはやこの国の存立する倫理的・道義的基盤を問われてもやむを得まい。

――山口泉／安倍晋三内閣総理大臣「戦後七〇年談話」に際しての、連続ツイート〔抄〕（二〇一五年八月一五日一三時台）

序　章　死の国からも、なお語られ得る「希望」はあるか？

01

死の国から、私はあなたに走り書きのメイルを送る。
そう。すでに命より早く、心・魂・精神……といった言葉で表わされてきた、もろもろの人間的現象が滅び去った、この国から。

02

この地上に、いまなお、私たち――日本に生きざるを得ない者の運命に関心を寄せてくれる他国の人びとがいるとは、驚くべきことだ。

03

いや、だがしかし、本来、それは不思議でもなんでもないのかもしれない。
なぜなら――この国の滅びを放置することは、そのまま極東の、さらにはアジア圏全域の、ひいては北半球全部の滅びにすら直結しかねないのだから。

04

すでに制御不能に陥って久しい東京電力・福島第一原発には、遠からず、人が近づけなくなるかもしれない。

それはすなわち、大量の核燃料棒が放置された四号機燃料プールの問題のみならず、東京電力・福島第二原発、茨城県の東海村原発、青森県の六ヶ所村核燃料再処理施設……と、連鎖的に致命的な核被害が継起してゆくことを意味する。六ヶ所村核燃料施設の破局は、少なくとも北半球の終焉となりかねない。

05

ところが、ほかならぬ当事者が——ただ日本人のみが、ほとんどまったく、その息苦しい事実に気づかないらしいのはどうしてか？　関心を示さないのは、なぜなのか？

いまだマスクもせず外を歩き、事故前の数百倍に放射能汚染された食物を平然と口にしている。東京でさえ、空間線量だけで、〇・一五～〇・二〇μSv／hに上るというのに。

06

福島の状況は、さらに深刻だ。

すでに子どもたちはその三分の一ないし半分近くに、甲状腺異常が発生していると言われている。だが、国と県は、彼らを避難させず、逆に携帯線量計を持たせてモルモットに仕立て上げているのだ。

07

だから私は、この日本を「死の国」だというのだ。肉体より先、命より先に、人びとの魂と批判精神とが滅んだ国である。

そして、株式会社東京電力は、なんの処罰を受けることもなく、日本政府は全面的にその「救済」に回っている。

08

しかも今また、日本大衆は、これまでこの地震多発国の狭い国土に五四基もの原子炉を林立させてきた自民党を政権に復帰させてしまった。

すでに自民党は、早速、公然と原子力政策の続行を言明している。

09

こう言えば、いささか意外に思われるかもしれない。だが実は、ヒロシマ・ナガサキ・ビキニについて、現在、世界で最も無知なのは、日本人である。

核被害当事国なのに、か？

いや。核被害当事国であるからこそ、なのだ。

だからこそ、アメリカと結託した日本政府は、自国からの、当然、然るべき重みを持つはずの「核廃絶」の声を封殺するため、教育やマス・メディアのすべての回路を通じ、多年にわたって愚民政策を推し進めてきた。

10

しかしもちろん、責任は私たち一人一人にある。

東京電力・福島第一原発事故という、取り返しのつかない核破局をもたらした上、いままた正気を失った原発政策推進と、アジアに末期的な軍事緊張を強いる軍国主義者たちの意図を体現した「憲法改悪」を断行しようとするファシスト政権。

日本大衆は、第二次世界大戦における戦争責任を曖昧にしたまま、過ごしてきた「戦後」六七年の果てに、いま再び、さらに決定的な全人類に対する大罪を犯したのだ。

ヒロシマ・ナガサキ・ビキニの死者たちに対しても、チェルノブイリの死者たちに対しても、顔向けできない。

11

どうしても消せない火。中世の疫病。組織を侵蝕しつづける癌腫……。

それら、いかなる比喩も間違っている。

もはや言語が及ばない、反人間的・反生命的・反世界的暴力として、それら核物質とその放つ放射線とはあるのだから。

12

ただ、数十万年という時間のみが、唯一、放射能を低減する。すなわち、人類にとっての現実的問題としては、事実上、世界は終わったのだ。

世界が終焉した後、いかなる生の残余を生きるか——。それが、いま私たちに、最後の「道徳」の問題として課されている。

13

私はキュリー夫妻やアインシュタインを、絶対に許さない。彼ら回復不可能な過ちを犯した者たちの説く「平和」や「人間性」を、決して認めない。

彼らやそれに連なる者らがいなければ、広島・長崎も、ビキニもなかった。今日の惨状が、当初は予見できなかったというなら、それは彼らの科学者としての力量の決定的な欠如を示しているのだ。そして「知的探求心」とは、核暴力の免罪符ではない。

彼ら科学者の功名心と権力欲とが、いま現に福島に生きることを強いられる子どもたちの甲状腺を損傷している。

14

いつ、誰が、「原子力」で電気を作ってくれなどと頼んだか？

15

助けてください。

私たちはいま、日本政府と株式会社東京電力、そしてそれに追随するマス・メディアや御用学者らの手によって、絶望的な放射能ガス室列島に閉じ込められている。

私たちはいま、自分たち自身がすでに殺されていることにすら気づかない、絶望的な愚者にほかならない。

16

いま「希望」を語ることは冒瀆である。人が現実に被っている惨苦に対して。

種としての人類ではない、個人は、ただ一回性の「生」を生き、死ぬことしかできないのだから。

そしてまた、人は他者への教訓や恐怖のサンプルとして生まれるわけでもないのだから。

17

だが、それでも語りうる「希望」があるか？
あるとしたら――それは、誰による、誰のための「希望」？

18

いまや私は、すべての力を振り絞って闘わねばならない。

(作家としても、人間としてもだ)

19

連帯は、ずたずたに切り裂かれている。

ただ、不信と憎悪とが渦巻いている。

何よりやりきれないのは、選《よ》りにも選ってそれらが、東京電力・福島第一原発事故の後、この国の民衆にもたらされた最大の冷静な感情にほかならないということだ。いっさいを粉飾し、毒を薬と言いくるめ、おぞましい集団催眠と自己麻酔のうちに瞼を閉じようとする、おためごかしの猫撫で声や惨めな諦めよりは、なるほど、不信や憎悪すらもが、何層倍もまだましではあるかもしれないにせよ。

20

けれども幸い、奇蹟のように……幾たりかの友がいる。

この、死の国の底、何重もの地獄のただなかで、互いの姿を見出した友だ。

彼らの何人かは、未来への希望をつなぐだろう。この絶望に塗りこめられた時代の、あまりにも僅かな慰め――おのおのの心臓の鼓動が、まだ、かろうじて響いているという、ただ、それだけかもしれぬ支えである。

21

でも、それこそがいま、私たちに残された「希望」なのだ。

たとえそれらが、どんなに脆弱《ぜいじゃく》で、どんなにみすぼらしく、どんなに儚《はかな》いものであろうとも。


〔初出／『Project Sunshine for Japan ―― Posters, Stories and Poems about Fukushima ／フクシマについてのポスター、文集、詩』edited by Mansoureh Rahnama, 2013, published in Dortmund, Germany〕

＊本篇に関しては、巻末の『収録作中、一一篇に関する簡略な補説風の自註』も参照。

Ⅰ　二〇一一年「県民大会バス無料券」の記憶から

「バス無料券」という思想

一九九六年の春だった。読谷村《よみたんそん》の知花昌一さんが、米軍の使用期限の切れた〝象のオリ〟（楚辺通信所）の敷地へ、本来の「地主」として立ち入りを求めるという行動に御一緒させていただく日だったから、四月一日朝のこと。当時、沖縄本島に赴いた際には、いつも身を寄せる山原《やんばる》――名護《なご》の山あいの友人夫妻の家で、妻の方が、ふと財布から取り出し、大切そうに見せてくれたものがある。

小さな紙片は新聞の切り抜きとおぼしく、飾り気のないレイアウトの中央の文字は、こう読まれた。

県民大会バス無料券

その前年――九五年九月に発生した米兵による少女暴行事件に抗議する、同一〇月二一日の宜野湾市での「県民総決起大会」に際して、沖縄本島のどこからでも、大会参加者には会場までの往路のバス賃が無料になる「券」は、前日の『琉球新報』『沖縄タイムス』両紙に出た、大会への参加を呼びかける厖大な団体の「全面広告」の片隅に、地元バス会社各社の賛同を得て付されていたものだという。それを切り抜き、使わずに取ってあるのだと、私と同い年の彼女は説明してくれた――。

話を聞いてしばらく後、私がこのエピソードから受けた感銘を、当時、連載していた『信濃毎日新聞』のエッセイ〔註〕にも書き留めた、その「バス無料券」のことを思い出したのは、今回、田中聡・

防衛省沖縄防衛局長の、沖縄蔑視の傲岸な愚昧に加え、おぞましい性暴力への嗜好にも涵《ひた》されきった発言と、それをめぐる大方のマス・メディアの卑屈な対応に接したことがきっかけである。
この地上に顕現した真の「連帯」の姿に比したとき、あまりにも次元を異にする心性——。

〔註〕山口泉『同時代を読む』第四三回『「沖縄の心」示した住民投票』（『信濃毎日新聞』一九九七年一二月二六日付夕刊「文化」面）。なお、前述の一九九六年四月一日朝の知花さん御一家や支援者らと共にした楚辺通信所立ち入り要求行動については、山口泉『同時代を読む』第一三回『「象のオリ」の沖縄で』（『信濃毎日新聞』一九九六年四月二六日付・夕刊「文化」面）に記している。

私自身、前世紀のちょうど最後の一〇年間、数十度にわたって、本島周辺・宮古諸島・八重山諸島を、単なる「旅行者」という関わりとは少なからず違う形で訪れ、滞在した。通算するなら、半年ばかりの月日は、琉球弧のあちこちで過ごしてきたこととなるだろう。そして今世紀に入ってからも、現在にいたるまで、間接的に沖縄とは関わりを持ちつづけてきたとも言えると思う。
そのかんに、私と沖縄との関係も、思いがけず大きく変わっている。そして私自身の琉球弧をめぐる認識も、むろん一様ではない。そうしたすべてを含め、自らが沖縄に関して何事かを書き綴ることへの容易ならざる抵抗を抱えたまま——今回、思うところあって、当ブログ『精神の戒厳令下に』に、その「沖縄」カテゴリーをあえて加えることとする。

〔初出／山口泉ブログ『精神の戒厳令下に』——二〇一一年一二月二日 〇五時一五分〕

＊本篇に関しては、巻末の『収録作中、一一篇に関する簡略な補説風の自註』も参照。「県民大会バス無料券」の図版も収録した。

〝田中聡発言〟報道をめぐる二つの疑問
――「オフレコ」コードは何のために存在するか？〔前篇〕

今般の田中聡・防衛省沖縄防衛局長の性暴力・沖縄蔑視発言に関しては、その内容・表現ばかりではなく〔註一〕、それが用いられた文脈・外的状況の全体を含めて、重層的な差別性と強権的な恫喝に満ちた弁護の余地のないものだ。これは現政権の性格ばかりでなく、多年に及ぶ日本の支配機構としての官僚の質を、「軍」――防衛省という、その国家主義的性格の最も突出して現われた部分の内局という立場で示しているものとも私は考える。

〔註一〕今回の経緯の釈明のなかで、田中自身が、自分は「犯す」という言葉は使っていないと主張しているのは、おそらくそれ自体は事実かもしれない。かかる文脈でこうした精神が用いる言い方としては、「犯す」という語には、それでもなおソフィスティケートされた違和感が漂っており、実際には同義の別の語が（新聞記事とするにあたって）置換された可能性も感じさせる。端的にいうなら、田中某は、もっと直截《ちょくせつ》の――さらに下卑た言い回しをしたのかもしれないから。

だが、いくら批判してもし足りない田中自身の問題とは別に――私が看過できないと考えるのは、それに対する制度圏ジャーナリズム〔註二〕の姿勢についてこそにほかならない。そしてそのことの重大さを思うと、この事態が発覚した当夜、一一月二九日夜のテレビ朝日『報道ステーション』で古舘伊知郎がしきりと、その田中の発言の場には『朝日新聞』もテレビ朝日も、ともに居合わせなかったと繰り返し強調した意図も、よく判ろうというものだ。

〔註二〕これまでも繰り返し説明してきたことではあるが、軍事独裁政権と闘ってきた韓国民主化運動では、自らの側「運動圏」（운동권＝ウンドングォン）に対して、既存の「体制的」既得権領域を制度圏（제도권＝チェドグォン）と呼ぶ。

田中の発言に関連しての、マス・メディアにおける問題点と私が考えるものは、おおまかに分けて二つ、ある。

第一は、問題の記者たちとの「懇談」が居酒屋で行なわれていたという点だ。

第二は、くだんの発言が「オフレコ」を前提として為されたというばかりか、この事態が発覚し、ただちに田中が更迭〔註三〕された後になってさえも、いまだなお、その「オフレコ」なる概念をめぐって、不毛の極みともいうべき愚劣な〝論議〟が、制度圏ジャーナリズムのみならず、アカデミズム（制度圏アカデミズム？）をすら巻き込んで展開されている事実である。

そしてこの両者は、おそらく一つの不可分な現実の相異なる局面にすぎない。しかも、これら二つの問題点に関して、当のメディアの側の対応は甚だ奇妙である。

〔註三〕私見では、「更迭」と称して沖縄防衛局長を外し「官房付」とした……といった、その程度の処分は、なおあまりにも軽すぎるものにほかならない。民間なら——ないしは独立事業者なら、本来、職そのものを失うほどの問題であろう。官僚における、かかる「処分」の甘さは、先般の〝勤務時間中に同僚女性と不適切な性的接触を繰り返していた〟という、原子力安全・保安院審議官、西山英彦に対するそれにも通ずるものがある。

事態は、さほど複雑ではない。問題は、一般の新聞報道を見るだけで容易に指し示し得る。まずくだんの田中の発言を〝「オフレコ」コード〟を破って最初に報じた『琉球新報』二〇一一年一一月二九日朝刊一面トップの記事を確認しておこう――。

《「犯す前に言うか」田中防衛局長　辺野古評価書提出めぐり

沖縄防衛局の田中聡局長は二八日夜、報道陣との非公式の懇談会の席で、米軍普天間飛行場代替施設建設の環境影響評価（アセスメント）の「評価書」の年内提出について、一川保夫防衛相が「年内に提出できる準備をしている」との表現にとどめ、年内提出実施の明言を避けていることはなぜか、と問われたことに対し「これから犯しますよと言いますか」と述べ、年内提出の方針はあるものの、沖縄側の感情に配慮しているとの考えを示した。県などが普天間飛行場の「県外移設」を強く求め、県議会で評価書提出断念を求める決議が全会一致で可決された中、県民、女性をさげすみ、人権感覚を欠いた防衛局長の問題発言に反発の声が上がりそうだ。

田中局長は那覇市の居酒屋で、防衛局が呼び掛けた報道陣との懇談会を開いた。報道陣は県内外の約一〇社が参加した。

評価書の提出時期について、一川氏の発言が明確でないことについて質問が出たとき、「これから犯す前に犯しますよと言いますか」と発言した。

懇談会終了後、沖縄防衛局は、琉球新報の取材に対し「発言の有無は否定せざるを得ない」と述べた。

沖縄の米軍基地問題に関連し、女性をさげすむ発言は過去にも問題となった。

一九九五年九月に起きた少女乱暴事件後の同年一一月、リチャード・マッキー米太平洋軍司令官（海軍大将）が同事件をめぐり、「全くばかげている。私が何度も言っているように、彼らは車を借りる金で女が買えた」と発言し、更迭された。
田中局長は一九六一年生まれ。大阪大学法学部卒。八四年旧防衛施設庁入庁。那覇防衛施設局施設部施設企画課長、大臣官房広報課長、地方協力局企画課長などを経て八月一五日に、沖縄防衛局長に就いた。
田中局長は非公式の懇談の席で発言したが、琉球新報社は発言内容を報じる公共性、公益性があると判断した。》

http://ryukyushimpo.jp/news/storyid-184598-storytopic-3.html

堂堂たる記事である。とりわけ、最後の一文が素晴らしい。単なる「スクープ」というに留まらず、限られた時間とスペースのなかで歴史的視野を踏まえ、倫理的要点を押さえ、〝「オフレコ」コード〟を破棄する根拠の示し方も含めて過不足ない。日本の新聞報道史に残る一篇であるとともに、今日の日本国家の版図にも、なおジャーナリズムが残っていたことの、これは証左となるだろう。

この記事が書かれたという事実の持つ、一種極めて二律背反的な意味については、次項でも述べる。

〔初出／山口泉ブログ『精神の戒厳令下に』——二〇一一年一二月二日 〇四時三三分〕

『琉球新報』が守り抜き、居合わせた他メディアが喪ったもの
――「オフレコ」コードは何のために存在するか？〔後篇〕

最初の問題は、この『琉球新報』二〇一一年一一月二九日付朝刊一面トップの――他社にとってはある意味〝驚天動地〟の記事が出現したことに対しての、他のメディアの対応である。

なぜ、驚天動地か？　それは〝「オフレコ」コード〟が平然と破られたからだ。

その驚愕に満ちた反応の最も象徴的なものを、時事通信社から、僅か二分の間隔をおいてインターネット発信された、以下の二本の記事に見ることができる。

《おことわり＝沖縄防衛局長発言について

防衛省の田中聡沖縄防衛局長の二八日夜の発言については、時事通信社の記者も懇談会に出席していました。基地問題の背景を説明するのを趣旨としたオフレコ前提の非公式懇談だったため、記事にするのは見合わせましたが、二九日朝、一部報道機関が報じたことから、オフレコの意味はなくなったと判断。発言内容を報じることにしました。》（2011/11/29-13:12）〔時事通信社〕

《「沖縄と女性蔑視」＝防衛局長の不適切発言、地元に憤りの声

沖縄防衛局長が米軍普天間飛行場移設に関する記者との懇談で女性蔑視とも取れる不適切な発言をしたことが伝わり、沖縄県では二九日、強い憤りの声が聞かれた。

普天間飛行場の名護市辺野古への移設に反対し、辺野古で座り込みを続ける市民団体代表の安次富浩さん（六五）は「この発言で官僚の沖縄施策の根底には、女性蔑視と同様に沖縄蔑視が横たわっていることがはっきりした」とあきれた様子で話した。

女性の人権尊重を訴える市民団体の代表者狩俣信子さん（七〇）は「米軍基地を多く抱えている中で沖縄には、大変な状況に置かれてきた女性もいる。いくら酒の席といっても絶対に許せない」と憤る。

両市民団体は今後、沖縄防衛局に対し発言に抗議し、普天間飛行場移設の手続きとなる移設先の環境影響評価書を出さないよう国に求める要請行動に幅広い参加の呼び掛けをするという。》

（2011/11/29-13:14）［時事通信社］

関連して、他紙の対応も確認しておく。

《オフレコ取材、記者には道義的責任　新聞協会【水平垂直】

非公表を前提とする「オフレコ発言」で、閣僚や政府高官が辞任に追い込まれるケースはこれまでもあった。直近では九月鉢呂吉雄前経済産業相が原発視察後、記者団に「放射能をうつしてやる」と述べたことが報じられ、辞任した。

沖縄防衛局によると、田中聡沖縄防衛局長の懇談はオフレコが前提だった。二九日付琉球新報は「非公式の懇談の席で発言した」と、オフレコを承知していたとした上で、田中発言を報じた理由について「発言内容を報じる公共性、公益性があると判断した」と説明した。同社記者から記事掲載の連絡があったのは二次会の場だったという。平成七年一〇月には宝珠山昇防衛施設庁長官（当時）が米軍基地をめぐる村山富市首相（同）の対応を「首相が頭が悪いからこんなことになった」とオフレコで批判。実名で報じられ、更迭された。同年一一月には、江藤隆美総務庁長官（同）が日韓併合をめぐり「日本もいいことをした」とのオフレコ発言が報じられたことで、辞任した。
日本新聞協会編集委員会は八年二月、オフレコ取材に関し、事実把握の手法として容認した上で「その約束には破られてはならない道義的責任がある」と指摘。一方で、国民の知る権利を制約・制限する結果を招く安易なオフレコ取材を「厳に慎むべきだ」とした。》

（『産経新聞』電子版／二〇一一年一一月三〇日）

私は前項で「しかも、これら二つの問題点に関して、当のメディアの側の対応は甚だ奇妙である」と記した。いかにも――。

まず第二の点――「オフレコ」という概念の捉え方、およびそこで「取材」し得た情報の取り扱いに関して、そもそもの発端となった『琉球新報』以外、他のいかなるメディアも、進んでその〝「オフレコ」の禁〞（？）を破ることの可否に対する、自らの見解を表明していない。

ただ『琉球新報』がそれを〝破った〞報道が、あまりにも巨きな反響を喚《よ》び起こした――その事実に慌てふためき、そして〝『琉球新報』が破った以上、もはや自分たちがそれを守り通すことにも意味はなくなったのだ〞として、まるで過去・現在・未来のすべての責任は『琉球新報』にあるといわんばかりの……『琉球新報』一紙に全責任を押しつけるかのごとき形で――その尻馬に乗り、自分たちも居合わせた、その場の田中の発言を我先にと「報道」しているだけである。

しかも肝腎の「オフレコ」概念に関しては、あたかも他人事のように「識者」の賛否両論を併記しているのみで、最後の最後まで、自社の意見はなんら表明していない（残念ながら『東京新聞』のような、一連の「原発」報道においては、紙のメディアとして相対的には最も良質な媒体にあってすら）。なんと日本的な――付和雷同の没主体的な集団主義だろう。

そして第二の点……くだんの「懇談」が居酒屋で行なわれていた、という事実にいたっては、新聞・テレビの何を見ても――少なくとも私の目に触れ得たかぎり――そのこと自体を問題とする見解は、まったく見当たらなかった。そもそも、この飲食代は誰によって負担されていたものだったのか？

それにしても「オフレコ」とは、奇怪な制度である。

「基地問題の背景を説明するのを趣旨としたオフレコ前提の非公式懇談」？「オフレコを承知していたとした上で、田中発言を報じた理由」？「事実把握の手法として容認」？「その約束には破られてはならない道義的責任がある」？その一方で「国民の知る権利を制約・制限する結果を招く安易なオフレコ取材を厳に慎むべき」？一体、何が言いたいのか。

何はともあれ「オフレコ」と言われるからには、そこで耳にした話、知り得た情報は、建前上は「記事にできない」はずなのだろう。

ところが、最初から「記事にはできない」ことを承知の上で、しかも政治家や官僚に呼び集められ、その話を聞かされる。新聞読者、テレビ視聴者へ向けて、知らせたくとも知らせる権利を抛棄する、そのことを前提に――。

なぜ〝報道できないこと〟を承知の上で、政府関係者に会うのか。話を聞かされるのか？

その目的はただ一つ、丸め込まれる（相手からすれば、丸め込む）ためよりほかに考えられない。報道機関としての自殺行為である。

くだんの『琉球新報』記者もまた、この報道機関としての自殺行為的な共犯関係の慣習に参加し、「オフレコ」であることを承知の上で、田中の話を聞かされた。だが、そのあまりに容認し難い醜悪な内容に接し、〝「オフレコ」コード〟を破ることを決意したが故に——結果として、この記者は、自らと『琉球新報』とを根底的に救い、そして沖縄内外に、日本政府・防衛省の末期的頽廃を明らかにした。

その一方、この席に居合わせた他の制度圏ジャーナリズムは、結果として、『琉球新報』の必死の（で……おそらくそれはあったろう）判断との対比において、報道機関としての破産をさらけ出すこととなった。

つけ加えると、上掲引用で『産経新聞』が引き合いに出している鉢呂吉雄・前経済産業相のケースは、実はこの「オフレコ」問題とは微妙に次元を異にする。むしろ、この関連では、それに遡る七月の、前復興担当大臣・松本龍による宮城県庁での、同県知事・村井嘉浩に対する暴言「国は何もしてやらないぞ」と、それに続けて居合わせた記者団を恫喝した「今の言葉はオフレコだから。書いたらその社は終わりだからな」を引くべきではないだろうか。

ちなみに、当ブログ〔東京電力・福島第一原発事故〕カテゴリで、まだアップロードできずにいる《菅直人・枝野幸男政権、一一（か、それ以上）の大罪》の〔後篇〕では、衆人環視のなか、この公然たる「言論統制」の脅迫を行なった閣僚を、内閣総理大臣・菅直人が罷免も叱責もしないまま、結局、本人が「辞任」するに任せ、挙げ句の果て「病気」にかこつけていっさいの責任を曖昧にした「大罪」も含まれている。

現職閣僚が、これほどまでの横暴をジャーナリズムに対してほしいままにしたことは、少なくとも戦後日本においてはなかったのではないか？　しかも、この蛮行の一部始終を録画し放映したのは、なんと地元・宮城の東北放送だった。
本来、何をしようと容易に「終わり」になどなるはずもないであろう、より強大で、より特権的でもある他の「局」は、この白昼堂堂と為された構造的ともいうべき言論統制の恫喝に、むしろだらしない追従笑いを以て応えたのだ。

ちなみに、このおぞましい追従笑いは、東北放送が渾身の思いを込め、記録・放映したＶＴＲで、はっきり聴き取ることができる。愚にもつかないお笑いバラエティのスタジオ番組に、内容のなさを糊塗しようと、編集段階になってひっきりなしに被せられる、空疎な〝効果音〟のそれのように。

〔初出／山口泉ブログ『精神の戒厳令下に』——二〇一一年一二月二日 〇四時四七分〕
＊本篇に関しては、巻末の『収録作中、一一篇に関する簡略な補説風の自註』も参照。

II　二〇一二年　彼らから遺贈されたはずの世界で

この瀕死の世界を、いかに委譲しよう?

島崎藤村（一八七二年―一九四三年）は、青春後期の六年間を長野県・小諸《こもろ》で過ごし、小品集『千曲川のスケッチ』などの成果を残した。それにちなんで同市により、一九九二年、文豪の生誕一二〇年・没後五〇年を記念して創立されたのが「小諸・藤村文学賞」である。

一般・高校・中学の三部門に分け、エッセイを公募するこの賞の銓衡《せんこう》委員を、縁あって二〇〇五年から、私は務めている。毎年、国内外から数千篇の応募があり、予備銓衡を経た最終候補作一〇〇篇前後が、私を含む四名の選考委員に回ってくる。

一般の部が重厚な小説のような余韻を残す作品の多いのに対し、高校・中学の応募作は、むろん若わかしく、しかも眩しいほどに真摯な眼差しが世界に注がれていることが特徴だろうか。初夏の旬日、それらに読み耽ることは、私にとって巨きな愉しみだ。

そして例年六月中旬、文豪ゆかりの宿「中棚荘」に泊まり込んで入賞作品を選び、「藤村忌」前日の八月二二日に市内で表彰式が催される慣わしである。その席で作品の書き手たちとも対面するのだが、昨夏は私自身、思いがけないことがあった。私の分の講評を述べる冒頭、居並ぶ中学・高校の受賞者たちの制服姿に接し、草稿に用意していなかった言葉が口を衝《つ》いたのである。

「三月、地震・津波に続いて東京電力・福島第一原発の事故が起こったとき、私は今年もこの授賞式の場に立つことができるかどうか、分かりませんでした」

チェルノブイリの一〇倍とも、広島型原爆の数十倍ともいわれる放射能汚染は、いっこうに解決のめども立たない。

「私は年長の世代に属する一人として、こんな状態にしてしまった世界を皆さんに託さなければならないことが、申し訳ない思いでいっぱいです」

晴れの授賞式における挨拶としては、いささか当を失した内容だったかもかもしれない。だがその言葉の意味を、彼らは正面から受け止めてくれたのではないか。——そう、私自身は考えている。

当初に情報を隠匿し、あたら人びとを被曝させた政府は、その後も高濃度汚染地域の住民は避難させず、逆に汚染瓦礫を全国に拡散し、原発を再稼働させ、亡国のＴＰＰ参加を強行しようとする。福島第一原発は大量の燃料棒を貯め込んだ四号機建屋の倒壊が懸念され、二号機は「再臨界」が疑われている。そしてあまりの政治の荒廃に、大衆の間にはファシズムへの渇仰ともいうべき気分が漲《みなぎ》っている。この、瀕死の世界——。

「藤村文学賞」は、入選経験者でも繰り返し、応募できることも、その特徴の一つである。現在、私は三月初旬の刊行をめざしてフクシマ論集『原子野のバッハ——被曝地・東京の三三〇日』（勉誠出版）の入稿作業中なのだが、彼らもまた、苛烈な一年の思いを刻印した作品を綴っていてくれるだろうか。

この夏、それともいつか——あの少年少女と再会できることを、私は強く願っている。

〔初出／月刊『大法輪』二〇一二年五月号〕

日本人は、いつ「人間」になるのか？

一〇月一七日、滞在中の沖縄で「2米兵 女性暴行」の白抜き見出しが一面に掲げられた『琉球新報』『沖縄タイムス』を前に思ったのは、「ヤマト」の新聞はきょう、どんな紙面作りをしていたか、だった。その隔絶を、単に沖縄の二紙が「地元紙」だからだと済ませて良いか？

「女性としては特に、沖縄は怖い島」「つねに、レイプや死と隣り合わせ」――沖縄市に生まれ育ち、現在もそこに住む若い畏友《いゆう》が、事件後、漏らした述懐だ。当初「全基地封鎖」を口走りながら、ついに何もしなかった仲井眞弘多《なかいまひろかず》知事への不信を隠さない彼女は、オスプレイ配備についても「結局、墜落しなければ事態は変わらないのか」と、絶望的な怒りを語る。

だが、その知事すら、今回の事件に「正気の沙汰ではない」との声明は発した。これに対し、森本敏《さとし》・防衛大臣が「非常に強い怒りと憤りを感じている」とうそぶくとき、そこにひとかけらの真実もありはしないことは、ほかならぬ私たち日本人自身が、よく承知しているはずだ。

にもかかわらず、それを黙認するなら――そもそも私たちもまた「正気」ではないのだ。「正気」でないのは、私たちなのだ。

沖縄の人びとを、都合の良いときだけ「日本人」という枠に囲い込み、その実、すべての人権を奪い貶《おとし》める二重基準を適用して済ませる私たち。いままた、いつ大惨事を起こしてもおかしくない軍用機さえ、毎日、頭上に浮かばされ、女性の尊厳が根底から傷つけられる沖縄の現実に、平然としていられる日本人こそが。

九月三〇日の黄昏《たそがれ》どき、普天間基地・佐真下《さました》ゲートで、元・小学校教員の小橋川共行《こばしがわともゆき》さん（六九歳）にお会いした。その前月・八月にキャンプ瑞慶覧《ずけらん》前で、八五歳の上原成信《せいしん》さん（「沖縄・一坪反戦地主会関東ブロック」元・代表世話人）とともに行なったハンストについて淡淡と語ってくださった小橋川さんは、一九五九年に石川市（当時）で起きた米軍ジェット機墜落の大惨事で親戚を亡くされている。

強行配備されるオスプレイ編隊の飛来が刻刻と近づく一〇月一日の午前、普天間基地・大山ゲート前で涙にくれていた大学生――。彼女が握りしめていたゲイラ・カイトは、担当教員から「これを揚げる抵抗のしかたもある」と、ゼミで配られたものだという。

ふだんは、新聞を取ってはいない方なのかもしれない――。一〇月二日午後の沖縄市・中の町のコンビニで、小柄な、まさしく「オバー」と敬愛を込めて呼ばれるに相応しい高齢の女性が一人、大切そうに携えてきた封筒からレジ台に、十円玉・一円玉を拡げ、「オスプレイ配備」を報ずる『新報』『タイムス』二紙を買って帰る光景を、東京からの私の同行者は目にした。

颱風《たいふう》二一号が襲来した、一〇月一七日の宵のことだ。いつもは明るくウィットに富む、FM沖縄のディスクジョッキーの男女が、語調を改めて、日米両政府による一連の事態への憤りを「沖縄を植民地だと思っているのか」と語る。

しかし実は、少なからぬ日本人の意識には、おそらく「植民地」という概念すら、持ち合わせがないのだ。すべての根源的な差別が、おしなべてそうした一方的な傲慢と鈍感とに染め上げられているように。

そして本稿を綴っている、きょう——一〇月二一日（ちょうど「国際反戦デー」と呼ばれる日だ）、女性たちの平和活動グループ《ソーミナー》の方がたに、前述の米軍機墜落事故現場となった、現・うるま市立宮森小学校を案内していただいた。

メンバーの石原直子さんは、今回、オスプレイが配備された頃から、身近に接する小学一年生の男児たちが、そもそも飛行体としての数かずの欠陥と危険性が指摘される垂直離着陸輸送機V―22をレゴ・ブロックを組み立てて作った上で、それを墜落させるという〝遊び〟を、不安げに繰り返すようになったと語る。

やはり本日お会いした、もう一人の《ソーミナー》メンバー・佐次田《さしだ》定子さんは、五九年の事故当時、宮森小学校五年生だった伴侶が、級友たちの凄惨な死に立ち会っている方である。そして佐次田さん御自身は、単なる「被害者」としてだけではない、アジア・中東地域への米国の侵略戦争の受動的加担者としての沖縄の「責任」をも、静かに問いつづける。

沖縄に、ここまでの苦難と苦悩とを強いる、日本とは何か？

しかも、当の私たちはまるで何事もなかったかのように、政府・東京電力・御用メディアのしつらえた放射能ガス室列島で、いまだ優雅な「人でなし」の生を生き永らえるつもりでいる。

沖縄を、最後の最後まで、「消費」し尽くそうとしている。

〔初出／『週刊金曜日』二〇一二年一〇月二六日号〕

＊本篇に関しては、巻末の『収録作中、一一篇に関する簡略な補説風の自註』も参照。

人類史に顔向けできない大罪

――二〇一二年衆院選・都知事選の絶望〔前篇〕

二〇一二年一二月一六日、「戦後日本」は最終的に滅んだ。

いや。滅亡したのは、単に「戦後」を冠されるそれというより、日本そのものであったのかもしれない。この破滅が、極東……さらにはアジア圏全域、最終的に北半球の広汎な地域へと拡大してゆかなければ幸いである。

なぜなら――私たちのこの最低の国は、制御不能のまま放射性物質を撒《ま》き散らしつづけているそれらをも含めた、五四基もの原子炉と、さらに終末的な破滅の淵源《えんげん》となり得る関連核燃料施設をも抱え持った、現状、史上最悪の核暴力国家と化しているのだから。しかも、おめでたくも凶暴なその国の「有権者」大衆の〝マジョリティ〟は、この絶望的な核汚染状況になんら対策を講じず、逆にますます核破滅を加速させる政党に、嬉嬉として自らの一票を投じたのだから。

その意味で――敢えて言う――日本国「有権者」大衆の〝マジョリティ〟は、全人類史に顔向けできない大罪を犯したのだ。それが積極的犯意によるものであれ、度し難い無知の露呈であれ。自公三二五議席・〝第三極〟を標榜しつつ濃密なファシズム性を帯びた政党五四議席という結果は、いまこの国が地球的規模で及ぼしかねない惨害を思うとき、人類にとっての危機にもほかならない。〔註一〕

〔註一〕インターネットの一部で、高度に操作されたコンピュータ・システムを中心としたそれを含め、〝「不正投開票」疑惑〟が取り沙汰されていることは、私も承知している。そうした視点を手放さない警戒心は、むろん無意味ではない。だが今回の場合、それがこれだけ広範囲に行なわれたと考えることはリアリティを欠くし、何よりそうした見方は、現時点におけるこの国の「有権者」大衆の意識に対して、まだまだあまりに楽観的すぎる。

二〇一二年一二月一六日、「戦後日本」は、最終的に滅んだ。

むろん、それ以前の二〇一一年三月中旬――あの絶望的な一〇日間に、この国ばかりではない、少なくとも東アジアの広汎な地域と、そこに生きざるを得ない人びと、また全生命は、決定的な損傷を被ってはいる。株式会社東京電力とその系列勢力、日本政府、そして、マス・メディアとそれらへの寄生者たちとによって。

だが、それでもなお、そこにはまだ、市民的理性の表現手段であるはずの選挙と、その結果、編成される議会、そしてそれを基に成り立つ政府によって、いささかでも危機の進行を食い止め、ないしは遅らせようとする、国民―大衆―民衆の意識が示されるかもしれないという、一縷《いちる》の望みはあった。たとえ、自分たち自身の滅びが避けがたいとしても〔註二〕、そこに民としての良心と知性の存在証明を遺すこと。私たち日本人が、ともかくも人間だった証を、地球に刻みつけること。

今回のあれら――衆議院選と東京都知事選とは、とりもなおさず、そうした選挙だったのだ。

〔註二〕なぜなら、まず第一に、少なくとも東日本居住の人びとの放射線被曝は、程度の差こそあれ、決して軽視し得るものではないから。しかも現状に至る過程で、民主党政府により為されてきた人為的な二次被曝・三次被曝は、西日本にも及んでいるのだから。

過去何年にもわたり、これらの選挙が終わったあと、決まって繰り返されてきたやりとりがある。

曰く「国民はバカなのか？」「都民はバカなのか？」——。現に、海外在住のある年若い知人から、私は〝もしも都知事選の結果が不正投開票によるものではないとしたら、都民はほんとうにバカということになる〟というメイルを受け取った。

絶望を見据えねばならないとき、最も斥けるべきは「まさか、いくらなんでも、そこまでのことはないだろう（ないはずだ）」との、予定調和的な予断である。人性の救い難さに対する、一種「性善説」めいた高の括り方である。

一定程度以上、聡明な人びとのしばしば陥りがちな過ちは、自らを基準に他者を類推しようとすることだ。人間の底知れぬ愚劣さを前にしたとき、自らを唯一の尺度としては、絶対にならない。石原慎太郎などという、できればその名も記したくない、「戦後日本」を腐蝕する以外、いかなる作用も為しえなかった者が、今日にいたってなお、好き放題に振る舞い、その一族郎党もまた「選良」の座を恣《ほしいまま》にする。しかもこれが中世封建制下の悪夢でない以上、それを支えているのは、自らを嘲られることに快感を見出す、お笑いバラエティ番組のスタジオ「参加」視聴者と相同形を成す「有権者」大衆にほかならない（小泉純一郎をめぐっても、問題の構造は同様である）。

いかにも、「そこまで東京都民はバカなのか？」「日本人はバカなのか？」と問われれば、とりあえずは現に起こっている現実が、その答えのすべてだと応ずるしか、あるまい。だが、それらが決して一朝一夕に起こった現象ではなく、実は「戦後日本」の始まりから——もしくは擬似「近代日本」の最初から、そうだったのだとしたら？

「国民はバカなのか？」「都民はバカなのか？」——この設問の立てられ方。また「バカ」なる術語が適切なものかどうかについては、いったん措《お》くとして、今回の選挙結果が、従来のいかなる場合にもましてやりきれないのは、それが「原発」と「憲法改正」とに直接、関わる決定的な自殺行為、ないしは無理心中にほかならないからだ。

東京電力・福島第一原発事故。TPP強行参加。福祉の破綻。一部ファシストらによって仕組まれた〝国境紛争〟。

それらすべての「課題」に、実際、最低の底をすら割り込んだ対応しか為しえなかった民主党政権に代わる〝オルタナティヴ〟が、しかしながら自民党でしかないという貧しさと歴史観の欠如――。

これらは「バカ」かどうか以前に、むしろ言葉の本質的な意味での「教養」の欠落という問題であろう。あまりにも「教養」がなさすぎるのだ。急いで断っておくと、教養といっても、職業知識人・大学教員のような〝専門〟的、プチブル的なそれではなく――現在を生きる人間としての、最低限、持ち合わせているべき。

だからこそそれは、手に入れる機会を奪われた、といった歴史社会学的・階級的視点の問題ではなしに、直接には、自助努力の乏しさという形で現れる。その自助努力の乏しさそれ自体が、歴史社会学的・階級的視点の問題だ――という論点も、また存在しえようが……。

（だが、果たしてどうなのか？　吉本興業の「お笑い」やAKB48に浮かれている「大衆」以上に、当の「お笑い芸人」やアイドルたちはむろん「したたか」であり、時として十分に聡明でありさえする。先般、とある愚にもつかない暴力映画の試写会に招かれながら、「あまりにも命が軽んじられすぎる」「私はこの映画は嫌い」と表明して途中退席し、その後も見解を変えることのない大島優子に匹敵する自己主張を、彼女に熱狂するファンたちのどれほどが――たとえば選挙の投票という、匿名的行為においてすら――為し得るかどうか？）

卑しく愚かな民主党政権が「課題」とすることになった、それら大状況は誰によって設《しつら》えられてきたのか？　自民党だ。だったら、「公約」に対する最低限の日本語読解力、それに基づく論理的思考力を具備した者なら、採り得る選択肢はおのずから明らかなはずではないか？　未来の党でも、社民党でも、日本共産党でも良い――それらの政党だ。

にもかかわらず、こうした各党が軒並み落ち込み、民主党政権に代わって選ばれるのが自公、もしくは〝第三極〟を標榜する濃密なファシズム性を帯びた政党であるという、この絶望的貧しさ。日本の息の根を止めようとしている政党が「日本を取り戻す」と平然とうそぶく、醜悪な茶番。

付言しておくと、くだんの濃密なファシズム性を帯びた政党が堂堂と第二党を窺《うかが》う勢いにあるという、この事態において、最も絶望的なことは何か？

絶望的なのは、実は単にそれが濃密なファシズム性を帯びた政党であるからというだけではない。それ以上に、いやしくも公党として、原発問題に関し、いかなる見識も、それ以前に党としての統一見解すらない、ひたすら権力への志向のみの集団であるという点だ。

このかん、最高幹部二名のあいだで二転三転した「原発」政策（？）の空疎さをかくまで見せつけられながら、なおその政党と所属候補に票を投ずることのできる「有権者」。

彼らにとってみれば、放射能とは、どうやらこの世に実在しない概念ということになるのだろう。

〔初出／山口泉ブログ『精神の戒厳令下に』――二〇一二年一二月一八日 〇八時〇四分〕

ヴァイマール共和制よりも破滅的な崩壊
——二〇一二年衆院選・都知事選の絶望〔中篇〕

むろん今回の事態は、当初から心ある人びとがさんざん反対してきた小選挙区制が、その悪辣な本質を存分に発揮した結果とも、言って言えないことはない。風景が一夜にして、正真正銘のファシズム国家のそれに塗り替えられたという、この目の眩《くら》むがごとき末期的事態は。

あの気の遠くなるようなふやけた閉塞感、透明な息苦しさに充ち満ちた一九八〇年代後半の一時期、単に筋金入りの保守政治家たちばかりではない——百害あって一利なき、くだんの詐欺的似而非《えせ》選挙制度「小選挙区制」を積極的に支持、ないしは躊躇なく容認していた、この国のいわゆる〝進歩的〟ジャーナリストや大学教員らの顔ぶれ〔註一〕を検証してみることも、時間に余裕のある者にとっては、必ずしも無意味ではないだろう。そしてそれを見れば、この国——「戦後日本」における言論の不毛、職業〝知識人〟の空虚さの一端も把握できるはずだ。

しかしながら、あの〝悪夢のようだが、これが現実だ〟選挙から、すでに一週間ちかくもの時間を

〔註一〕幸い、現在ではインターネットによる情報蒐集が、むしろ安直すぎるほどに容易であるし、またその容易さは、インターネットの必ずしも抱負とはいえない「美質」のなかの最上位にランクされるべきものでもある。ただし、その使い手が最低限のメディア・リテラシーを具備していることを、第一の条件として。

閲《けみ》して、なおいまだに「不正投開票」疑惑を論《あげつら》い、そこに齧《かじ》りつくことで、この地獄のごとき状況に置かれた自らに自己麻酔をかけようとしている、あまりにも牧歌的すぎる〝陰謀論者〟たちの存在は、逆に真の懐疑的精神・批判精神にまで累を及ぼし、重大な問題に関してのそれらの力を決定的に殺《そ》ぐものだ。

そしてまた、もとより小選挙区制は、過てる悪しき制度である。だが、複数の分析結果が、その制度の弊を是正しても、今回の選挙結果の大勢が動かないものだったことを示していたはずだ。

何より、小選挙区制のハンディ、保守反動勢力に恩典的に与えられた〝アドヴァンテージ〟をはね返すだけの（程度の）力が、危機意識が、この国の大衆には依然として——そしてついに——決定的に欠けていたということだ。この国の「有権者」大衆のマジョリティは結果として、安倍晋三・自民党や石原某・橋本某らの濃密なファシズム性を帯びた政党を選択したのだ、と考えることが、明らかに現状では合理的である。それも、東京電力・福島第一原発事故の後で、なお！

民主党政権を存続させることは許せなかった（それは私も当然だ）ものの、それ以上の構造悪、この国を全領域・全位相・全次元で滅ぼそうとする勢力には、嬉嬉として、自らの生殺与奪の権を委ねたということだ。戦後史を通じ、アメリカの原発資本のなすがまま、この国土に五四基の原子炉を林立させてきた元兇たる正力松太郎〔註二〕や中曽根康弘〔註三〕たちの悪を、おそらくは知ることもなく。

——この事実の救い難さには、何度、絶望しても絶望しすぎることはない。

〔註二〕正力松太郎（一八八五—一九六九年）なる〝日本原子力政策の父〟でもあり、また〝日本プロ野球の父〟でもあるらしい官僚・政治家の所業については、小著『原子野のバッハ——被曝地・東京の三三〇日』（二〇一二年、勉誠出版刊）の随所に出てくるので、参照。

なお、その支配下にあるプロ野球団「東京讀売巨人軍」について検証した私のブログ『精神の戒厳令下に』の二篇の論攷——〔東京電力・福島第一原発事故〕第六一信《脇谷は「捕球」していたのか？》と、続く同・第六二信《「正義」という概念の、欠如した国》とは、紙数の関係で単行本未収録であるが、私自身はこの日本という国の本質に関わる問題を、そこでも素描しているつもりである。これらを「たかがプロ野球の話ではないか」と、軽視してはならない。「道義」とは、そもそも人間におけるあらゆる事象に通底するものなのだ。換言するなら「政治」という概念が等しくそうであるように。すべて、人間に関わるそれで「政治的」「道義的」問題でないものは、この世にあり得ない。

〔註三〕中曽根康弘（一九一八年生）の所業と、この人物を礼賛する国策番組の「石が浮かんで木の葉が沈む」悪辣ぶりに関しては、前出『原子野のバッハ』第一二四章「いくらなんでもひどすぎるＮＨＫ『ニュースウオッチ９』中曽根康弘インタヴュー」を参照。

それにしても、「自民政権奪還」「三〇〇議席超え」を、〝選挙特番〟開始早早、いそいそと告げる〝公共放送〟アナウンサーたちの声の、なんと浮き浮きと弾み、楽しげだったこと。そして、それら「制度圏」メディアから、あらかじめ〝事前学習〟としてたんまり吹き込まれ、教えられていたとおりのことを、マイクを向けられ得得とうそぶく、千篇一律・万古不易の「街の声」たち。自分たちがしこたま被曝し（被曝させられ）、すでに二〇一一年三月一一日までの放射線量の数百倍、数千倍に達する〔註四〕被曝を強いられながら、それに露ほども気づかぬげに〝口パク〟でコメントする彼ら。〔註五〕

〔註四〕この数値は、文部科学省発表の『環境放射能調査研究』第五一回（二〇〇八年度版）の数値を前提とした概算であり、実態はさらに深刻かもしれない。詳細は、前掲『原子野のバッハ』第一五二章「『暫定』『規制値』の高さの凄まじさ」、同・第一五三章「放射能汚染をめぐる日本の状況は、その無知と無関心とにおいて絶望的である」を参照。なお、これら二篇の初出形は、当ブログ『精神の戒厳令下に』にアップロードされている。

〔註五〕これら「街の声」における〝仕込み〟策動に関しても、十分な注意が払われる必要があることは言うまでもない。また、「編集権」を盾に取ったメディア側の取捨選択も、もとより前提と考えるべきだろう。ただそれ以前の、明らかに素朴過ぎる「洗脳状態」とも言うべきものについては、私はTBS発行の月刊『調査情報』（国澤利水《くにさわとしみ》・編輯《へんしゅう》長）に連載していたエッセイ『幻影の第二政府』（一九九二年七月号〜九三年五月・終刊号／のち『テレビと戦う』として一九九五年、日本エディタースクール出版部刊）で、すでに指摘している。それにしても、日本のテレビ局が自社の広報誌に、このような「メディア批判」を〝フリーハンド〟で連載させていた時代もあったとは……！

二〇〇九年初秋、鳩山由紀夫・民主党政権が発足した直後に、私は当時、暮らし始めたばかりのロンドンの地から、以下のように、その後の日本が、かつてナチスに道を開いたドイツと同様のプロセスを辿《たど》ることへの懸念で締め括ったエッセイを送稿したことがあった。

《……そして、とりあえず誕生した、可憐極まりないこの理想主義の政権の帰趨は、ひとえに国民がそれを、批判精神を手放さず育て、守り得るかどうかに懸かっています。結局、ナチズムの「露払い」となったヴァイマール共和国の轍《てつ》を踏まないためにも。》

（山口泉「コスモスのごと可憐な『無血革命』に寄せて／『週刊金曜日』二〇〇九年一〇月二日号）

いかにも、実は自民党による長期政権のみでは、それでもなお、この国がいきなりファシズムの最終形に行き着くまでには、まだ一定の間があった。その意味でも、千載一遇の機会を自らの愚かしさと卑しさとで、無能と道義のなさとで、むざむざ扼殺し遺棄した民主党政権の罪は、比類なく重い。（ただし私は、これまた繰り返してきたように、民主党最初の鳩山由紀夫政権は今なお評価するし、その示した歴史的意味は、事ここに到って、むしろ強まっていると考える。思えば鳩山政権は、偽りの〝戦後日本〟の最後の華であった）

またむろん、彼らが、枝野幸男や細野豪志らとともに、東京電力・福島第一原発事故における、人びとへの直接的な加害者であることは、再三、語ってきたとおりである。

結果として、いまや日本は、一九三四年当時のヴァイマール共和国に近づきつつある。かの国が第一次大戦後、一九一九年からの僅か一五年間だった「戦後」が、この場合、日本では六七年間に及んだ、というだけの話だ。フリードリヒ・エーベルトやパウル・フォン・ヒンデンブルクを、鳩山や菅、野田と同列に論ずるのは、何重もの意味で誤りであるし、そもそも現状の日本のファシズムは、かつてのドイツ第三帝国とも大日本帝国とも異質の破滅へと、驀進するものである可能性を抱え持つにせよ。

たしかに「戦後日本」の崩壊は、ヴァイマール共和制の崩壊と、到底、同列に論ずることができない。その理由は、いくつも挙げられる。天皇制の問題。アメリカの存在……。

だが現時点で、日本の現在の危うさを、先行する歴史上のいかなる国家とも質的に分かつ最大の違いは、東京電力・福島第一原発事故という、人類史上最大の核公害——そして熱核兵器の実戦使用を別にするなら、人類史上最悪の核犯罪——という事態である。

いま、ここから始まる安倍晋三政権は、東京電力・福島第一原発事故という制御不能の核暴力装置をはじめとして、そこから東京電力・福島第二原発、東海村、六ケ所村……と、連鎖反応的に危殆《きたい》に瀕してゆくかもしれぬ核施設のもたらしかねない惨禍により、文字通り、全人類と地球を滅ぼす可能性すら抱え持ったファシズム国家を樹立しようとしているのだ。

すでに憲法「改正」プログラムが臆面もなく推し進められている。再三、記してきたことだが、「原発推進」と「憲法改変」は、このファシズム政権の根幹を成す、一種「宿願」めいた暴力的欲望である。さらにいま、この「勢い」のまま突き進むのが最善であることを、ファシストたちは知っている。知り尽くしている。衆議院の議席数三分の二とは、そもそもそうした数字にほかならない。

そして何より重大なのは、遠からず、憲法「改正」国民投票が企図されることとなったら――この国の、思考停止した絶対受動性の〝マジョリティ〟が「改憲案」に賛成票を投ずる危険性は限りなく高いことだ。ろくろく、その案文を読むことすらせず。


《……だが、その時代はくるだろう。人間のすべてが、〝UFOを見てしまう〟時代は――。

憲法改変動議を、政権政党が周期的に、飽くことなく提出しうる権限をもっているうち、とうとうどんなに聡明な国民の心のなかにも、反対しつづけることへの飽きが生まれ、一度ぐらいはその法規も変えてみたらどうだろうかという誘惑が頭をかすめるように。

（山口泉「UFOを見ない人」／『星屑のオペラ』＝一九八五年、径書房刊＝所収。

初出／季刊『いま、人間として』第八巻＝一九八四年、径書房発行）

かつて私がこう、記してから、二八年半が過ぎた。

そして、いま――ついに、そのときが近づきつつある。


〔初出／山口泉ブログ『精神の戒厳令下に』――二〇一二年一二月二三日 一二時〇八分〕

彼らから遺贈されたはずの世界で
――二〇一二年衆院選・都知事選の絶望〔後篇〕

最低最悪の結果となった衆院選が終わった。

事ここに到っては、なんとか「改憲」阻止のため、私自身が人間としての誇りをかなぐり捨てても、なんとか公明党に踏みとどまってもらうしかないと願い、安倍晋三と橋下徹とが結託したら、ないしは公明党が切り崩されたら、その時点で日本は末期的状況に突入する……と、先月中旬の末ごろ、草稿を綴っていた、それも束の間、そんな絶望的なこの〝次善の道〟など根底から嘲弄するかのように、早速、いかがわしげな「政策協定」が自・公のあいだで進みつつある。

むろん公明党が、すでに議席数では事実上の「第二党」に〝躍進〟している濃密なファシズム性を帯びた政党の隆盛に恐れを為し、このままでは自分たちの存在意義がなくなると、慌てて安倍政権にすり寄ること自体は、当然、予想される範囲内の展開ではあった。だが、それでも今後、選挙中、「国防軍」構想や九条に対して主張していたこととまったく異なる路線に一線を越える加担をするなら、それは当然、「主権者」国民をこの上なく愚弄する振る舞いであろう。

フクシマの後に、真のファシズムが繰ることとなった。「原発推進」と『日本国憲法』廃棄とが表裏一体となっているという、なんと無藝なまでに単純な構図であることか。

チェルノブイリ原子力発電所事故はソ連を崩壊させたが、東京電力・福島第一原発事故がとどめを刺したのは、とっくに息も絶え絶えの虚構だった〝「戦後」民主主義〟だったということ。――憤りに、目が眩む思いがする。

これもすでに旧聞に属する話柄となってしまったが、くだんの選挙の直前には、こんなこともあった。骨の髄から滲み出る「反動」の挙げ句の果て、原発「推進」したさに、言うに事欠いて「非嫡出子」などと、手の施しようのない自らの重層的な差別性を露呈して恥じることのない、この人物――。

《北陸電力志賀原発一、二号機が立地する石川県の谷本正憲知事は一一日、原子力規制委員会について、報道陣に「国会で承認を受けていない」などと語った上で、婚姻届を出さない事実婚の両親から生まれた「非嫡出子」に例えた。谷本知事は、規制委が一〇日に日本原子力発電敦賀原発（福井県）の敷地内の断層を活断層の可能性が高いと判断したのを受け、取材に応じ「委員は国会で承認を受けていない。いわば非嫡出子みたいな感じ」と語った。》（共同通信／二〇一二年一二月一一日二一時一二分）

言うまでもないが、住民の生命に関わる問題提起をかかる差別的言辞で一蹴しようとする、こんな知事すらも、手続き上は〝明治維新〟期の「県令」などではない。一応は、選挙で選ばれた存在なのだ。地方と中央の格差があるではないか、「辺境」の苦しみを知らぬのか、交付金という〝麻薬漬け〟になったのだ……云云といった、いっさいを構造的問題という体の良い判断停止に持ち込もうとする――利いた風な猫撫で声の、おためごかしの「社会学者」的〝理解ある〟分析は、しかし結局、既存の構造に加担した、体制補完イデオローグらの舌の根の腐るような戯《ざ》れ言に過ぎない。

なぜなら「現実」を一歩でも変え得る力は、それでもなお、どんなに貧しくとも苦しくとも、この（たとえば）谷本某のごとき人物にだけは、いくらなんでも自らの一票は投ずるまいと「決意」する――その個個の「覚悟」においてしか生まれないからだ。

英国でも、フランスでも、ロシアでも、ドイツでも、中国でも、韓国でも、フィリピンでも、インドでも……枚挙にいとまがないので、一括した地域で上げるなら、中南米でも、アフリカでも――いや、アメリカですら、苟《いやしく》も「革命」の名に値する、そのたった一ミリの前進は、時としては自らの生命をも擲《なげう》って、わずかその一ミリを前進しようとする「覚悟」をもった人びとにより、初めて成し遂げられたのではなかったか。


それに較べて、この国はどうだろう？

「戦後」、朝鮮戦争・ヴェトナム戦争はじめ、このアメリカのアジア侵略への直接間接の加担・共犯関係によって成し遂げられ、一時は〝世界第二位〟との虚妄に酔い痴《し》れてもみせた、その醜悪な「金満」日本において、人びとは、それほどまでに貧しかったか？　原発現地は「ほんとうに」苦しかったのか？

自らの一票をすら、かかる（たとえば）谷本某のごときに投じなければ、明日、口にする食物もないほどに？　次の瞬間、吸う酸素すらないほどに？

（たとえば）谷本某のごときにだけは、自らの一票を投ずるまいと決意することが、その場で逮捕され、ギロチンで斬首される（註二）ほどのことか？　それをすると、ピアノ線で絞首される（註二）のか？

何がどんなに苦しくとも、（たとえば）谷本某のごときに自らの一票は投じないという――たったその程度の「決断」すらできない限り、この国に「未来」が来ることなど、永遠にあるまい。

〔註一〕私は、旧・西ドイツ映画『白バラ Die Weiße Rose』（邦題『白バラは死なず』M・フェルヘーフェン監督／一九八二年）の、いっさいの贅言を省いて、ゾフィー・ショル Sophie Scholl（一九二一年―四三年）らの「処刑」までを一気に描写した、凄絶なラスト・シーンを思い出す。ナチズムに反対するビラを撒いたというだけで、一審のみの国家法廷での白色テロ判決の、その数時間後には断頭台に送られた青年男女の姿を。

〔註二〕これについては、小著『原子野のバッハ』第一一六章「なぜ、漁獲物の放射線値を『報道』しないのか？――『東京被曝日記』110816」の【補註ノート】から、以下、再録する。

《ドイツ第三帝国は、ヒトラーやナチズム支配に敵対する自国民に対しても「大逆罪」（国家反逆罪）を適用、ギロチンでの斬首や、意図的に絶命まで長時間の苦悶を強いるピアノ線での絞首等を行なったが、それに際して「処刑費用」を遺族に請求したという。》

日本において反戦の抵抗のさなか、国家により生命を絶たれた人びとを含め――私たちが生きてきたのは、彼らから「遺贈」された世界であったはずなのだが。

要するに、いまの日本人は「バカ」だということだ。この、絶望的な、衆愚国家。

だが、自らの愚かしさが他者の生命をも脅かすとき、愚鈍はそれ自体、一つの重大な犯罪である。要するに、私たちは「犯罪的なバカ」ということだ。

「3・11」当初から、私は東京電力・福島第一原発事故が、国連安保理に付託すべき事項と主張しているが（当ブログから、前掲『原子野のバッハ』に収録）、いまや、日本という、この国そのものの現状、東京電力・福島第一原発事故に対する、単に「無策」という以上の黙殺・隠蔽が、国際輿論《よろん》の場で問われるべき段階であるだろう。以後の帰趨《きすう》に、果たして「正義」の顕現を期待し得るか否かは別として。

日本ばかりではない、いま世界・人類にとって最大の課題は、東京電力・福島第一原発事故だというのに。そのいま、自民党・安倍晋三が内閣総理大臣の権力を掌中にする、この国は。

こういうとき、決まって、「バカ」「バカ」言っているだけでは、何も始まらない……といった声が出てくる。違う。

私は、こう思う。歴然たる「バカ」にほかならない自らを、しかも「バカ」と言うことすらできないまま、真っ赤な炭団《たどん》のごとき巨大な夕陽がグランドの彼方に沈む、さながら大時代な「学園ドラマ」めいた、だらしない予定調和的おべんちゃらの〝希望〟インフレーションに自己陶酔しつつ、この国がここまできたから——だからこそ、かくも空前の破滅が到来したのだと。

偽りの希望を棄てよ。

（前掲『原子野のバッハ』序詞）

そうすれば、いかに私たちの「世界」が虚妄に満ちた妄想でしかなかったかが分かるだろう。

あまりにも、なさすぎるのだ——「絶望」と「希望」との関係に、真に架橋しようとする弁証法的思考が。

現実の度し難さよりより先に、偽りの「希望」を欲しがる人びと。その偽りの「希望」を投げ与えられることなしには、次の一呼吸すらしたくないと、聞き分けのない赤ん坊のように歯を食いしばり、拳を握りしめる人びと。

さようなら。私はあなたがたの友ではなく、私は、あなたがたとは「連帯」しない。

「連帯」とは、いま、一人一人が「世界破滅」の極めて高い蓋然性の覚悟を伴って、この「現実」を引き受けること――その覚悟の深みの絶対的孤独において、真に「絶望」を共有することに、ほかならない。

真に絶望を見据えなければならないとき、現実そのものが、掛け値なしに絶望的であるとき……それでもなお、空疎な予定調和的観念としての「希望」を騙り、弄ぶものは最悪の反動である。

そうした手合いは、決まって苛立たしげに叫ぶだろう。

「じゃあ、どうすればいいって言うんだ！」と。

私の、最も嫌悪する言葉だ。

じ・ぶ・ん・の・あ・た・ま・で・か・ん・が・え・ろ。

なぜ、何をしても結局、ダメなのか。

この国は、どうしてここまで救われ難いのか？

――その理由を、自らの根源に深く深く測鉛《そくえん》を下ろして、探り当ててみることだ。

〔初出／山口泉ブログ『精神の戒厳令下に』――二〇一三年一月一四日 〇五時三三分〕

Ⅲ　二〇一三年　〝戦後日本〟の果てに

いま、ここにある世界破滅の危機から目を逸らさないために
――丸二年を経た東京電力・福島第一原発事故を、国際輿論に訴える

二〇一一年三月一一日以後、全人類史は東京電力・福島第一原発事故の影響下にある。この空前の放射能汚染拡散源に、いつ訪れてもおかしくない次の破局は、そのまま日本の核施設の全面放置を促すだろう。そうなれば、事が北半球全域の存亡に関わるのは疑いない。

にもかかわらず、私たちを涵《ひた》す、あたかも〝何事もなかったかのような〟この国の異様さは何なのか？　私はかねて、いま日本の陥っている絶望的惨状は、もはや直接、国際輿論《よろん》に訴えるよりほかないと痛感していた。

二〇一三年一月一四日夕刻――。

フランクフルト空港からリムジンバスが北上するアウトバーンの左右、人影の見えない丘陵地帯は、暮れなずむ空を背景に、風力発電の風車が聳《そび》え、送電線が走っている。

第二次大戦後、めざましい「復興」を遂げ、ドイツ有数の商都となったデュッセルドルフは、美しい街だ。初めてこの地を訪ねた二年余り前、厳冬のヨーロッパの暗夜の曠野《こうや》に、宝石函をぶちまけたように煌《きら》めいていた繁華街が、今夜も私の眼前に拡がってゆく。

出迎えてくれた鄭榮昌《チォンヨンチァン》さんと、深夜のビア・レストランで久闊《きゅうかつ》を叙《じょ》した。今回のイヴェントの実現にあたっては、本誌二〇一一年一二月九日号に寄稿した小論『フクシマを避け得なかった国から、

自己流謫《るたく》の友へ――在独韓国人美術家・鄭榮昌の生と作品に寄せて』でも紹介している、この旧友の粘り強い尽力がある。

翌日から、関係者との打ち合わせ、現地メディアの取材、市内中心部の講演会場の下見に追われる数十時間が始まった。デュッセルドルフ《緑の党》事務局長のミリアム・コッホさんは、きびきびとした挙措が印象的な女性である。彼女と鄭さん、私の三人が連れ立って、寒風吹きすさぶライン河畔を散策するカットを、《デュッセルドルフ中央テレビ》の女性リポーターの要請で、何度か、撮り直す。

鄭さんが「自分に藝術家としての生き方を示してくれた」と紹介するスイス人画家、ベルンハルト・リュティ氏は、自らは絵を描くことをやめ、アボリジニー藝術の研究と紹介に専心しているという人だ。パートナーのドイツ人エリカ・コッホさんは、時として対象へのさまざまな侵害ともなりかねない「撮影する」という行為の両義性への明確な人間的視点をも具《そな》えた、優れた写真家である。ともに日本の原発問題への関心も強い夫妻との出会いも、今回の旅の収穫の一つだった。

二〇一三年一月一八日、宵。デュッセルドルフ市内・中心部のセミナー施設、ビュルゲンハオス・ビルクでの、私の講演会が始まる。

開会に先立って、ドイツ・ドルトムントの地で日本への支援と連帯を表明するプロジェクト《サンシャイン・フォー・ジャパン》を呼びかけるイラン人プロデューサー、マナ・ラーナマさんとも、初めて顔を合わせた。昨年末、電子メイルでの依頼を受け、私は彼女の企画・編集する〝フクシマについての国際アンソロジー〟に、エッセイ『死の国からも、なお語られ得る「希望」はあるか？――二四の断章と一篇の序詞』(日本語・英語)を送っていた。同書への寄稿者は、世界一五箇国の四二人。日本からは杉崎真之助氏、坂本龍一氏らの名も見える。

午後七時、開演――。ドイツ語通訳は、今回の企画に協力を得た在独邦人を中心とするグループ《さよなら原発デュッセルドルフ》の選任による、巽《たつみ》レリ玲子さんである。

冒頭、ミリアムさんの主催者挨拶で、ドイツにおいてもフクシマをめぐる危機意識は稀薄であること、〝日本も「脱原発」は既定方針だ〟と誤解している(!)人が少なくないこと、今年九月のドイツ連邦議会選挙の結果次第では、フクシマの直後、メルケル首相がいち早く表明した「脱原発」の方針が揺らぐ懸念もあることが説明される。

私の講演『福島原発事故とその現状』(原題『核破滅ファシズムの国・日本から、残された世界を防衛するために』)は、まず最初に、身近な人びとの被曝症状、福島県立医科大学副学長・山下俊一に代表される「御用学者」の妄言やマス・メディアの情報統制、政府の理不尽な「暫定規制値」引き上げ……等等の問題を入り口に、福島第一原発事故発生から二年を閲《けみ》しようとする日本社会の末期的様相を素描する。だが、実は私としては「なぜ日本は、かくも救い難い国なのか」を、ドイツから国際社会にアピールし、危機感を共有してもらうのが真の目的だった。

ともにファシズム国家として、第二次大戦に重大な責任を負いながら、「戦後」のプロセスが、かくも対蹠《たいせき》的に隔絶した両国。その違いこそは、むろん現時点までの歩みに関しても無謬《むびゅう》ではないにせよ、福島第一原発事故に際して、ともかく「脱原発」を表明し得たドイツと――一方、事態の当事国であるにもかかわらず、平然と子どもらを含む厖大な人びとを被曝させつづけ、瓦礫《がれき》搬出・焼却をはじめとして放射能汚染を人為的に拡大し、さらに原発の再稼働や新設と……挙げ句の果て「核武装」を踏まえた「憲法改正」を公言する政権を成立させた日本との隔たりに直結しているのではないか。

フクシマは、天皇制軍国主義から卑屈な対米従属へと続く、誤謬に満ちた日本近現代史全体の必然的帰結、とりわけ等閑に付してきた「戦争責任」「戦後責任」の問題としてこそ、糺《ただ》されねばならないのだ――。

日本の歴史と現在に必ずしも通じていない方がたには、決して平易ではないかもしれない論理展開が、果たしてどこまで伝わるか、若干の懸念もなかったわけではない。だが、終了時には、この種の講演でかつて経験したことのない〝鳴り止まぬ拍手〟というものを受けることができた。それは何より、眼前の危機に対する人びとの思いの現われだったろう。

聴衆からの質問（ドイツ語によるもの三人・日本語二人）の後、《緑の党》連邦議会議員候補、モナ・ノイバウアーさんの締め括りの挨拶があった。

〝福島の事故がどんな結果をもたらしたか、原発に反対する人びとが日本政府の前にいかに孤立無援の状態にあるかが、よく分かった。強力な社会的マジョリティの存在なしには、原発という危険かつ無意味で高価なエネルギーからの脱却は不可能だろう〟と、彼女は明言する。

――この講演の模様は、岩上安身氏主宰のインターネット・テレビＩＷＪ（Independent Web Journal）のヨーロッパ支局（アムステルダム）から駆けつけてくれた特派員・鈴木樹里《じゅり》さんによるものをはじめ、複数の動画に記録されており、私のウェブサイト『魂の連邦共和国へむけて』からもそれらへのリンクを貼っている。また三重県在住の、私の未知の読者・鈴木昌司《まさし》さんが、ＩＷＪの動画から全篇を文字起こし、してくださった御自身のブログも、併せてご覧いただきたい。

《私たちはドイツに渡るまでの数か月は日本にいて、息をするのも怖い日々を過ごしていました。それはもう、見えない、におわない殺戮兵器によって、目の前でわが子がちょっとずつ殺されていく光景を見ているような、悪夢の日々でした。眠る我が子を見ながら涙があふれていたことを思い出し

ます》

——これは、東北地方から、夫・お子さんと共に彼国《かのくに》に避難し、今回の私のデュッセルドルフ講演にも来場してくださった女性から、最近、いただいた感想のメイルに綴られていた言葉である。《「原発反対」「放射能は危険」と当たり前のことを言っただけで過激派扱いされる異常な国、日本。国策に異義を唱える者は〝放射脳〟、左翼、非国民にされてしまう「同調圧力」に満ちた空気。被曝をするのが「絆」という狂った政府が統治するこの国に居続けることで、自分で住む場所を選べず親に付いていくしかない、あまりにも無力で、いたいけな子どもの命は、親の判断次第でその長さが決まってしまう、と強く感じました。私を選んで生まれてきてくれたのだから、私はこの子を全身全霊で守らなければと一度も訪れたことのないドイツに、必死の思いで避難を決意したのでした》

私事だが、このたびのドイツ行が慌ただしいものとなったのは、昨春来、作業を続けていた、東日本から沖縄への母子避難の女性たちへのインタヴュー集の刊行と、私自身の沖縄への避難移住の準備の重なるさなかに、日程が組み込まれていたためでもあった。本稿の掲載誌が出る頃、私は韓国・光州《クワンヂュ》の環境運動団体連合の企画した「脱核学校《タレクハッキョ》」の一環として、霊光《ヨングワン》原発の直接の脅威に曝《さら》された彼地で、デュッセルドルフのそれの延長に位置する講演を行なっているはずだ。

よしんば世界の破滅が不可避だとしてすら、私は生涯、いっさいの〝東京電力的なるもの〟——悪しき日本的なるものとの闘いをやめるつもりはない。

〔初出／『週刊金曜日』二〇一三年四月一九日号〕

「五・一八」の地が遠望する、非核アジアの可能性

東京電力や日本政府の犯罪性は、言うまでもない。だが、福島第一原発事故において私が感ずる問題点の一つは、大衆の側の「加害責任」の意識の乏しさだ。アジアや環太平洋地域……それ以前に、参政権なくこの国に留め置かれた人びとに向けての。

もっとも、それも当然かもしれない。為す術もなく被曝を強いられる「被害者」の自覚すらない者が、まして自らの「加害者」性に思い及ぶはずもないのは。

だから、韓国《光州《クワンヂュ》環境運動連合》の招きを受け、四月二三日夜、同地で行なった福島第一原発事故についての講演でも、私は日本人としてその罪を謝するところから話を始めたのだった。

現在、韓国も古里《コリ》・蔚珍《ウルチン》・月城《ウォルソン》・霊光《ヨングワン》の四箇所に二三基の原発を抱え、さらに新たな原子炉の建設が準備されている。むろんトラブルは頻出し、光州から四〇キロ足らずのハンビット（旧・霊光）原発（全六基）でも昨秋来、吸水ポンプの故障、部品の品質保証書の偽造、制御棒案内管の亀裂発生……等が相次いでいる。

《光州環境運動連合》の気候エネルギーチーム長・朴相垠《パクサンウン》さんは、今回の案内管亀裂問題で助言を得るため、ドイツ、スウェーデンを歴訪して帰国したばかりだった。前者のＴＵＶ ＮＯＲＤ社は、その後、事故の検証にも参加することになったが、一方で偽造部品問題は新古里《シンゴリ》・新月城《シンウォルソン》と、各地の

原発に波及している。

《光州環境運動連合》は一九八〇年代末から、公害・環境・核廃絶問題に取り組んできた団体である。私が感銘を受けたのは、それがほかでもない、多年にわたる民主化闘争の「現在形」そのものとして機能しているからなのだ。

光州は一九八〇年五月、全斗煥《チョンドファン》の軍事独裁に対し、市民が銃を手に立ち上がった地である（事態の日付から「五《オ》・一八《イルパル》」と通称される）。同連合共同議長の林洛平《イムナッピョン》さんが、圧倒的な戒厳軍との交戦の末に斃《たお》れた市民軍指導者・尹祥源《ユンサンウォン》と、共に学生生活を送り、後にこの「烈士《ヨルサ》」の評伝も著わした方であったことは、ひとしお感慨深い。私は、同書邦訳の書評〔註〕を書いてもいる。

〔註〕山口泉『「人間が住むべき世界」の希求に命を賭して――光州事件を支えた青春群像の記録』＝林洛平著・高橋邦輔訳『光州――五月の記憶／尹祥源・評伝』（社会評論社）書評（『図書新聞』二〇一〇年一二月四日号）

光州ＹＭＣＡでの講演の翌日、韓国民衆美術運動を体現する画家・全情浩《チョンジョンホ》さんや《光州環境運動連合》会員組織チーム長の小《お》原《はら》つなきさんも加入する《勤労挺身隊ハルモニ（お婆さん）と共にする市民の会》の事務所で、李國彦《イググォン》事務局長・安英淑《アンヨンスク》事務次長らの手配により、私は梁錦徳《ヤンクムドク》ハルモニと三年ぶりの再会を果たした。

齢《よわい》八二になる彼女が、戦時中の三菱重工名古屋工場への勤労動員をめぐり、日本政府を相手取っての裁判を続ける経緯は、全情浩さんの大作『訪れない解放』（二〇一〇年）にも描かれている。その企業が、日本近現代史最大の兵器産業として君臨し、同時に原発メーカーでもある事実は、問題の全構造を端的に物語っていよう。

私の講演の通訳は、二〇一〇年五月に「五・一八」三〇周年の光州を訪ねた折り、地元紙による私へのインタヴューの通訳として知遇を得た、日本文学研究者で、石牟礼道子作品の韓国語への翻訳家でもある金鏡仁《キムギョンイン》さんにお願いした。また今回、五日間に及んだ全日程、お宅に泊めてくださった小原さんの伴侶である丁俊鉉《チョンデュニョン》さんは、「労働者」「知識人」という皮相な区分が意味を成さない、韓国でしばしば出会う瞠目《どうもく》すべき人格の一人だ。

全情浩さんの長年の盟友で、目下、来秋の個展に向け、韓国現代史を照射する畢生《ひっせい》の連作を準備中の李相浩《イサンホ》さん。彼に須弥壇《しゅみだん》の仏画を依頼した縁からアトリエを提供している、宣徳寺《ソンドクサ》の若い住職・圓黙《ウォンムク》スニム（和尚）。

そして小原さんと同様、一世代ほども年下の映像作家・崔成旭《チェソンウク》さんが、李相浩さんら先輩《ソンベ》の軌跡を真摯に記録しつづける――。講演の前後、私が取材を受けた光州の新聞記者たちはいずれも若い女性だったが、「五・一八」の歴史と精神とを、自ら意思的に引き受けようとするさまが眩《まばゆ》かった。

六月初め、小原さんからいただいた電子メイルによれば、慶尚南道《キョンサンナムド》・密陽《ミリャン》市で、新古里原発三号機の送電搭建設に反対する七〇代・八〇代のハルモニ・ハラボジ（お爺さん）たちの闘いに、全国から連帯の眼差しが注がれているという。

原発の廃止に関しても韓国社会が、日本とは異なる歴史を開いてゆくことを、私は強く願う。


〔初出／『週刊金曜日』二〇一三年七月五日号〕

▲自作『訪れなかった解放』の傍らに立つ全情浩さん。『庚戌國恥（キョンスルクッチ）100 年企画招待展／全情浩「朝鮮のあさ」展』にて（光州・ロッテ百貨店ギャラリー／ 2010 年 11 月）。1998 年、戦中の名古屋三菱飛行機工場での強制労働の際の厚生年金の脱退手当金を請求した梁錦徳ハルモニら 7 人に対し、2009 年 12 月に至って日本国社会保険庁は、通貨価値の変動を無視した 1 人当たり 99 円を平然と送金した。紋付き羽織・袴の男が抱える「三菱」印のロケットのパネルは、2009 年 1 月に三菱重工が KARI（韓国航空宇宙研究院）から受注した H-Ⅱ A ロケットの多目的衛星打ち上げを表徴する。

▲光州市内の《勤労挺身隊ハルモニと共にする市民の会》事務所にて。
左から、李相浩・李國彥・安英淑・梁錦徳・小原つなき・全情浩の各氏。（2013 年 4 月）

ヒロシマ・ナガサキの後にフクシマをもたらしたもの
――避難移住地・沖縄の、灼熱の電位の底で

二〇一三年八月三日、私が那覇空港から広島へ向けて発とうとする直前、オスプレイの追加配備に反対して、小橋川共行さんらが宜野湾市役所前でハンガーストライキに入ったとの報に接した。ただちに電話すると、いつに変わらぬ物静かな底に決然たる意思の秘められた小橋川さんの声音は、常と変わらない。御自愛と健闘を願う。

元・小学校教員の小橋川さんに出会ったのは、昨二〇一二年九月三〇日、オスプレイの第一次配備強行の前日、普天間基地・佐真下ゲート前の座り込みテントでのことだった。以後、設計上の欠陥から容易に墜落する危険に満ちた、くだんの垂直離着陸輸送機の、当初の申し合わせをすら平然と破る住宅地上空の飛行を、私自身、幾度、目撃したことか。

そして今回、私が広島に滞在していた八月五日夕方には、本島北部・山原《やんばる》の宜野座村《ぎのざそん》にあるキャンプ・ハンセンに、米軍のヘリコプターが墜落した。

私の広島滞在は、今年で二〇年目となる、ＳＨＡＮＴＩ（シャンティ＝絵本を通して平和を考えるフェリス女学院大学学生有志）作の絵本『さだ子と千羽づる』（一九九四年、日本語版初版／オーロラ自由アトリエ刊）の、平和記念公園「原爆の子の像」の前での朗読のためである。

助言者となった私や出版者の意向として、日本の植民地支配や侵略戦争の歴史的責任をも精確に記述しつつ、なおアメリカによる無差別大量殺戮兵器の使用——核攻撃の惨禍を、放射能の恐ろしさも含めて描いた『さだ子と千羽づる』は、幸い、各方面から高い評価と支持を得てきた。

二〇年前、この絵本を作ろうと思い立ったときには、まさかこうした状況で子どもたちに読み聞かせることになろうとは夢にも考えなかったなかった——。いまでは本人自身、一児の母となったSHANTI代表の湯浅佳子《けい》さんが、東京電力・福島第一原発事故以降、しきりと漏らす慨嘆である。

毎年、八月四日正午過ぎから六日の黄昏時まで、平和記念公園の、かの場所で行なわれる、NPO「オーロラ自由会議」の友人らとの野外朗読会で、私はチェロによる伴奏を担当する。

そして私が那覇空港から発ったのは、本年三月、これ以上の被曝を避けるべく、「3・11」以来の懸案だった、東京から沖縄本島中部への「避難移住」を断行したためだ。

フクシマは、収束しても安定してもいない。それどころか首都圏だけでも、私が直接、見知っている人びとに、悪性腫瘍をはじめ厖大な症状が発生し、事故と有意の関連を示している。かく記す、私自身にも、明確な健康被害の自覚があった。

むろん、沖縄への避難にも、さまざまな意識の位相が存在しよう。積年の構造的差別は、時として「原発避難」をさえも、沖縄への新たな植民地主義に陥らせてしまう危険性が、なくはないのだ。

ヤマトと往き来する折折、数千メートルの高度から見下ろす沖縄本島の、翡翠色の珊瑚礁に囲繞《いにょう》された……そのたとえば、うるま市付近、太平洋側から東シナ海側まで、三キロもあるまい「くびれ」の部分の、糸のごとき細さ。

この小さな島島に沖縄戦を生き延びた人びとの暮らしがあり、日本国家がアメリカに肯《うけが》った基地の大半が設営され、そしていま私が生存の余地を求めて身を寄せている。人間としての「尊厳」と「希望」の地として――。

「ヒロシマ・ナガサキを経験したはずの日本が、なぜ、またフクシマの過ちを？」と海外の友人たちは問う。そんなとき、私はこう答えるのだ。「ヒロシマ・ナガサキと真に向き合わずに来た日本人だからこそ、人類史上最悪の原発事故をも惹《ひ》き起こし、さらにそれを隠蔽しているのです」

あたら被曝させられ命を削られている、その自覚すら持てない大衆に、まして自らが、他国・他民族に対しては、東京電力・福島第一原発という空前の核暴力への受動的加担者であるという意識など、死ぬまで無縁なのだろう。

そしてこの無自覚・無関心の差別構造は、沖縄に対しても変わらない。より明視的・自覚的な、他のすべての沖縄差別に加えて。

今年はNPO「オーロラ自由会議」メンバーが合流する広島での朗読会に先行し、八月三日に一人、呉の市民グループに招かれて行なった講演の冒頭で、私は昨秋、撮影した普天間基地周辺の写真とともに、小橋川さんらのハンストを伝えた。

かくも惨憺たる苦境に置かれながら、なおその光彩陸離たる自然以上に、そこに生きる老若男女が輝くばかりに麗しい邦《くに》。

さまざまな理由から、私は「移住」の地として、沖縄市の一角――いわゆるコザを選んだ。

米軍がまさしく日常の風景であるこの地域で、市立中学のグラウンドにも「エイサー祭り」が展開される。

名高い園田《そんだ》青年会によるパフォーマンスの終局、最高潮に達した『唐船《とうしん》ドーイ』の演舞のさなか、太鼓《テーク》打ちの絢爛たる青年たちが一瞬にして左右に分かれた、そのあわいを……さながら無重力状態のような手首の返しを泳がせながら、四列縦隊で進み出てくる手踊り《ティモーイ》の少女たちの、血の気の引くばかりの美しさ。

かつて旅行者として数十度、訪ねたこの地に、いま避難者として定住しながら、むしろ私は沖縄を、いよいよ遙かな、到達不可能なものとして感じている。

実は世界はすでに終焉しているのではないかというおののきと、拭い難い疲労と——しかもなお、一瞬一瞬が皮膚を灼《や》くような電位の高い緊張の底で。

〔初出／『ミュージック・マガジン』二〇一三年九月号〕

＊本篇に関しては、巻末の『収録作中、一一篇に関する簡略な補説風の自註』も参照。

〝二十一世紀の中岡元〟らのためにも
――『はだしのゲン』を真に「守る」とは？

二〇〇八年五月、滴《したた》るような陽光溢れる、ロンドンは〝ビッグ・ベン〟の下――国会議事堂前に「イラク戦争反対」のスローガンを掲げるテントが張られていた。多年にわたり、そこに起居していたブライアン・ホー Brian Haw（一九四九年―二〇一一年六月、病没）は、初めて訪《おとな》った私たちが日本人だと知ると、即座に応じたものだ。

「だったら〝ベアフット（裸足の）・ゲン〟を知ってるかい？　彼は、俺たちみんなの希望だぜ。そうだろう？」

私は、これまで内外の少なからぬ出会いを通じ、ヒロシマ・ナガサキに関して、総体として地球上で最も無知なのは、日本人だとの結論を持つに到っている。日本人がそれらについて考えては都合の悪い人びとが、教育やメディアを連綿と支配してきた――その結果として。

かくも欺瞞に充ち満ちたこの国の〝平和〟に、偽りの「戦後」のただなかで風穴を開けたのが、故・中沢啓治氏の『はだしのゲン』だった。全ページ、すべての齣《こま》から、文字どおり血の迸《ほとばし》るような描写と主張。原爆の惨禍と帝国主義の底深さ、主人公・中岡元をはじめ、民衆の崇高と卑小とを痛切に描破した、稀有の作品。

〝描写の過激さが成長期の子どもたちに与える影響〟？　すこぶる結構ではないか。

現代史の各地で、どれほど多くの〝成長期の子どもたち〟が実際に殺され、そしていまも虐殺されつづけているか。そんなに子どもらへの〝影響〟が心配なら、何より、株式会社東京電力と日本政府のお蔭で現に降り注ぐ、厖大な放射性物質からこそ、守ってやったらどうだ？

いかにも、これらは偽りの口実にすぎない。そしていま、この国に瀰漫《びまん》する常軌を逸した「反動」の大半が、従来の歴史修正主義ともさらに次元を異にするのは、すでに取り返しのつかない東京電力・福島第一原発事故という人類史上空前の危機を、あくまで封印し通そうとする、その時間稼ぎのために、そうした策動が仕掛けられているという点だ。

やはり日本の戦争責任と核兵器の残虐さを訴えようと志す絵本『さだ子と千羽づる』（SHANTI著／オーロラ自由アトリエ刊）の朗読を、友人たちと私が二〇年間、行なってきた八月六日の広島で、それまでにない、民族差別や核武装を公然と主張する手合いを目にするようになったのも、まさしく二〇一一年からのことだった。

当初の松江市議会の全会一致での「不採択」の決議をも踏み躙《にじ》る、同教育委員会の『はだしのゲン』閉架措置通達について、私は八月一九日朝、所属する日本ペンクラブに宛て、明確な「声明」を要望する意見書を送達した。この意見書は現在、同クラブ言論表現委員会に付託されている（意見書全文に、私のブログ『精神の戒厳令下に』参照）。

前後して、少なからぬ人びとがさまざまに抗議の声を上げ、『はだしのゲン』は再び新たな注目を集めているようだ。結果として、同市教育委員会は問題をすり替える形で措置を〝撤回〟している。だが、それで事は済んだのか？　私は、状況をまったく楽観していない。

この期に及んで、なお前記の措置に「特段の問題はない」と、教育行政の責任閣僚がうそぶく国。現在までの人類の精神史の到達点から数世紀も退行した没知性・無教養ぶりは、そのまま、フクシマの真相についても世界で最も恥知らずな情報統制がなされる現実と、完全に符合している。

そもそも、くだんの「市民」による『はだしのゲン』撤去申し入れに賛同していたのは、同市・小中学校校長の一割にすぎなかったという。してみれば、現状ではまだ〝多数派〟にあってすら、一部の声高な者の野卑な恫喝の前に、たちまち沈黙し服従してしまうような人びとが、まして〝少数派〟ないし〝単独者〟となったとき、まともに声を上げられる道理もあるまい。

また既存マス・メディアが、例のごとく、おしなべて執拗な〝両論並記〟を繰り返し、擬似客観主義を装う手法も、いよいよ異様である。「言論の自由」とは、まずもって自らが提示する「言論」によってのみ、そのつど息を吹き込まれるよりほかないはずなのに。

事態の帰趨は、ひとえに一人一人の「覚悟」に懸かっている。

いま『はだしのゲン』を守ることは、私たち自身の自由と誇りの最後の一線を守ることだ。すでに株式会社東京電力と日本政府とによって、新たな中岡元――〝二一世紀のはだしのゲン〟たる「生」を生きることを強いられてしまっている、多くの子どもたちのためにも。

〔初出／『週刊金曜日』二〇一三年八月三〇日号〕

日本ペンクラブ宛て、要望書
——今般の松江市教育委員会の『はだしのゲン』閉架措置問題をめぐって

今般、発生した松江市教育委員会による、故・中沢啓治氏の代表作『はだしのゲン』に対しての、学校図書館における「閉架」処置に関連して、私自身が会員でもある日本ペンクラブに対し、八月一九日、以下の要望書（意見書）を送付した。

もともと私は、文筆家の「職能団体」である日本文藝家協会には、要請（推薦）を受け、九〇年代から加入していたものの、もう一方の、こちらはより明確なメッセージ性を持つ、文学者の国際組織・日本支部である日本ペンクラブについては、むろんその存在は承知しながら、加入する機会は持たずにきた。その私が、昨夏、思うところあって自ら加入を決意、理事を務める、とある方を通じて、私自身も驚くほどの迅速さで同クラブに入会したのは、まさしく二〇一一年の東京電力・福島第一原発事故以来、いよいよ異様な展開を示すこの国の反動化・言論封殺の露骨な動きに対し、全面的・徹底的に闘う——そのために利用し得るすべての回路を確保しようと考えた結果にほかならない。

日本ペンクラブは「言論、表現、出版の自由の擁護と文化の国際的交流の増進」を、その『定款』に謳っている。今回、『はだしのゲン』に対し、このような攻撃が加えられている現在、さまざまな形で声を上げる、その一環として、日本ペンクラブへも訴えるのでなければ、せっかく入会した意味があるまい。

以下、八月一九日早朝、日本ペンクラブ宛て、私が電子メイルで送信した『要望書（今般の松江市教育委員会の『はだしのゲン』閉架措置問題をめぐって）』全文を掲載する（掲載については、ペンクラブ事務局に通知済み）。——なお「会員番号」の末尾の「（N）」は「N会員」の意。「ペンクラブ」の「ペン」は、もちろん「pen」を意味してもいようが、綴りは「P.E.N.」で、P=poets, playwrights, E= essaists, editors, N=novelists なのだそう。

……………………………………

要望書（今般の松江市教育委員会の『はだしのゲン』閉架措置問題をめぐって）

〔二〇一三年八月一九日 〇六時五一分／送信〕

日本ペンクラブ　御中

会員番号＊＊＊＊＊（N）山口泉です。

このたび松江市教育委員会が、市内の小中学校の図書室に対し、故・中沢啓治氏の漫画『はだしのゲン』を「閉架」措置とし、「できるだけ貸し出さないように」との口頭通達とともに、閲覧に教師の許可を必要とするという、明らかな言論統制を行なっていることは、すでに『毎日新聞』八月一六日付等でも報道され、ご存知のことと思います。

報道によれば、これは、一部「市民」の「描写が過激だ」との理由から「学校図書室からの撤去を求める」という「陳情」を受けた結果とされています。

しかしながら、言論の自由・図書館の自立性を公然と踏み躙《にじ》る、この驚くべき「陳情」に対しては、当初、同市議会は全会一致で当然の「不採択」の意思を示したとのことであり、にもかかわらず、その市議会の意思をも無視して、今回、同教育委員会が独断でこうした暴挙に出たことは、軽視すべからざる問題を含んでいます。

反戦平和・核兵器廃絶の主題を、作者自身の痛切な体験をもとに描破し、多年にわたって、国内はもとより諸外国でも高い評価を受けてきた、人類の財産ともいうべき秀作『はだしのゲン』に対し、かかる不当で侮辱的な言論弾圧がなされる事態は、到底、看過するわけにはいきません。

実際問題として、私の周囲にも、この作品と出会ったのは学校図書館であるという経験を持つ人びとは少なくなく、今回のあまりにも唐突かつ奇怪な措置は、こうした貴重な読書体験の可能性が未来に向かって閉ざされることをも意味します。

日本ペンクラブは、先般の『憲法第九十六条改変に反対する』声明でも「戦前戦中、思想と言論の自由を奪われ、活動停止に追い込まれた痛恨の歴史を持つ日本ペンクラブは、憲法第九十六条の改変に強く反対する。」と、その理念を標榜しています。

だとすれば、かつて、ナチズムの擡頭時、それを〝他人事〟として拱手《こうしゅ》傍観したその結果、アウシュヴィッツに至る惨禍を招いた過ちを痛切に自己批判した牧師・詩人、マルティン・ニーメラーMartin Niemöller のあまりにも有名な詩――『最初に、ナチスが共産主義者たちを捕らえたとき』(Als die Nazis die Kommunisten holten,) を引くまでもなく、『はだしのゲン』に加えられる、かかる不当な侮辱や弾圧は、すべての表現者の良心と自由とにも向けられたそれと解すべきであり、さらには普遍的な人権への抑圧にも道を開く暴虐とも見做されるべきものです。

とりわけ二〇一一年三月以降、東日本大震災と東京電力・福島第一原発事故に起因する不安や混乱が未解決のまま重層的に深刻化しつづけている閉塞状況のなかで、かつてない危うい歴史修正主義・偏狭なナショナリズムが膨脹の気配を見せている現在、今回の由由しき事態は、日本ペンクラブとして、早急に明確な原則的対応を採るべき性格の問題であると考えるとともに、九月定例総会の議案ともされることを要望いたします。

二〇一三年八月一九日

山口　泉

〔初出／山口泉ブログ『精神の戒厳令下に』――二〇一三年八月二〇日 〇三時二二分〕

追　記

右の私の要望書に対しては、同日のうちに日本ペンクラブ事務局から、同・言論表現委員会に転送された旨、返信があった。その後、私からの重ねての問い合せに対し、一〇月二日、事務局から再度の返信があり、『はだしのゲン』問題に関しては前記・言論表現委員会で八月一日に取り上げられたこと、同・委員会における問題の認識は、私の要望書のそれと概ね異同がなかったらしいことが伝えられるとともに、今後も事態の推移を注意深く見守ってゆく、との態度表明がなされたことを記しておく。

私としてはなお、さまざまな言論人が、団体としても、またそれ以上に個人としても、現状よりいっそう主体的・積極的な発言を重ねてゆくことを強く望むが――。少なくとも私は、今後ともあくまで、そうし続けるつもりである。

問題を『はだしのゲン』一作の暫定的「神話」に回収してはならない

先日、『週刊金曜日』の依頼を受け、同誌・八月三〇日号に寄稿した小文《いま『はだしのゲン』を真に「守る」とは？》に関しては、幸い、共感・激励を中心とした多くの御感想をいただいた。まことにありがたいことである。

なかで印象的だったのは、少なからぬ方がたが「これはおそらく〝始まり〟にすぎない」「これからも頻繁に、同様の事態が惹き起こされるのでは……」「こうしたことが繰り返されてゆくうちに、時代が明らかに逆行したという状況が作られるような気がする」といった意味の警戒感を強く表明されていたことだ。そのとおりである。

八月三〇日、沖縄市安慶田《あげだ》の《くすぬち平和文化館》で開催したＮＰＯ「オーロラ自由会議」の企画——絵本『さだ子と千羽づる』（ＳＨＡＮＴＩ＝絵本を通して平和を考えるフェリス女学院大学学生有志＝著／一九九四年、オーロラ自由アトリエ刊）朗読会＋ミニ・レクチャー『ヒロシマ・ナガサキからフクシマへ』は、幼い子どもたち一三〇名ほどをはじめ、保護者・《沖縄市 ２０１３ 平和月間アクション》に関わる沖縄市関係者……等等の方がたの参加を得て、非常な盛況となった。

その席で私が、今回の『はだしのゲン』への弾圧問題に言及し、特にお伝えしたのも、今回の抵抗と広汎な支持・支援の拡がりが、国際的にも広く知られた高名な作品だからこそ可能となった一過性の〝奇蹟〟であってはならない、という点だ。

事は『はだしのゲン』一作の問題ではない。また今回の展開が、『はだしのゲン』だから陰湿・陋劣《ろうれつ》な言論封殺を（いまのところは、なんとか）はね返せた……といった特異的な「神話」に回収されてもならない。

〝『はだしのゲン』ならばこそ、反撃できた〟〝攻撃を仕掛けた側は、選んだ相手が悪かった〟のではなく――いつ、いかなる場で、誰のそれであろうと、「人権」「反戦」「平和」の主張を扼殺《やくさつ》しようとする恫喝に対しての連帯が迅速に形成されるのでなければ、問題は防ぎ止められたことにはならない。今回、攻撃を受けた『はだしのゲン』すら、実は真に「守られた」ことになど、少しもなりはしないのだ。


とりわけこの国は、「平和」を愛する「市民」を標榜する人びとのなかにすら、根強い事大主義・幇間《ほうかん》根性が染みついた精神風土を特徴としている。

すでに私が少なくとも二〇年以上前から繰り返し批判している宮崎駿監督〔註〕に関し、先般、彼が「憲法九条」を〝肯定的に語る発言〟をしたとの一事をもって、〝あの宮崎監督〟もそう言ってるんだから、みんなも憲法を守ろうよ……という体の論調が拡がりを見せた。こうしたとき、私は相も変わらぬこの国の大衆の没主体性・事大主義に暗然とするのだ。

少なくとも、このアニメーション監督の〝作品世界〟が、真に「憲法九条」の理念と合致しているものなのかどうか。それについての主体的な検証を経ての判断であるなら、少なくとも、このような依存的共感だけはあり得ないのではないかと、私は考えるのだが。

〔註〕私が宮崎駿氏に関し、明文化した最初期の批判としては小著『「新しい中世」がやってきた！』（原題『新しい中世の始まりにあたって』＝月刊『世界』一九九二年四月号～一二月号連載／一九九四年、岩波書店刊）第八信「生と死とにわたるファシズム」第二節「祭壇に祀《まつ》り上げることによって完成する『差別』」参照。

また宮崎駿氏と私が、直接、対話しながら、その〝作品世界〟への疑念を展開したものとしては、『ユリイカ』一九九七年八月臨時増刊「特集・宮崎駿の世界」（青土社発行）巻頭インタヴューを参照。なお、同号に関連論攷《ろんこう》として寄稿したエッセイ『圧制としてのファンタジー――「想像力のファシズム」の廃滅のために』は、小著『宮澤賢治伝説――ガス室のなかの「希望」へ』（二〇〇四年／河出書房新社刊）に収録されている。

ちなみに、今回の前記小文の発表に際しては、出版元の汐文社の御厚意で、『はだしのゲン』第一巻七四ページの一齣《こま》をカットとして使用させていただけた。

のみならず、私自身のウェブサイト『魂の連邦共和国へむけて』に、この小文の情報を掲載するに当たり、なんとしてもここにも同一の齣を象嵌《ぞうがん》したい、との誘惑やみがたく、汐文社のサイトでアドレスを確認、事情を説明してお願いする個人メイルを出したところ、もう二〇時に迫ろうとする刻限だったにもかかわらず、わずか五分で承諾のお返事をいただいている。感謝に堪えない。

〔初出／山口泉ブログ『精神の戒厳令下に』――二〇一三年九月一〇日 〇〇時五八分〕

＊本篇に関しては、巻末の『収録作中、一一篇に関する簡略な補説風の自註』も参照。

◀絵本『さだ子と千羽づる』は一九九四年の日本語版刊行以来、毎年、広島の爆心地であった平和記念公園での朗読会が続けられてきた。広島現地で合流、参加される方もおられる。暑い、暑い広島での三日間である。（二〇一二年）

▶広島平和記念公園を訪れた全国の人びとが、熱心に朗読を聴いてくださるので、メンバーは勇気づけられている。毎年、ここでお会いする方も、何人もおられる。「核廃絶」が、少しでも前に進むことを――。(2011 年)（写真は 3 点とも、撮影・横尾泰三）

▼毎年、このように〝飛び入り〟で朗読をしてくださる参加者も。(2015 年)

《デュッセルドルフ文書》、アップロード開始

このかん、すでに何度となく予告しながら果たせずにきた、本年・二〇一三年一月一八日のドイツ・デュッセルドルフでの、私の講演『福島原発事故と、その現状――核破滅ファシズムの国・日本から、残された世界を防衛するために』の全文アップロードを、以下、《デュッセルドルフ文書》として一四本に分け、本日からなるべく短期間に、当ブログ『精神の戒厳令下に』上に行なうこととする。

本年一月、私がドイツ《緑の党》デュッセルドルフ支部の招きを受けて彼地《かのち》に赴き、この三時間半に及ぶ講演を行なってから、すでに八箇月以上が経過した。

むろんそのかん、状況の細部には若干の変化もある。しかしながら問題の本質的構造は、私がこの講演で指摘した当時となんら変わっておらず……逆に、その空前の危機がいよいよ明らかになってきたという意味では、私はまったくこの内容を訂正する必要は認めない。むしろ、その絶望的なまでに「今日的な」意味に、ますます強まっているといっても過言ではないだろう。

遅ればせながら、くだんの講演・全文を公開する所以《ゆえん》である。

もともとこのテキストは、ドイツ現地での講演を了《お》え、私が帰国した直後、三重県在住の（当時はまだ）未知の読者・鈴木昌司さんが申し出られ、岩上安身氏主宰のＩＷＪ（Independent Web Journal）ヨーロッ

パ支局の鈴木樹里特派員によって取材された動画から、驚異的な短期間に文字起こしをしていただいたものが、その原形となっている。

そこに、本年八月三日、広島県呉市で地元の市民グループ・広《ひろ》FECの第一回企画講演に私が招かれ、『東京電力・福島第一原発事故の意味――ヒロシマ・ナガサキ・水俣・チェルノブイリからフクシマへ』と題して一八〇分の講演を行なった際、A4判・三四ページに製本された資料として一部五〇〇円で頒布されるに当たり、読者の便を図って小見出しを設けた。

今回、当ブログにアップロードする全一四本は、その小見出しに沿って分割されたテキストにほかならない。

前述したとおり、人類史上最大の欺瞞（この表現が誇張だろうか？）というべき、東京電力・福島第一原発事故後の日本国における、政府・東京電力・マスメディアその他が結託した、人間性の最低の底をも踏み抜いた嘘・偽りに塗り固められた言論統制と、それに果てしない受動性において共犯関係を結ぼうとする大衆の絶望的な頽廃があり、さらには先般の「東京オリンピック」招請という犯罪的国際プロパガンダを通じてなされた、内閣総理大臣・安倍晋三による怖気《おぞけ》を催すようなペテンの数かずがある。

しかもこの低劣宰相のペテンを、一応は逐一、指摘しながら、にもかかわらず奇怪にも、なおそれを座視するのが当然であるかのごとき風潮が、制度圏メディアにも、また大衆のあいだにも瀰漫《びまん》している。このぶざまな惨状は何なのか？

かかる事態のなかで、改めて本テキスト全文を、《デュッセルドルフ文書》の呼称のもと、私自身のブログ『精神の戒厳令下に』にアップロードする次第である。

実は今回、この少なからぬ時間と労力とを要する作業に取りかかる決断を、私に最終的に促してくれたのは、昨日――沖縄本島南部の一角で、いわば〝内輪〟ともいうべき、とある「ゆんたく」〔註〕の場が設営されたことだった。

そこに招かれ、やはり結果として数時間に及ぶ話をする運びとなった際に……その場に集った、主催者はじめ、まだごく若い人びとの、極めて真摯な問題意識・危機感に接し、参考資料として当ブログにこのテキストを掲載することを、私は皆さんに約したのである。

記して、関係各位に謝意を表したい。

〔註〕うちなーぐち（琉球語）で「団欒としてのおしゃべり」「雑談会」ほどの意。

〔初出／山口泉ブログ『精神の戒厳令下に』――二〇一三年九月二五日 二一時四八分〕

＊本篇に関しては、巻末の『収録作中、一一篇に関する簡略な補説風の自註』も参照。

血債の美術が問う、恥知らずな核加害国の現在

――『黄榮燦紀念・洪成潭「五月版画」台北展』に寄せて

九月一一日から一八日まで、台北で、韓国の画家・洪成潭《ホンソンダム》さんの、台湾では初めてとなる個展が開催された。洪さんの代表作であると同時に、韓国民衆美術史の金字塔ともいうべき『五月版画』全五〇点を網羅した展示である。

関連企画の国際シンポジウムにパネリストの一人として招かれた私は、洪成潭さんや同展プロデューサーの徐勝《ソスン》さん（立命館大学特任教授）らとも旧交を温める機会を得た。ちなみに、東京電力・福島第一原発事故が起こって以降、初めての再会である。

一九八〇年五月、朴正熙《パクチオンヒ》の暗殺後、クーデタによって実権を掌握した全斗煥《チオンドファン》軍事独裁政権に抗議する全羅南道光州《チォルラナムドクワンヂュ》の市民が、最終的には銃を執《と》って戒厳軍と闘った民衆蜂起（日本では一般に「光州事件」と通称される）は、韓国のみならず国際的にも、現代史に巨きな影響を刻印した。この鮮烈な事態に際し、光州市民軍美術宣伝隊として、まさにその渦中を生き抜いた洪成潭さんにより、輝かしくも凄惨な闘いのただなかで描かれ、彫られ、刷られた木版連作は、「歴史」と「表現者」との、奇蹟的かつ必然的な邂逅《かいこう》がもたらした稀有の達成にほかならない。

さらにこのたびの展示は、台湾の民衆美術家・黄榮燦《ホワンロンツアン》（一九二〇年―五二年）へのオマージュとして企画されている点が特徴である。第二次大戦後、台湾に渡った国民党により、一九四七年に惹《ひ》き起こさ

れた二・二八事件を契機とし、その後の冷戦下、猛威を振るった「白色テロ」の非道を、いち早く細密な木口《こぐち》（と思われる）木版画を通じて香港や日本にも告発しつづけた黄榮燦は、何人かの盟友たちと同様、国民党軍に「叛乱犯」として逮捕され、銃殺された。

重慶《チョンチン》生まれの外省人（一九四五年の日本からの解放後、台湾に移住した大陸出身中国人）でありながら、台湾の真の民主主義に深く思いを潜め、闘った、この画家の清冽にして痛切な生涯に関しては、日本人研究家・横地剛《たけし》さんによる労作『南天の虹』（二〇〇一年／藍天文芸出版社）が、台湾・中国の研究者も第一級の基本文献として参照する評伝となっている。今回、企画に参加された横地さんは、台北における「白色テロ」の跡を巡るフィールドワークの案内役をも務めてくださった。

展示会場となった牯嶺街《クーリンチェ》小劇場は、本企画の共同実行委員の一人でもある台湾の劇作家・王墨林《ワンモーリン》さんが根拠地とする魅惑的な空間である。来場する台湾の人びとの表情には、現在にまで至る複雑な同地の政治状況のなか、『五月版画』を自らに直接、引き寄せて見つめようとする濃密な関心が窺われた。

ところで今回、私はくだんの国際シンポジウムで、たった一つの事柄に関して語ろうと現地に赴いたのだった。昨年夏、洪成潭さんが私にくれたメイルの以下の見解をめぐってである。

《福島原発事故をめぐる状況は、絶対に〝平和的デモ〟等では解決しない。それは武装闘争ではないにせよ、日本民衆が赤い血を流す闘いを必要とするだろう。そしてその血は、かつてのアジア侵略戦争に対する贖罪ともなるのだ》（大意）

〝戦後日本〟の虚構を撃つこの言葉は、同時に韓国民主化闘争を通じての犠牲者たちをも想起させよう。むろん私は、事態が「平和的に」打開されることを念願する。だが日本という国の、欺瞞に充ち満ちた現状はどうだろう？

チェルノブイリをも上回る人類史上空前の放射能汚染の加害当事国でありながら、あたかも何事もなかったかのごとく「五輪招致」のペテンを弄する内閣総理大臣――。彼を支持し、東北を舞台としながら原発事故だけは念入りに捨象された〝公共放送〟の「朝のテレビ小説」に心酔する大衆……。

この恥知らずな核加害国の成れの果ての惨状を、かつて台湾で――また韓国で、青春も生命も賭して闘い抜いた美術家たちの、血を噴くような画業が照射する。いま、黙示録のごとく。

〔初出／『週刊金曜日』二〇一三年一〇月四日号〕

▲洪成潭『五月版画』展会場にて。
黄榮燦の代表作『恐怖の検査』について解説する、横地剛さん。
(2013 年 9 月)

『東京五輪成功決議』という踏み絵を踏んだ者たちへ
――ファシズムの完成を瀬戸際で食い止めるために〔前篇〕

事態は末期的である。東京電力・福島第一原発事故をきっかけとして一斉に継起したファシズムの策動をはじめ、さまざまな事態が深刻な危機的段階へと踏み込もうとしている。

わけても、そうした事実を知らしめ、共有する回路そのものが根こそぎ奪われ、基本的人権が圧殺される「警察国家」への道を開くという意味で、現在の臨時国会で安倍晋三政権が成立を謀《はか》っている『特定秘密保護法』（特定秘密の保護に関する法律）は、取り返しのつかないものとなるだろう。

主権者国民が完全に情報から遮断された状態で、その内容も開示されることのないまま、国家に生殺与奪の権を委ねるという、本来なら、およそ二一世紀の〝国際社会〟であり得ない――通用しようもない異様な状況が、いともやすやすと現出しようとしている。

……たったいま、《本来なら、およそ二一世紀の〝国際社会〟であり得ない》云云と、私は書いた。だが、にもかかわらず、くだんの〝国際社会〟が、日本のこうした事態を看過し、いわば「見殺し」にしているのはなぜか？

実は、そこにこそ、アメリカの根底的植民地たる虚構国家――「戦後日本」の構造的問題と、いま進行しているこの世界的危機、かつて「新しい中世」〔註一〕と私が定義した、人間性の終焉するハイパー資本主義の地獄の本質があるのだ。

本稿では詳述しないが、この危機――「戦後日本」の破滅に際しては、いかなる〝救いの手〟も、もはや〝国際社会〟から差し伸べられることなどないのだ。そうした認識を、この国に生きざるを得ない者は持つほかないのだという結論に、私は至っている。

〔註二〕小著『「新しい中世」がやってきた!』(一九九四年/岩波書店刊)と、できればその前身たる、山口泉『新しい中世の始まりにあたって』(月刊『世界』一九九二年四月号~一二月号連載)を参照。両者のあいだには、いくつかの事情により、少なからぬ異同がある。

しかも、疑いなく「戦後」最大の危機ともいうべき、このファシズムの一気の実現とへ向かう『特定秘密保護法』の暴挙に関して、政府と「制度圏」ジャーナリズム――ほぼすべてのテレビや大半の新聞は、おのおのの真っ当な意思表示はおろか、最低限の情報提供すら、満足にしようとはしていない。したがって、それら堕落したメディアにのみ接するしかない人びとにとっては、いま進行しつつある危機の存在すら認識されないでいるというのが実情なのだ。

二〇一一年三月一一日以来、私がずっと言いつづけていることだが、現在の日本でインターネットにアクセスできるか否かは、時として生死を分ける問題ともなり得るのだ。そしてまたおそらく、そうした事情こそが現在、躍起になって『特定秘密保護法』を推進する側の重要な意図の一つにも関わる。

東京電力・福島第一原発事故をめぐる情報のいっさいを封印しつづけたい国内外の支配層にとって、いま日本で最も疎ましい現象は、インターネットを通じてなされる情報発信・情報収集・意見交換であるだろう。『特定秘密保護法』が直接の標的と想定しているものが、日本大衆のいかなる営為であるかは、現状、火を見るよりも明らかである。

安倍晋三の無知・無能・無教養を論《あげつら》う声が少なくない。だが、そんなことはそもそも、かくも特権的な環境に生まれつつ（その必然的〝報い〟として？）こんな生き方しかできずにきたという、当人の経歴を見ただけで明らかな話ではないか。麻生太郎を含め、彼らが現在の地位にいるのは「係累」という〝種〟の成れの果ての問題にすぎない。また見方を変えれば、無知・無教養こそ〝操作される独裁者〟としての最適の資質なのだ。

こうした事情は、たしかヒトラーに関して羽仁五郎も指摘していたはずである。それにしても「ナチスを見習ったらどうかね」発言の後になお、麻生太郎の「政治生命」を絶つこともできなかった段階で、たぶんこの国の「政治」は本質的に終焉しているのだろう。少なくとも、現在、地球上に存在する、他の諸国から見て。

日本人として生きねばならぬ私たちは、そうした絶望的国家の「国民」であるということ——。屈辱である。そして何より、恐怖である。

かてて加えて、かかる決定的事態に際会したこの国の「臨時国会」冒頭において、今回なされた『東京五輪成功決議』とは、何か？　ほんとうに、この想像を絶する翼賛ぶりは何なのか？

このかん私自身、ツイッター等で再三、指摘しているとおり、そもそもこの「東京五輪」招致なる、あまりにも醜悪な茶番自体、あたかも東京電力・福島第一原発事故の終末的破局が存在しないかのごとく振る舞おうとする（どこまで行けるかは判らないが、ともかく行けるところまで行く——）、日本政府・東京電力・その他と、一方で国際原子力ロビー・金融資本とが結託した〝壮大な〟恥知らずの国際輿論《よろん》操作にすぎまい。

そして日本国の命脈を断とうとする、その今国会の会期冒頭、いきなりかくも醜く愚劣な「成功決議」が、衆議院満場一致、参議院は無所属のただ一人の反対を除く、他の議員全員の賛成で可決されたという事実それ自体、『特定秘密保護法』をはじめとするファシストたちの策動が、考え得る最悪の予測をも超え、やすやすと実現するだろうことを明瞭に示している。

《「ふみ絵」は差し出された時、それと分かるものです。形はささいなものだが踏まない事が恐ろしいと感じる。それを一度でも踏んでしまえばさらに次の「ふみ絵」を踏まされる。そして人としての尊厳を奪われ「力」のいいなりになっていく。》（田中哲朗／一九八九年・年賀状）〔註二〕

〔註二〕田中哲朗氏に関しては、前掲『「新しい中世」がやってきた！』第一〇信「魂の連邦共和国へむけて」第一〇節「『ふみ絵』は差し出された時、それと分かるものです」を参照。

いま、東京電力・福島第一原発事故による絶望的な被曝に喘ぐ状況下、安倍晋三の虚偽だらけの「アピール」の結果、満を持して日本に「招致」される〝オリンピック〟なる愚行・欺瞞に臆面もなく「賛同」することができてしまう、国会議員たち――。山本太郎参議院議員以外の、他のすべての。

政治家として、人間として、恥ずかしくないか？　これは最低最悪の「踏み絵」だったというのに。

〔初出／山口泉ブログ『精神の戒厳令下に』――二〇一三年一〇月二〇日〇四時二二分〕

「オールジャパン」大政翼賛国会の醜悪
——ファシズムの完成を瀬戸際で食い止めるために〔中篇〕

私は今般、この決議に賛同した国会議員たちを許せない。たとえ彼らが、他の場・他の局面で、何をどう語って見せようと、それがいかに空疎な演技・アリバイ作りにすぎないかをさらけ出している——『東京五輪成功決議』賛同とは、それほどの醜行にほかならないのだ。

むろん今後も、私とて、時と場合によっては、それらのなかの「相対的にまし」な議員たちの存在を、それでも補完的に〝利用〟しようと考える局面がなくはないだろう。

だが人間としての本質的次元においては、もはや、この『決議』に賛同してしまうような人びとと真の「連帯」を構築することは不可能ではないかとすら、また同時に考えざるを得ない。

それにしても——衆参両院にあまた国会議員が（掃いて棄てるほど）存在するなかで、この明明白白たる欺瞞に異議申し立てを為し得た者が、山本太郎氏ただ一人だったとは！

事態の「末期」とは、これほどまでに包み隠さず、問題の本質を冷徹に暴き立てるものだということだ。ある意味、見事ですらあるとも言えよう。この国に、いまも昔も「民主主義」など存在していなかったわけである。

かつて先行する世代に向け、〝なぜ戦争に反対しなかったの？〟と問うた人びと。問われた人びと。その答えは明らかだろう。いま眼前に——国会で起こっている展開を見るだけで良い。

「大政翼賛」とは、まさしくこういうことを言う。絶望的事態である。この醜悪な『東京五輪成功決議』にはあっさりと賛成しながら、それでもなお『特定秘密保護法』には〝反対〟する（できる）つもりでいる議員・党派が存在するとしたら……それら当人たちは、救い難いまでにおめでたいか——むしろ、おぞましい欺瞞の極みだということだ。

《決議を受け下村博文文部科学相は「オールジャパンで推進することが重要だ。成功に向け最善の努力を図る」と述べた。》（共同通信）

言うに事欠いて得意げに持ち出して見せる、この舌足らずの、そしてその足らぬ舌の根が腐るがごとき「オールジャパン」なる、ぶざまなプロパガンダのファシズム。『はだしのゲン』への言論封殺にも、最後まで加担しつづける教育行政の最高責任者・下村某の——。

そして、その最初から、すでに本来の機能を停止している国会において、存続することのみが自己目的化している擬似「野党」は、もはや形だけ〝安倍政権に反対した〟アリバイ作りのプログラム以外、何も考えていないかに思われる。

会期冒頭で、かかる〝パフォーマンス〟が行なわれることは、今回の〝「戦後」扼殺《やくさつ》国会〟の帰趨を明瞭に示している。収拾不能の原発事故を抱えた国に「五輪」なる愚劣なイベントを（最終的に実現するかどうかなどとは関係なく、とりあえずは）持ち込んだ者たちの意図は、これで十全に達成されたということだ。「オールジャパン」——大政翼賛国会の、この体たらくに示されたとおり。

いま、日本国会に議席を与えられながら——主権者から委託されながら しかも「野党」（！）を標榜しながら、あまりにも露骨な欺瞞に満ちた『東京五輪成功決議』に賛同した者たち。

何度でも言おう。くだんの『東京五輪成功決議』に、いま、国会議員として賛同したことは、その「賛同」自体が人間としての汚辱であり、眼前に進行中の巨大な非人道的行為への加担にほかならない。最低限、目下「東京五輪」招致が、いわゆる〝国際原子力ロビー〟のいかなる意図のもとに進められているか〔註二〕——それすら見抜けない精神たちに、本来「野党」を名乗る資格などないのだ。もしもほんとうに、それが見抜けていないとすれば、の話だが。

〔註二〕私の再三の主張だけでは不十分だと言うなら、たとえば、以下を見よ。小著『避難ママ——沖縄に放射能を逃れて』(二〇一三年／オーロラ自由アトリエ) の紹介を含む『WEB RONZA』のコラム——福嶋聡『「東京オリンピック招致」は、国際原子力ロビーにとっての進軍ラッパだ』。http://webronza.asahi.com/culture/articles/2013092700002.html

この〝「戦後」民主主義〟ないしは日本国「憲政」の末期的状況下、おのずから思い出されるのは、中国文学者・竹内好《よしみ》(一九一〇年—七七年) の以下の言葉である。

《日本共産党にたいする私の不満をつきつめていくと、それは結局、日本共産党が日本の革命を主題にしていない、ということに行きつくのではないかと思う》(竹内好『日本共産党批判 一』／一九五〇年)

ひとり「共産党」のみではない。ここで「日本共産党」を「社民党」なり「生活の党」なりに置き換え、そして「日本の革命」(!) を「護憲」なり「反原発」なり「平和」なりに置き換えてみるがよい。そうすれば、今回の醜悪を極めた『東京五輪成功決議』の、現存する世界の根底を腐らせるがごとき犯罪性がよく分かるだろう。
私はもともと一貫して、東京電力・福島第一原発事故以降の山本太郎氏の言動を高く評価しつづけてきたが〔註二〕、事ここに到って、その本来、当然の原則性は、いよいよ際立つ。他の国会議員があまりにも見識に乏しい、ただ自らが議員でありつづけることを自己目的化した存在でしかないが故に。

〔註二〕前掲『原子野のバッハ——被曝地・東京の三三〇日』(二〇一二年/勉誠出版刊)の第一二五章「俳優・山本太郎氏に告発状」、第一二六章「人命に関わる事柄での非暴力直接行動として」、第一二七章「『正しく偏る』ということ」、第一二八章「山本太郎氏が突出せざるを得ない国、日本」、第一二九章「キム次長と原田左之助とを隔てるもの」の各章、およびそれらの前身である当ブログ『精神の戒厳令下に』の各項を参照。
なお、今夏の参院選で山本太郎氏が当選してほどなく、彼の原則主義的「孤立」を、『治安維持法』「改正」時の山本宣治(一八八九年—一九二九年)に準《なぞら》える議論があった。卓見だと思う。また、だからこそ山本太郎氏に、凶刃に斃れた「山宣」と同じ運命を、絶対にもたらしてはならないと思う。

ではどうすれば良いというのか——と、あなたは問うのか?
現状、私自身が思い描いている一つの方向性が、まったくないわけではない。はなはだ朧《おぼろ》げな、そして依然として抽象的なものにすぎないものではあるが——このぎりぎりの局面にあって、情けないことに、なお。

〔初出/山口泉ブログ『精神の戒厳令下に』——二〇一三年一〇月二〇日 〇四時五三分〕

新しい「ゼネスト」の構築は可能か?
――ファシズムの完成を瀬戸際で食い止めるために〔後篇〕

いかにも、抵抗は最後まで続けられねばならない。これはもとより「勝算」の問題ではなく、「人間としての尊厳」の問題――私個人に即して言うなら、単純に「自尊心」の問題なのだから。

今夏の参院選後、すでにここまで一気に事態が悪化したなかで、容易に方策はないというのが、どう考えても明白な事実だが……それでも方向性としては、国会(この場合「国会」とは、本質的には――真に、真に震撼させられるべきことに――実はいま、山本太郎・参議院議員ただ一人!)と、大衆との連動の回路を、たとえどんなに手遅れだとしても模索するしかない。

もとより「議会制民主主義」における方法論としては、羽仁五郎が提案したとおり「野党第一党に投票を集中する」ことが、本来、最初に採られるべき選択であることも言うまでもない。

その意味で〝山本太郎といえども、一人で何ができるのか〟という反問は、それ自体もちろん決して間違ってはいないし、また私自身、今夏の参院選における若年層大衆の投票行動において、(山本氏に対してではないが)一部の人心の、〝革新のポピュリズム〟めく動き方は、一定の留保を以て危惧する部分があった。

ところが、先般の選挙があのような結果に終熄し、さらに今回の『東京五輪成功決議』ファシズムに見られるとおり、日本国会には、もはや言葉の本質的な意味での「野党」など、すでにどこにも存在していないことが、無惨なまでに明るみに出てしまったのだから、おのずと問題は変わってくる。かくのごとき大政翼賛国会で、よしんば東京電力・福島第一原発事故や『特定秘密保護法』をめぐり、どんな〝パフォーマンス〟をして見せようと、それは所詮、馴れ合いのアリバイ作りにほかならず、あの不毛という以上の危うさを時として伴う『朝まで生テレビ』と選ぶところのない、筋書き通りの〝言論プロレス〟にすぎないだろう。敗れた議員たちは、しかし自らの選挙区に戻り「力の限り敢闘しました」「善戦して、惜敗しました」と報告しさえすれば、それで済んでしまうのだから。

だとするなら、現状、山本太郎議員と「日本民衆」との連動が、国会という回路を通じての抵抗としては、いまや残された唯一の可能性であるという結論に逢着《ほうちゃく》せざるを得ない。

すでに二五日とも言われる『特定秘密保護法』閣議決定には、もう間に合わないかもしれない。だが、それ以後の段階でも、最後の最後の最後まで、抵抗は続けられねばならない。

具体的にどうするというのか？　それに関しては、やはり羽仁や竹内ら「戦後日本」における最高水準の知識人たち〔註〕が一つの方策――おそらくは唯一の方策を示している。

しかもそれは――先回りして言っておくなら、実は現状の日本においては、ただちには（すでに）実現不可能な方策でもあるのだが。

《ファシズムの暴力に対抗する手段として、国民は労働組合に実力行使を要求する権利があるし、労働組合はそれに従う義務がある》

（竹内好『民主か独裁か』一九六〇年）

《現在、戦争をふせぐ、あるいは独占資本がわれわれの人間性までも管理するという動きに抵抗する、政治の腐敗をふせぐというときにどうしたらいいか。ひとりひとりがバラバラに闘うというのは、容易ではない。やはりわれわれは組織をもち、その組織の力によって闘うという方法が、もっとも有効だろう。そう考えると、やはり中心は今でも、労働組合ということになる》

（羽仁五郎『君の心が戦争を起こす』一九八二年）

前述した問題とも関係するが、「組織」をむやみに蔑《なみ》する者、むやみいたずらに〝自由な個人の自由な集まり〟を賞揚する者は、警戒した方が良い。とくに現在のような末期的に苛烈な状況にあっては、そうした者たちの意図はさらに慎重に検証される必要がある。

しかしいずれにせよ、長い長い「戦後」の時間を経て、基幹産業の労働者たちの団結権・争議権が事実上、ことごとく封殺され（七〇年代・八〇年代を通じての「労働者」と「大衆」のなんと見事な分断！）、「総評」が「連合」に取って代わられ……というその後の展開は、さすがの羽仁・竹内らにとっても、もはや〝万策尽きた〟とも映るものかもしれない。

もっとも、さらに彼らの世界観を――というより、誰の世界観をも――決定的に超えた事態として、ほかならぬ東京電力・福島第一原発事故があるわけだが――。

〔註〕むろん羽仁や竹内にも、一定の限界はある。その、時代的制約・階級的（学歴的）制約・ジェンダー的制約……等等。ただし、少なくとも羽仁に関して言うなら、彼の問題把握のなかには、原発に関するそれがまったくなかったわけではない。

では、そうした時代的・状況的隔絶を承知の上で、しかもなぜ私は、あえてなお、羽仁や竹内の言葉を引き、「労働組合」の問題を再提示しようとするか？

理由は簡単だ。それは、いま焦眉の急となっている事態が、もはや単に「国会」に——議員たちに請願の電子メイルやファクシミリを送っているだけで済む段階ではない……端的に言うなら、本来、ゼネストをもってファシズム政府と闘わねばならない末期的段階に入っているからにほかならない。ちなみに「ゼネスト」general strike は、羽仁が戦争を押し止める民衆抵抗の最後の武器と規定していた戦術でもある。

念のため、付言しておくと、私は議員たちへ請願の電子メイルやファクシミリを送ることを「するな」とは言わない。またそれは、必ずしもまったく無意味とも言えないかもしれない。

だがしかし、所詮——忌憚なく言うなら——いま、この期に及んで『東京五輪成功決議』などに賛同するがごとき人びとに、まだ何かを「期待」し、ただ彼らの「良心」に仮託して、自らの命運をそれのみに任せるようなことなど、やめた方が良いとは思っている（議員——職業政治家という人びとの本質については、さらに言うべきこともあるが、ここではとりあえず割愛する）。

そうした依存心、事大主義、誰かがなんとかしてくれるだろう（くれるはずだ）という没主体性が、結局、この国を——その偽りの「戦後」を、かくのごときものとしつづけ、そして現在の地獄にまで到らしめたのだから。

だがしかも、現状はゼネストどころか、労働組合が事実上、機能しなくなって久しい。

そして一九六〇年六月に、国会を取り巻いた二〇万の大衆のエネルギーのかなりの部分が、現時点ではまだ、とりあえず、それぞれのパソコンやスマートフォンに向かってツイートを打ち込むことに注がれている。

ただしこのことは、当然、正負さまざまな側面を、結果として併せ持ってもいる。インターネットの発達は、本来「直接行動」と、あくまで弁証法的に増幅しあう可能性を持つべきだろうし、事実、その可能性は私自身、かなりの程度まで、予感されもする。

その一方、この状況全体の重要な――おそらくは最重要の因子として、やはり東京電力・福島第一原発事故の直接の影響は終始、考慮されねばならないだろう。情報の取得・共有にあたっても、実際の行動に際しても。

(だからこそ、昨年、私も参加した「首相官邸デモ」において、簡易なサージカリー・マスクすらほとんど装着することなく、しかも幼い子どもたちを連れた参加者の姿も少なからず見られたことは、私を深く驚かせた)

再び、ではいかなる道筋が残されているか? しかも、この時間の切迫した中で。

方向性として――あくまで「方向性」として言うならば――山本太郎・参議院議員に表徴される「国会」と大衆とを媒介する、かつての労働組合に代わる回路を、早急に機能させること。そして旧来の「ゼネスト」に代わる大衆の総抵抗が、最初は部分的にでも「組織」されていかなければならないだろうという「方向性」は提示できる。

いまだ(憲法条文上は)かろうじてその地位から引き下ろされてはいない「主権者」大衆として、旧来のゼネストに代わる、いかなる「総抵抗」を、現在の日本社会に構築し直すことができるか。この数週間の期間に、「戦後」のみならず――さらには、日本のみならず――少なくとも東アジアに生きる人びとの生命や最低限度の人間的生活に関わる大勢が決せられつつある。

本稿を閉じるにあたって――。

私は現在の山本太郎氏に関しては、この夏、広島で何人かの友人たちを前に、彼について語った際に引いた、やはり竹内好の以下の言葉を揚げておこう。

《日本文学にとって、魯迅は必要だと私は思う。しかしそれは、魯迅さえも不要にするために必要なので、そうでなければ魯迅をよむ意味はない。私がおそれるのは、そのような魯迅を日本文学が権威にしてしまうことである》

（竹内好『魯迅と日本文学』一九四八年）

おおまかに言ってしまうなら、この場合の「魯迅」を「山本太郎」に、「日本文学」を「日本社会」（もしくは「日本政治」ないし「現在の日本」）に置き換えて見るのが、私は山本太郎氏を支持するに際しての、正しい態度だと考えている。

〔初出／山口泉ブログ『精神の戒厳令下に』――二〇一三年一〇月二一日 二〇時四三分〕

「二・二八」「五・一八」と「八・一五」
――〝戦後日本〟の果てに――東アジアと「フクシマ」〔上〕

東京電力・福島第一原発事故は、なんら〝収束〟も〝解決〟もしてなどいない。現状、少なくともチェルノブイリの数倍と推計される厖大な放射性物質を拡散しつづける事態の深刻さを、しかも最も黙殺しているのは当事国の日本のようだ。

「汚染水」ばかりではない。世界を滅ぼしかねないと諸外国が憂慮する四号機の核燃料プールの危うさも、異様な高率で子どもたちに発症している甲状腺癌も。

当初から東京で一連の危機について発言し、周囲に避難も勧めてきた私自身、健康被害の自覚を含む総合的な判断から、今春、沖縄に移住した。これまで幾度となく訪ねていたとはいえ、こうした形で身を寄せ、また迎えてくださる方もいる琉球弧への思いは、「日本国家」に責任を負う一員として、いよいよ胸苦しく深まる。

そんな今秋、縁あって数年ぶりに台湾を旅する機会を得た。

（なお本稿で私が「日本」と記す場合、それは基本的に「ヤマト」を指すことをお断りしておく）

今回の旅のきっかけは、韓国の民衆画家・洪成潭《ホンソンダム》さんの台湾初の個展「黄榮燦《ホワンロンツァン》紀念『五月版画』展」だった。洪さんや同企画の推進者・徐勝《ソスン》さん（立命館大学特任教授）から、関連シンポジウムでの発言を要請されたためである。

一九八〇年五月、クーデターにより政権を奪取した全斗煥《チョンドファン》は、朴正熙《パクチョンヒ》が前年、釜山《プサン》に発布していた戒厳令を韓国全土に拡大、軍事独裁を加速した。これに対し、全羅南道《チョルラナムド》の道都・光州《クワンヂュ》で、市民が武器を手に抵抗した民衆蜂起を、韓国ではその日付から「五《オ》・一八《イルパル》」と呼ぶ（日本では「光州事件」と通称されてきた）。

この事態に際し、洪成潭さんは「文化宣伝隊」を組織、活動を展開する。彼地に成立した「光州コミューン」の栄光と、戒厳軍鎮圧部隊の暴虐とを、その後の地下潜行中、木版に刻印した五〇点が、すなわち代表作『五月版画』にほかならない。

やがて八〇年代末には洪さん自身、盧泰愚《ノテウ》軍事独裁政権に捕らわれ、拷問を受ける。

「国家保安部に勾留中、強烈な照明を眼の前に突きつけられ続けて……」

いまも癒えない網膜炎の原因を、かつて彼は私にそう打ち明けたことがあった。

台湾は一九四五年、日本の植民地支配から解放されると同時に、中国大陸から入ってきた国民党政府・軍の支配下に置かれる。その重大な転機が一九四七年二月の「二・二八事件」だった。

台北《タイペイ》で〝闇煙草〟を行商していた貧しい台湾人女性への官憲の暴力に市民が抗議、その場で一人が射殺された事態は、さらに国民党軍による大規模な民衆弾圧に発展し、数万の犠牲者を出す。以後、一九八七年まで、台湾には戒厳令が布告された。

版画家・黄榮燦（一九二〇〜五二年）は、重慶《チョンチン》出身の「外省人」（日本からの解放後、台湾に移住した大陸出身中国人）だった。代表作の木版画『恐怖の検査』は「二・二八事件」をいち早く国際社会に告発した記念碑的作品として名高い。

やがて彼は、盟友たちとともに国民党軍に捕らえられ「叛乱犯」として銃殺される。「『五月版画』

台北展」の図録巻頭には、若くして非命に斃《たお》れた「台湾の先輩画家・我が導師」を讃《たた》え、自らの展示を「黄榮燦先生に捧げる」とする洪成潭さんの献辞が『恐怖の検査』の参考図版と共に置かれている。

《街角ごとにひとがあつまった／あつまってまた離ればなれになることを考えた》
《ときには別れがいっそう大切なときがあるように／それぞれ　孤独に離ればなれになる時間のために／われらはおしみなく分ちあった》

（洪成潭『五月版画』の一篇『大同世《テドンセ》2』に付された自作詩・部分／徐勝訳）

二〇〇五年夏、京畿道《キョンギド》で徐勝さんから洪成潭さんに引き合わされた私は、同年末、京都でのグループ展を機に、彼の「後輩《フベ》」の光州民衆美術家たちとも出会った。洪成潭はじめ、鄭榮昌《チオンヨンチアン》・全情浩《チオンヂオンホ》・李《イ》相浩《サンホ》・洪成旻《ホンソンミン》・朴光秀《パクグアンス》・白殷逸《ペクウンイル》の七人と過ごした、京都と大阪での五日間を思い返すと、いまも血が騒ぎ、胸が苦しくなる。それは、四半世紀を経てなお「五・一八」の残響が冬天の底に轟いているかのような——彼らの発する輻射《ふくしゃ》熱に、魂の火照る思いのする百数十時間だった。

あえて言うなら私は、このとき「光州」の「生死を超えた連帯」の〝現在形〟を目のあたりにしたのだ。その友情は、青春の頂点で「永遠」を垣間見た人びとのみの特権なのか——。

台湾に「二・二八」を、韓国に「五・一八」を惹《ひ》き起こしたもの。そして、痛ましくも輝かしいそれら人間性の証と、私たちの「戦後日本」とを、決定的に分かつもの。

その直接の起源は「八・一五」だと、私は考えてきた。

第二次大戦後の「冷戦」状況における東アジアの困難の根底的原因が、「明治維新」以降の日本の侵略・

植民地支配であったことは、疑いない。

〝後発の帝国主義国家〟として、あれだけの罪科を内外で犯しながら、一九四五年八月一五日を経ても、その本質がなんら変わりはしなかった国。

米国の背後に、狡猾で厚顔な〝影の受益者〟として、偽りの「戦後」を騙《かた》ってきた国。

その果てに、東京電力・福島第一原発事故という、収拾不可能な核破局へと到り着いた国。

その日本に帰属する者として、進行中の空前の危機の認識を、東アジアの人びとと共有する――。

それが、今回の私の、台北への旅の目的だった。


〔初出／『沖縄タイムス』二〇一三年一一月四日付「文化」面〕

内部に自前の「精神の戒厳令」を布告した国よりの報告
——〝戦後日本〟の果てに——東アジアと「フクシマ」〔中〕

私も招かれた国際シンポジウムは、九月一四日午後の三時間半、「二二八和平公園」内の「二二八紀念館」大ホールで行なわれた。

パネリストは、司会の徐勝《ソスン》さん（立命館大学特任教授）をはじめ、黄榮燦《ホワンロンツァン》評伝『南天の虹』（藍天文芸出版社）の著者で福岡の中国語市民講座の世話人でもある横地剛《たけし》さん、韓国・光云《クァンウン》大学助教授の稲葉真以《まい》さん、「『五月版画』台北展」の会場となった「牯嶺街《クーリンチェ》小劇場」を根拠地に活動する劇作家の王墨林《ワンモーリン》さん、台湾大学芸術学部教授の梅汀衍《メイティンユエン》さん、私、洪成潭《ホンソンダム》さん（発言順）——。

王墨林さんの指摘は示唆的だった。「台湾では八七年の戒厳令撤廃後も、人びとの心のなかに戒厳令が続いています」

こうした方がおられると、論議は深めやすい。かねて「精神の戒厳令下」というのは私の主題の一つなのだ。だが、それは後で触れることにして、携えてきた問題をまずは提起する——。

東京電力・福島第一原発事故から一年後、私が上梓した本『原子野のバッハ——被曝地・東京の三三〇日』を洪成潭さんにも送ったところ、彼から一通の電子メイルが届いた。小著を「山口さんの血と汗が濡らしている本でした。いや、我われ東アジアの人民の未来が込められている本でした」と評価してくれた上で、私と同い年の画家は、そこに次のような見解を記していたのである。

《現在の日本の状況は、平和的デモ等では解決しないでしょう。いわゆる武装闘争ではないにせよ、欺瞞的な政府・マスコミとの、少なからぬ日本人が自らの血を流す闘いが必要です。そしてそのために流される血は、かつて日本が行なったアジア侵略戦争への謝罪にもなることでしょう》

「返す言葉がない」とは、こうしたことをいう。

ここで次の洞察を想起するなら、その人はおそらく正しい。

《墨で書かれた虚言は、血で書かれた事実を隠すことはできない。／血債はかならず同一物で返済されねばならない。支払いがおそければおそいほど、利息は増さねばならない》

（魯迅『花なきバラの二』一九二六年／竹内好訳）

もとより私は、あくまで平和的打開を望む。とはいえ、この二年八箇月のあいだ、いよいよ加速する欺瞞と反動とに為す術もない日本大衆の姿は何だろう。

たしかに、日本にも身命を賭して戦争に抵抗した人びとはいた。しかし彼らの、なんと孤立していることか。

一方で、デモでの死者や焚身《プンシン》（焼身）抗議の死者たちと、いまも共に歩んでいる韓国民主化闘争の姿を、私は知っている。

私は聴衆を見渡し、続けた。

——十五年戦争に関し、日本人はもっぱら「被害者意識」のみで「加害責任」の自覚が欠如してきました。しかし東京電力・福島第一原発事故にあっては、周辺諸国への「加害責任」どころか、自らが「被害者」であるとの認識さえ持てずに、人びとは被曝させられつづけています。

さきほど王墨林さんは「ポスト戒厳令」後の台湾の精神状況について指摘されました。けれど日本の場合は、もっと惨めです。韓国・台湾と異なり、第二次大戦後、一度も戒厳令が布《し》かれたことのない日本は、その代わり、人びとが自らの内部に、最初から自前の「精神の戒厳令」を用意しているのですから……。

むろん、こんな現実を好んで伝えたいはずはない。だが——いま私たち日本人が支払わされようとしている「血債」の、なんというすさまじさか。

台湾・中国・韓国・在日・日本、さまざまな方がたの思念が結晶した一連の企画日程の終わり近く、国民党による民衆弾圧の跡をめぐる〝フィールドワーク〟が催された。案内役は横地剛さん。願ってもない企画である。

台北郊外の六張犁《リョウチャンリ》共同霊園は、黄榮燦を含む犠牲者二〇一人が「埋葬」されている場所だ。それにしても、一九九三年に偶然、発見されたという……ここが、「墓地」か？

木漏れ日のなか、崖の斜面に点在する、煉瓦ほどの墓標に、まず胸を塞《ふさ》がれる。より下の墓標へと降り行くには、その手前の、誰かしらが埋められているはずの上を歩むしかないのだ。これは「埋葬」というより、明らかな「遺棄」の現場ではないか。

それでも、墓標には一人ひとりの名が刻まれている。

黄榮燦に前後して逮捕された詩人・呉之光《ウチグワン》、呉の師範学校の同僚教員で彼の恋人となった陳玉貞《チエンユチエン》、農学校教員・郭遠之《クオユエンチ》の墓標もあった。いずれも若わかしい文化活動が国民党政府への「叛乱」とされ、死刑を宣告された人びとである。
青年男女四人がそれぞれ、保安司令部の兵士たちにより、銃殺の場へと引き立てられる表情の撮影された惨酷《ざんこく》な記録写真を、横地さんが遠慮がちに示された。黄榮燦のそれは私もすでに目にしていたものの、他の三人については初めてだ。悲痛極まりない。

かつて私は、直接、本人たちに出会う前に、電子メイルに添付された作品画像の何点かのみを資料として、光州《クワンヂュ》民衆美術運動の画家たちのグループ展の図録・巻頭へのエッセイの寄稿を求められた。その際、自分自身、彼らについて綴ることとなったその最初の一文を、私はこう書き起こした――。

《藝術でしかないものは、藝術ですらない。
「光州」が表現されるとは、どういうことか。
世界に、自らの命で価値を与えることだ》

（山口泉『光源と辺境』二〇〇五年）

同様に、世界を変えようとして命を奪われた若者たちが――いま、私の足もとに埋められている。その場を、いつまでも離れ難い思いがした。全身の血管を、血ではなく、涙がめぐるような。

〔初出／『沖縄タイムス』二〇一三年一一月五日付「文化」面〕

▲自作『五月版画』を観覧者に解説する洪成潭さん（中央）。台北・牯嶺街小劇場にて。（2013 年 9 月）

▲六張犁共同霊園・黄榮燦の墓。（同上）

「核破滅」の引力圏からの覚醒と離脱を
——〝戦後日本〟の果てに——東アジアと「フクシマ」〔下〕

今秋の私の台湾行のもう一つの目的は、現地で反原発運動を担う人びととの提携の回路の端緒を見いだすことだった。台湾の原発に起こる事故の影響は、当然、琉球弧全域にも及ぶ。

台北《タイペイ》滞在の終わり近く、ＴＥＰＵ（台湾環境保護連盟）副秘書長の李《リ》秀容《シュウロン》さん、ＰＣＴ（台湾長老教会）伝道師の葉景安《イエチンアン》さんのお二人と相次いでお会いすることができたのは、日本は川崎の地からアジア連帯の可能性を構想される崔勝久《チオエスング》さんの御紹介によるものだ。

その崔さんの存在を教示してくれたのは、本年四月、私が韓国へ東京電力・福島第一原発事故問題の講演に招かれた際、尽力いただいた《光州《クワンヂュ》環境運動連合》会員組織チーム長の小原つなきさんである。

そして今回、李秀容さんは、ナイジェリア国立大学客員教授を長く務め、アフリカの飢餓問題解決に尽力した郭恵二《クオフイアール》さんを、葉景安さんはＰＣＴの僚友の牧師・林偉聯《リンウエイリエン》さんを、私との会見の場にお連れくださっていた。

世界の滅びの速度を、市民・人民の「連帯」の拡がりと深まりとが、いかに遅らせ得るか——。

事態はいまや、そうした段階に入ろうとしている。

台湾には現在、三箇所六基の原発が存在する。

加えて目下、新北市《シンペイ》に建設中の第四原発二基は、日立・東芝・三菱重工が関わるプロジェクトである。東京電力・福島第一原発事故がいよいよ収拾不能となりつつある中、なお自国の〝技術〟を「世界で最も安全」とうそぶく内閣総理大臣を戴《いただ》く隣国から原発を「輸入」する結果となった暴挙は、もともとまだ台湾に戒厳令が布告されていた時代、民意を無視して断行されたものなのだ。

あくまで「市民」の力を信じ、三〇年に及ぶ反核・反原発の闘いを「国民投票」実現という目標に向け、粘り強く段階的に展開してゆこうとする、李秀容さんらTEPUの方法論。「神の創造物」たる宇宙の秩序を「被造物」の人間のエゴが乱すことは許されないとするキリスト教徒の認識に出発しつつ、科学的・合理的な論拠を挙げて「原発反対」を表明する、葉景安さんらPCTの立場――。こうした多様性は、闘いの内実をいっそう豊かにしている印象を受けた。

今回「『五月版画』台北展」企画のコーディネーターと中国語通訳を務めてくれた簡宇敏《チィエンユーミン》さんは、国立政治大学でメディア論を専攻した若い研究者である。イデオロギー対立・民族差別等、さまざまな変数項が介在し、複雑を極める現代台湾の状況下、「民主主義」という言葉を明確な生命感を伴って語る彼女の率直な批判精神にも、私は強い感銘を覚えた。

「『中華民国』ではない――『台湾』に、私は真の民主主義を打ち樹《た》てたいんです」

簡さんは今夏、『沖縄タイムス』の尖閣問題をめぐる連続インタビューにも登場している。その経験をきっかけとして、彼女が今後、研究したいテーマは「沖縄のジャーナリズム」となったという。

そもそも東京電力・福島第一原発事故に関し、日本がいまだ「核加害国」としての責任を諸外国から表立って問われないばかりか、「東京五輪」が招致されるという、あまりにも奇怪な展開は何か？

おそらくそれは、原子力メジャーと国際金融資本の展望のない思惑の反映に過ぎまい。そして現状の一切に蓋をするかのように、政府から〝草の根〟に到るまで、ますますファシズムの擡頭《たいとう》は著しい。眼前の危機を平然と糊塗し隠蔽する〝「東京五輪」成功決議〟に、無所属の山本太郎氏ただ一人を除く衆参全議員が賛成するという、まさしく悪夢のごとき「大政翼賛」そのものの国会は、形ばかりの〝審議〟で『治安維持法』の再来ともいうべき『秘密保全法』（特定秘密保護法）に道を開こうとしている。この悪法が最初に目指すものこそ、今後いっそう明らかとなるだろう東京電力・福島第一原発事故の惨害の情報統制ではないのか。


常軌を逸した高さに引き上げられた放射性物質の〝規制基準値〟のもと、物流の発達と「経済原理」を梃子《てこ》として、放射能汚染は日本国の版図すべてに、すでに人為的にも止めどなく拡大している。かつて「〈国家としての日本〉の専横」（新川明「異族と天皇の国家——沖縄民衆史の試み」一九七三年／二月社刊）と規定された国家主義が、人類史上空前の原発事故を持て余した日本政府により、沖縄に対して、米国との共謀関係を伴う従来のあらゆる差別と抑圧の上に、さらに新たな位相を画策することを私は危惧する。そして一義的には日本人としての責任において、それを阻まねばならないと考える。

おぞましい「核破滅」の相互監視・集団主義の引力圏から、一人一人が全力で離脱すること。

もう二年八箇月にわたって続いている非道の事実を、内外で共有すること。

結果としてそれのみが、いま世界で最も高濃度の放射能汚染に曝《さら》されている東北「爆心地」の子どもたちの命をも救うのだ。

この地上で「アジア連帯」という言葉を、最後まで口にする資格を持たない国。その日本に帰属する一員であることは承知しながら――しかも、理不尽な破滅を、東アジアの民の総力が封じ込めるそれを、なお私は切望する。

〈初出／『沖縄タイムス』二〇一三年一一月六日付「文化」面〉

▲台北市・TEPU（台湾環境保護連盟）事務所の入口に掲げられた旗。（2013年9月）

知性と良心への侮辱としての『特定秘密保護法』
——人類史を愚弄する、集団催眠と自己麻酔の愚国家

問題は、すべてが結局、危惧されたそれか——ないしは、その危惧をもさらに上回る絶望的な形で、いま現実のものとなり、さらには決定的に固定化されようとしていることだ。そして、にもかかわらずその絶望的とも末期的ともいえる事態の、しかもその終局に立ち会いながら、結局のところ大半の人びとが、いま起こりつつある展開を、つまるところ「止むを得ない」ものとして受容しつつあるか……それ以上に、異様なまでの無関心〔註〕を以て看過しようとしていることだ。

〔註〕ちなみに、この無関心の度合いは、二〇一一年三月一一日以降、この地上で人類が最大の関心を払うべき東京電力・福島第一原発事故の危険性への無関心とも、見事なまでの表裏一体をなしている。そして、こうした事態に関しては、〝公共放送〟ＮＨＫをはじめとする既存の「制度圏」マス・メディアの積極的加担があることも、言を俟《ま》たない。

ともかく、くだんの『特定秘密保護法』なる代物が、「秘密」などという不穏な言葉を平然と前面に付き出しながら、それでも主権者（であるはずの）大衆一般から、およそまともな疑義も差し挟まれることなく通過・成立しようとしている。

かくも信じ難い状況は、しかしながら今夏の参院選の、その前に公然と「出動拒否者は軍法会議にかけて死刑」だの「ナチスの手口を見習え」だのと口走った、低劣な政権与党幹事長や副総理が、し

かも罷免も糾弾もされることなく権勢を保っているという、この国家の現状を体現している。

そして、そうした政党に票を投ずる「主権者」大衆の意識は、当然、事ここに到っては単なる受動性を超えた、明白かつ積極的な共犯性の問題として糺《ただ》されるべきものにほかならない。

国家・政府が、当の〝秘密〟なるものを勝手に「指定」し、勝手に「処罰」し、挙げ句の果て、勝手に「廃棄」できるというフリーハンドを独占的に握り込むという——まともな思考力を具備したものなら到底、容認するはずもない常軌を逸した〝法案〟。これが通過すれば、事実上、自民党の半永久的な独裁政権が固定化するだろう。むろん、「憲法改正」は時間の問題となる。

この、いわば知性と良心への侮辱に対し、しかし反対するどころか、くだんの内容のあらましも、それればかりか実はその存在すら、少なからぬ〝一般国民〟「有権者」が知らないまま、すでに「採決」が目睫《もくしょう》の間《かん》に迫っているという異常事態が公然と進行している——。

この、まさしく没知性の、人類史を愚弄する、集団催眠と自己麻酔の愚国家。

その一方、なんらそれが抵触する法律もなければ、倫理的にも問題は認められない山本太郎議員による、天皇への「手紙」手渡し問題を、事もあろうに寄ってたかって騒ぎ立て、「処分」「処分」……と脅迫が続くこの国の現状は何か。実のところ、頁頁雹刀・福島第一原発事故に関しても、また『特定秘密保護法』に対しても、真に真剣に問題としている国会議員が実は山本太郎氏ただ一人であるという、目の眩《くら》むような絶望的事実を思えば、その拠ってきたる真の理由も明らかとなろうというものだ（ただし、別の理念的見地からすれば、もちろん山本議員の今回の行動をめぐっては、検討の余地がまったくないわけではない）。

〝新興〟の擬似〝野党〟は、「みんなの」某だの「維新」某だのの〝共犯ぶり〟に見られるとおり、当初のプログラムそのままに自民・公明に加担している。その一方、一応は真正の「野党」であったはずのいくつかもまた、どこまでその自己潰滅ぶりをさらけ出せば気が済むのか？

現在の日本の破滅状況の構図を最終的に用意した、まさしく戦後最悪の宰相の一人・小泉純一郎のあまりにも見え透いた、笑止の〝脱原発〟の茶番に、卑しくもすりよって見せた社民党のごときは。

しかし現状、ハイパー愚民政策によってもはや徹底的に骨抜きにされた、この二〇一三年晩秋の日本に瀰漫《びまん》する十重二十重の無関心と集団催眠・自己麻酔の構造のなか、一九六〇年六月のごとき、国会議事堂を二〇万の大衆が包囲する光景が現実の問題としていきなりは現出しないのであるなら……当面の「攻防」は、心ならずもただひたすら国会内部の〝プロレスごっこ〟のごとき馴れ合いで行なわれるしかない。

それでもなお、少なからぬ市民と、各種機関・団体が、条理を尽くして『特定秘密保護法』に反対している。しかし同時に、あまりにも無責任かつ犯罪的なまでに無能だった民主党・第二代（菅直人）および第三代（野田佳彦）政権の後、復位した自民党政権下の現在、いまほど事実上、「国権の最高機関」たる国会と、「有権者」国民一般・市民とが切断されている状況はない。いまほど、日本大衆・民衆が、抵抗の回路を閉ざされている状況はない。

意識の高い市民・民衆のあいだから、どんなに真っ当な声が上がっていようと、また愚昧な政権与党とは比較にならない知見を有する機関・団体が警鐘を鳴らそうと……さながらＳＦの〝パラレル・ワールド〟めいた、国会「議場」とその周辺——既得権層により支配された一部の「制度圏」内部において、およそ別の国家・別の天体の出来事ででもあるかのように、事態は勝手に、しかも急速に進行しているのだ。

そうした悪夢のごとき光景のなか、いま日本国の偽りの〝戦後〟に「とどめ」が刺される光景に、私たちは立ち会うことを余儀なくされている。


最大の問題は何か？　ほかでもない最大の問題は、まさしく衆人環視のなか、この偽りの〝戦後〟がその息の根を止められようとしている現在に、真に憤りを――ないしは絶望をもって存在している者が（国会議員をはじめとして？）あまりにも乏しいという事実である。

「対案」「修正案」を論《あげつら》うことそれ自体が、すでに欺瞞である。個別の〝問題点〟を列挙して見せる以前に、何よりその存在そのもの、このかん昨年末の衆院選・今夏の参院選においてもぬけぬけと隠蔽されてきた悪法の、その持ち出され方そのものを否定しなければ、まったく意味がない。

そもそもなぜ、いま唐突に「国家秘密」なのか？　国民主権＝民主主義と相容れないこれが、選挙の当初から公然と掲げられていたら、いかな日本国「有権者」大衆といえども、このかん実際に自民党に投じられたそれは明らかに下回る得票に留まったことだろう。


あれら無教養で愚昧な閣僚たちにより構成された「見える政府」と、それを背後から操る「見えない政府」たる真の支配構造の意を臆面もなく体した〝法律〟。

到底、二一世紀の地球上に存在する国家とは思えない――中世封建社会か、古代祭祀《さいし》国家ですら、まだまだ論理的ともいうべき、「頭の悪い」権力者、現職の内閣総理大臣・安倍晋三が、国際社会に向け、自らを以て公然と揚言して見せた、まさしく「軍国主義者」どもの、でっち上げた、没論理的で時代錯誤の恥ずべき〝法律〟。その存在が人倫にも背き、過去数世紀――ないし十数世紀に及ぶ、自由と解放をめざした人間の闘いの歴史を一気に逆行させ踏み躙《にじ》る〝法律〟……。

それが、ほかでもない、人類史上空前、収拾不可能の原発事故をきっかけとして突如、出現してきたことの血も凍るような意味は、どんなに指摘してもしすぎることがない。

この法案を「戦争への道を開くもの」などという次元のみで懸念している人びとは（むろんそうした側面も当然あり、それはそれとして重大な問題ではあるが――）、なお、あまりにも、東京電力・福島第一原発事故という大破局の現実について、知見が乏しすぎる。すでに私たちがどれほど被曝し、いかに不可逆的な放射線被害に蝕まれているかについて鈍感すぎる。この、当初から欺瞞に満ちた国の、ほとんど救われ難い展望のなさに関して、意識が低すぎる。


いかにも、旧ソ連は、チェルノブイリ原子力発電所事故で「崩壊」した。

これに対し、日本は東京電力・福島第一原発事故をきっかけとして（ある種、閉ざされた、顚倒《てんとう》した世界観を持つ支配層からするなら、むしろ奇貨として？）、人間の精神史を数世紀以上さかのぼる、野卑なファシズムを完成させようとしている。

なんという、おぞましさだろう。人類史のすべてに対して顔向けできない、この夜郎自大《やろうじだい》（と言ってしまっては、往時の夜郎王が気の毒であるが）の愚国家――。


昨年末の衆院選、今夏の参院選と、この国の「有権者」大衆が重ねてきた選択は、あまりにも愚かである。そしてしかも事ここに到ってなお、国家規模の集団的無理心中にもほかならない、そのファシズムへの受動的加担の恐ろしさが、いまだ決定的に自覚されていない。

悪しき「小選挙区制」の発足以来、この国における議会制民主主義＝間接民主制の弱さが、いまほど露呈したことはない。そしてそれは結局のところ、当の議会制民主主義＝間接民主制が、実はそもそもの最初からまったく血肉化したものなどではなかったことを、改めて確認的に推測させる。

デモは当然、必要だ。だが明らかに現下の事態は、デモだけでは、もはや阻止できない。

先月の当ブログでも私が述べているとおり、本来ならストが——それも大規模なスト、理想的にはゼネストが必要だ。

事はもはや、労働組合の「質」をも問わない。それが〝御用組合〟であれなんであれ。これ以上、こうした事態が進むなら、実はもはや「敵」や「味方」すらない、大半の者の生活と生存が「ない」のだ。いま、なされようとしているのは、何より第一に、人類史上空前、制御不能の原発事故の隠蔽なのだぞ。

そうした事態にあっては、もはやいかなる小市民的幸福も——小市民的幸福すらも——ないのだ。かくも愚昧な国家と、そのもとに唯唯諾諾《いいだくだく》と囲い込まれた国民大衆に待ち受けるのは、最悪の場合、惨憺たる被曝死のみなのだ。

眼を醒ませ。

たとえ、すでに息絶えた精神であってすら、なお、その眼を。

〔初出／山口泉ブログ『精神の戒厳令下に』——二〇一三年一一月二五日 一三時〇六分〕

＊本篇に関しては、巻末の『収録作中、一一篇に関する簡略な補説風の自註』も参照。

〝日本の民主主義は死んだ〟のか？（「絶望」と「断念」とは同義語ではない）
——二〇一三年一二月七日に記す、走り書き風草稿メモ

以下は、二〇一三年一二月七日という日付を持った、走り書き風のメモとして、お読みいただきたい。

『特定秘密保護法』なるものと、それをめぐる参議院本会議の一連の〝審議〟を——内閣不信任案から、安全保障特別委員会委員長問責決議案、そしてくだんの法案の「採決」に到るまで、インターネット中継で視聴しつづけた。同時に、国会周辺をはじめとする日本各地の市民による反対の動きを伝えるツイッター情報等等にも接しながら。

まず何より、まさしく戦後日本「憲政」史上、最も重大であると同時に、極めて高い確率でその息の根を止めかねない状況を招来する国会審議が——既存の、既得権に満ちた「制度圏」マス・メディアでは中継されなかったことに愕然とする。とりわけ〝公共放送〟を標榜するＮＨＫが、これら絶望的な歴史的時間に、いかなる「番組」を放送していたか？

たとえ、もはや爾後《じご》のこの国においてはそれを十全に検証し、書き留めようとする営為すら、予想も及ばない掣肘《せいちゅう》を受ける可能性があるとしても——少なくとも「人権」「自由」の概念がいまだ残存している諸外国の歴史家・メディア研究者によって、永遠に拭い難い「暗愚」と「恥」として記録されることだろう。

真に屈辱的な国であり、社会である。

ちなみにNHKについて言えば、この組織は、すでに戦前——一九二六年に、現在と何ら変わることのない「日本放送協会」の名を掲げて以降、十五年戦争の全期間を通じ、「大本営発表」を垂れ流し、日本軍国主義による純然たる被害者であるアジア民衆〔註一〕と、受動的加害者でもあった自国の民とに、死と苦難を強いつづけてきた。まさに最大級の「戦犯放送機関」そのものとしての自らの戦争責任を、しかもただの一度も、なんら償うこともなかったそれである。

そして自らの名称すら変えることなく、一貫した連続的主体性を伴って、連綿と「戦後」日本の愚民政策を推進してきた。その厚顔無恥な歴史の果てに、今国会に際しては、政府・与党のまさに「共犯者」として、この決定的な悪法審議の模様を、市民・大衆の目から遮《さえぎ》ったのだ。〔註二〕

〔註一〕この「アジア民衆」には、日本の植民地支配により「日本国臣民」に組み込まれた他国・他民族の人びとをも含む。そして言うまでもなくそれらの人びとの被った惨苦は、植民地支配の結果として、より構造的に複雑なものともなっている。

〔註二〕こうした事情は、相対的な差こそあれ、既存の新聞の大半においても、ほとんど変わりはしないが——。

……以上は、裏返せば、もっぱらインターネットというメディアが、この末期的な期間において果たした一定の役割について、改めて多くを示唆する。

急いで付言しておくと、既存のマス・メディアの無惨な衰退に対して、インターネットがその代替の回路となり得るかについては、私は必ずしも楽観していない。だが、いずれにしても、東京電力・福島第一原発事故という国家犯罪と、その後の厖大な放射能汚染との先制攻撃を受け、物理的にも民衆が日本各地に分断されているなかでは、私たちは当面、一義的に、このインターネットという回路に頼るしかないだろう。二〇一一年三月一一日、東京電力・福島第一原発事故の発生以来、人類史上空前の規模で降り注ぎ、さらには「流通」すらされつづけている放射性物質から少しでも逃れる、まさに「生死」を分かつ情報の命綱として、そこに縋《すが》ってきた事実を改めて確認するまでもなく。

昨夜の参議院本会議での「審議」そのものについて言えば、なるほど問責決議案をめぐってにせよ、またくだんの悪法そのものについてにせよ、野党側議員の「討論」には一定程度、見るべきものもないわけではなかった。また、あまりにも——あまりにも遅すぎたにせよ——ある種の熱誠を覚えなくはなかった。

しかしながら、結局のところそれらすべてが、既定のプログラムであったかのように淡淡と「消化」され、その果てに、一種悪夢のごとく「記名投票」が始まって、あっけなく『特定秘密保護法』が「可決」された……その最終局面は、やはり当事者たち野党議員らがどう言い繕おうと、すでにはるか以前から敗北を重ねていた、その敗北に対し、結局のところなんら見るべき抵抗を示すこともできず、この国に破滅への不可逆点を通過させた——あまりにも惨めな大敗北だったとの印象を拭い得ない。

何がどうであろうと、少なくとも真に国会議員としての責任を果たしたことにはならないのだ。結局のところ、『特定秘密保護法』を成立させてしまっては。

目下のところ「一年以内」とされている、この悪法の「施行」時期が、実際の問題としていつになるのか？　小さからざる関連要因として、〝愚かな日本大衆〟——「愚民有権者」など、すぐに今回の事態を忘却するだろう……と高を括っているにちがいない政府・与党関係者が、来春の統一地方選の帰趨についても楽観していたところで、なんの不思議もない？

だが、権力はさらに狡猾であるだろう。たとえば政府与党が目下、選挙権賦与年齢を一八歳に引き下げようと企てる意図は、何なのか。

広告代理店や金融メジャー「シンクタンク」等を総動員しての「調査」「検討」の結果、現状の雪崩を打って「保守化」「反動化」「軍国主義化」に向かっている(?)、自分で自分の首を絞めている(??)若年層大衆(???)の「投票行動」を見越しての、「援軍」「補完戦力」を当て込んでの謀略でなければ幸いである。

そしてくだんの『特定秘密保護法』が、そもそも選挙との関連においてどのような作用を果たすことになるか。私は極めて深い危惧を覚える。

むろん、私にも有効な「方策」など、あろうはずはない。そもそも、こうした地点にまで追いやられることを避けるためにこそ、『特定秘密保護法』の「成立」は〝何が何でも〟阻止しなければならなかったのだから。衆議院通過の後になって、ようやく「反対」の声を上げ始めた一部〝名士〟らのごときは、あまりにも遅すぎる。

だが、それでもいま、言っておかねばならないと考えることはある。

昨夜に至る、この一連の全期間……以下のような言葉を、幾度、聞かされたことか。

〝日本の民主主義は死んだ〟

だが、それは——ほんとうに、そうか？

《人は、生まれるまえに死ぬことはできない。共産主義は死んでいない。なぜなら、それはまだ生まれていないのだから。このことは、社会主義についても同様である。》

（ミカエル・レヴィ『「現存社会主義」の危機に関する一二のテーゼ』
Twelve Theses on the Crisis of “Really Existing Socialism”）〔註三〕

〔註三〕初出＝『Monthly Review』一九九一年五月号。筆者ミカエル・レヴィ Michael Löwy（一九三八年、ブラジル出身）は、パリ科学研究センター社会学主任（当時）。小著『「新しい中世」がやってきた！』（一九九四年／岩波書店刊）……というより、その前身である論攷《ろんこう》『新しい中世の始まりにあたって』（月刊『世界』一九九二年四月号〜一二月号連載）の劈頭《へきとう》近くにおいて引用したこの論文コピー（英文・邦訳とも）を、私が、畏敬する国際問題評論家、故・山川暁夫氏（一九二七年―二〇〇〇年／当時、大阪経済法科大学客員教授）から恵贈された経緯は、小文『ある「学恩」――山川暁夫さんを悼む』（季刊『批判精神』第四号＝特集「いよいよ歴史教育が危ない」二〇〇〇年三月、オーロラ自由アトリエ発行）に詳しい。

だから、私はあえてレヴィの顰《ひそ》みに倣《なら》って――こう、記してみよう。

《人は、生まれるまえに死ぬことはできない。〝日本の民主主義〟は死んでいない。なぜなら、それはまだ生まれていないのだから。》

この六八年に及んだ「戦後」に、実はほんとうに自らの手で摑《つか》み取った、自前の、自らの血肉と化した「民主主義」があったのか、どうか――。

それを深く問い詰めるところから始めなければ、昨夜の『特定秘密保護法』「成立」にまで到る、この国と社会の問題は、永遠に未解決のまま、私たちは国家に生殺与奪の権を握られつづけて終わるだろう。

たしかに、政府・与党の卑劣さは凄まじい。だが、それを本来の「危険水域」のはるか手前で防ぎ止めるような手立てが――力が、そもそも私たちの社会の根底に、あまりにも乏しすぎる。

いかにも、本稿はなんの解決にもなっていない。なんの「方策」も指し示さない。

だが、それは事実が――現実の方が、陰陰滅滅たるものだからなのだ。ちょうど、東京電力・福島第一原発事故が、日本どころではない、人類にとっての絶望的事態であるように。

二〇一一年三月一一日以来のこの、人類にとっての最終局面ともいうべき一連の事態を通じても、私がここ一昼夜ほど、絶望的な思いでいることはない。「収拾」の手立てがまったく見えない、東京電力・福島第一原発事故。本来は理性的に避け得るはずの「緊張」が、一気に、とめどなく高まっている東アジア情勢。基本的人権が総否定される悪法の濫立。目前に迫ったＴＰＰ「参加」強行。そして――。

このかんの事態は、そもそも真に自らの手で摑み取った、自前の、血肉化した「民主主義」を持たないまま、あたかもそれが存在するかのように振る舞ってきた〝戦後日本〟の――私たちの国と社会の到り着いた「必然の帰結」なのだ。政府・与党の厚顔無恥な、そして粗暴雑駁な卑劣さは、当然、この世の終わりまで糾弾されるべきものだとしても。

最低限、こうした認識なくして、来春へと向かう過酷を極めた日日のなか、いかなる打開も、状況悪化を阻止する手立ても、見つかりはすまい。不可逆的な臨界点を超えたファシズムは、ひたすら行くところまで行くだけだ。

予定調和的・希望的観測、浅薄な楽観論が、いま、なんの役に立つのか。〝今後〟に対する「野党」議員の党派的スローガンは、かなりの程度まで欺瞞である（無力な「反対党」としての存続のみが、彼らにおいてこれ以上、自己目的化してしまわぬことを——）。

現状のままでは、〝この期に及んで、まだ気づかないのか〟……と、真に茫然とさせられる選挙結果が、今後もさらに待ち受けることだろう。ただでさえ、はね返すのが容易ではない〝稀代の悪法〟下、私たちにとどめを刺すように。この期に及んで——〝日本の民主主義が死んだ〟と、事改めて嘆いているようでは。

虚構としての〝「戦後」日本〟〝「戦後」民主主義〟の神話に対し、うすうすは感づいていながら、なお見て見ぬふりをしてきた……その長年月の最終的な投影、手も足も出ない姿が、昨夜の真に絶望的・屈辱的な「採決」であったことだけは少なくとも明らかであると、私には思われる。

だが、しかし——むろん私としても「未来」を断念しているわけではない。

「絶望」と「断念」とは、いかなる場合でも、実は決して同義語ではないのだ。

人には、たとえ絶望しながらも……絶望の極みにあっても、なお持続しなければならない営為もある。ほかでもない「生きる」という行為そのものが、その一つであるように。

〔初出／山口泉ブログ『精神の戒厳令下に』——二〇一三年一二月〇七日 二二時五八分〕

Ⅳ　二〇一四年　遙かなる邦

名護市長選挙が示したもの
——国家主義の無法が蹂躙する焦点の地での、人間の存在証明

これまでの記憶には、ない。もしかしたら、人生で初めてのことであるかもしれない。
日本国家の版図において、選挙結果に接し、目頭が熱くなるという思いをした経験は——。

今夜、名護市長選で、普天間基地の「辺野古移設」に断固反対する現職・稲嶺進氏「再選」のインターネット速報（『沖縄タイムス』電子号外／二〇一四年一月一九日付）を目にした私が、それをツイッターで発信した後に行なったのは、「祝杯を上げる」ことではなく——翌朝、炊《かし》ぐ予定の玄米を研《と》ぐことだった。

この大反動のファシズムのただなかにあって、今回、名護市民により示された「抵抗」の意思は、人に「生きる」という作業の根底の懐かしさへの回帰を促すものだった。——それがたとえ、すでに現時点でも容易に視認し列挙し得る、どれほど多大な困難に充ち満ちていようとも。

だから、今回の選挙結果を寿《ことほ》ぐ上で、自らが食《は》むべき米を研ぐことは極めて似つかわしい行為のように、私には思われた。何より、この時期、沖縄といえどもそれなりに肌寒い日日が続くなかで水仕事を始めるには、なんらかの弾みが必要なのだ。

このかん、投票日が近づくに従い、日本政府・自民党と、その意を受けた仲井眞弘多・沖縄県知事らが、恥も外聞もなく、持てる総力を投入して現職を追い落とそうとする、甘言と恫喝とが表裏一体

となった——私見では、人倫にも悖《もと》り、また法的な疑義をすら感じさせる、その異様な「選挙戦」の果てに、こうした誇り高い選択をなし得た名護市民に敬意を覚える。

そして私自身、過去四半世紀わたり、数十度、「旅行者」として来訪したのではない、昨春以来、「移住者」としてそこに加わった「沖縄県民」の一人であることに、襟を正させられる思いがする。

いかにも、このたびの名護市長選の帰趨に関しては、日を追うにつれ、情勢が必ずしも楽観を許さない——「辺野古移設反対」を明確に主張しつづけてきた現職の稲嶺市長と「移設推進派」の対立候補との勢力が、予想外に拮抗しているとの印象が、地元紙の報道〔註一〕を見ても、強まっていた。

その一方、東京電力・福島第一原発事故という、もはや収拾不可能の歴然たる破局を抱えながら……明らかにそれを隠し、そこから民心を逸らそうとするかのごとく、いよいよ凄まじい国家権力の専横をほしいままにする政府・自民党の暴政は、その長年の「対米従属」の〝党是〟との関連〔註二〕も含め、他の四六都道府県のいっさいと次元を異にする形で、とりわけ沖縄を直接の標的として、空前の暴虐を繰り返してきた。

あらゆる意味でいかなる論理的必然性もない、普天間基地の「辺野古移設」計画、そして昨年末の仲井眞知事による、明白な公約違反以外の何物でもないその容認は、一連の政府・自民党の横暴の総和の、ある種、結節点とも見做されるべき性格のものだろう。


〔註一〕ちなみに、ヤマト＝日本国家の「制度圏」メディアに較べたとき、沖縄の新聞——私が日常的に目にする『琉球新報』『沖縄タイムス』は、いずれも明らかにその存在する位相を隔てた……すなわち、メディア本来の歴史的・社会的・政治的責任の意識と主張を明確に具《そな》える媒体である。さまざまな次元にわたって顕著な、その自立した主体性は、古風な言い方をするなら「社会の木鐸《ぼくたく》」たる新聞本来の当然あって然るべき姿を、現在もなお——ないし相対的には、むしろいよいよ明らかに——示しているとも言える。

〔註二〕ただし、これが単に「対米従属」のみの結果だと言ってしまったとき、実はそこから抜け落ちるものはないかどうか——。私は、一連の問題を考えるにあたり、昨今の政府・自民党の加速する前近代的な……すなわち時代錯誤の復古的な超国家主義、積年の沖縄差別、主体的な不羈《ふき》の志を持つ人びとへの鬱屈した憎悪、そして東京電力・福島第一原発事故の影響との関連をも疑うに足るこの地への陰湿な憎悪の投影についても、視野に入れておく必要を感じている。

このかん沖縄の地に自らの新たな生活を営もうとしてきた私自身、ウチナーの民衆の憤りと一連の暴虐への根源的な抵抗の意思は、たえず全身に感じてきたつもりではある。また、そこに連なりたいとの思いも、当然のことながら携えてはいる。

そうした立場からするなら、投票日が近づくに従い、支持率の接近や容易ならざる情勢の緊迫が伝えられる事態には、いささかならず懸念を覚えもしていた。

今回、市長選に閣僚・党幹部を挙げての投入や、現職知事をも動員しての、もはやなりふり構わぬ強権的な「移設推進派」候補への政府・自民党応援ぶりは、「基地は政府が決める」と、住民「自治」の概念〔註三〕を根底から否定する暴言を発した自民党幹事長・石破茂だ、さらに選挙期間の終盤にいたって、臆面もなく五〇〇億円の「基金」の「創設」を示唆する展開にいたり、その常軌を逸した異様さを極めた。

〔註三〕通常、当然のように——しかし、実は不用意に——用いられている「地方自治」なる言葉に関しては、それ自体が言語矛盾であるとする羽仁五郎の指摘が、かつてあった。ルネサンス期のフィレンツェに「自由都市」の理念を看取した思想家の言葉として、記憶に留め置くべき見解ではあろう。ただしその一方、現状の日本にあってそれが露骨な中央集権に対する暫定的な「歯止め」の機能を一定程度、果たすのが期待されていることも、一概に私は否定するものではない。

そもそも石破茂による、この五〇〇億円「基金」の提示など……もはやこれは、明明白白たる「利益供与」「利益誘導」ではないのか？　そして私は、日本国の一主権者・一納税者として、かかる卑劣な策謀に同意した覚えもなければ、そうするつもりもない。

しかもこうした行為を繰り返しながら、一方で、いかなる視点から検討しても理不尽極まりない、知事・仲井眞弘多に強いた「辺野古移設」容認に関連して——どのような錯乱した没論理的思考の結果か、「ゆすりとたかりの名人」「盗人」云云と沖縄民衆を貶《おとし》める「首相官邸フェイス・ブック」への侮辱的書き込みを、明らかに意図的に放置する政府・自民党の姿勢〔註四〕は、さらに卑しく陋劣《ろうれつ》である。

〔註四〕『琉球新報』二〇一三年一二月三一日付。

そしてまさしく今回の名護市長選の結果は、沖縄民衆へのかかる不当な誹謗中傷を、その国家主義の無法が跳躙する焦点の地で、改めて根底から否定し、さらに高い人間性の存在証明を示したものにほかならなかった。

「基地に頼らない地域振興」を言明しつづけた現職・稲嶺進市長を選んだ名護市民は、単に国家権力が浅ましくも思わせぶりにちらつかせて見せる「代償」「利益」を拒絶しただけではない。いったんそれを拒絶すれば、たちまち豹変してその暴虐な牙を剥き出しにすることが疑いない彼らに対する、明白な抵抗の意思表示を果たしたのだから。

このかん、国際的な場（二〇一三年九月二五日、ニューヨークの保守系機関での演説）において、一国の行政の最高権力者たる立場にありながら、自らを公然と「右翼」「軍国主義者」と肯定して悪びれず開き直り、〝戦後日本〟六八年の末に一挙に歴史の反動化を半世紀以上分も逆行させた感のある独裁者――まさしく、A級戦犯から「戦後日本」をアメリカに〝売り飛ばした〟最大の悪宰相・岸信介の係累〔註五〕として、その衣鉢を継ぐファシスト内閣総理大臣・安倍晋三。

「ナチズム」を公然と礼讃しながら、しかもいっこうにその政治的命脈を断たれる気配もない副総理・麻生太郎は、同様に「対米従属」の戦後史を決定づけた重大な責任を負う吉田茂の係累だ。

そして、安倍の語る軍国主義像をさらに「体現」した存在ともいうべき自民党幹事長・石破茂は、このかん「日本」全体に対してのそれに加え、より特異的に沖縄をその加虐と侮辱の標的としつづけてきた末に、今回の名護市長選に際し、前述の五〇〇億円の「利益供与」「利益誘導」の非道に前後して、「基地は国家の専権事項だ」と公言した。

これは、住民「自治」のみならず、そもそも選挙の自立性――ひいては「主権在民」の概念そのものを根底から否定し去る、近代民主主義総体を空洞化する暴言である。廃藩置県当時の明治政府の、ないしは軍国主義下の内務省官僚の意識の、憚ることもない一層の露出にほかならない。

〔註五〕むろん、本来の「個」対「個」たる人間関係において、「係累」「血縁」の概念は捨象され、否定されるべき属性に決まっていよう。だが、ほかならぬこれら権力者においてこそ、その階級制・支配構造の「継承」と再生産は、現実の問題として、まさしくそれら「閨閥」「門閥」をほぼすべての既定条件として行なわれてきているのだ。そうである以上、少なくともそれら権力者における「係累」「血縁」は、最後の最後まで、徹底的に問題とされるべき事柄である。何より、そうした前提なしには、そもそも安倍や麻生が、日本国家の枢要において今日の地位を占めることも、またおそらくあり得なかっただろう。

これら、誰憚ることもない国家主義者・ファシストたちが、いまや「最高法規」たる『日本国憲法』をはじめ、夥しい下位法にも抵触する疑いの濃厚な非道を公然と繰り拡げている。しかも「主権在民」を謳《うた》った、その『日本国憲法』が少なくともまだ機能しているはずの国家において、恐るべきことにそれを止める手立てが、事実上、ほとんど奪われている。

あたかも日本国大衆がいっさいを拱手《きょうしゅ》傍観してきたかの感のある、この絶望的状況において、沖縄本島北部の一都市が今回、示した「抵抗」の意思は、単に基地移設反対・辺野古埋め立て反対というだけでない。それは、いま猛然と進む、この悪夢のごとき国家主義・軍国主義そのものへの、歴史的な拒絶の意思表示となったのである。

むろん、あるいはそのことは名護市民・沖縄民衆の本来、一義的に望むところでは、必ずしもないかもしれない。その当然の可能性、そしてそれ以上に日本国家に構造的に帰属してきた立場の者から安易に論《あげつら》うべき事柄ではないという大前提を認識しつつも〔註六〕、この尊い「抵抗」の意思に、やはり私は深く打たれる。

〔註六〕一連の文脈において、私が「日本」と記す、狭義の「ヤマト」と沖縄との関係——また昨春まで東京に居住し、現在「新参」の沖縄県民としてある私自身の自己諒解がいかなるものであるかに関しては、小著『避難ママ——沖縄に放射能を逃れて』（二〇一三年／オーロラ自由アトリエ刊）、小文『〝戦後日本〟の果てに——東アジアと「フクシマ」』〔上〕〔中〕〔下〕（『沖縄タイムス』二〇一三年一一月四日～六日付「文化面」）にも記してきた。そしてむろん今後とも、この関係は継続的に直視してゆくつもりでいる。

問題はもはや、ただに沖縄の現状に関してばかりでない。あらゆる次元、あらゆる位相、あらゆる領域にわたり、とりわけ二〇一一年三月一一日以降、かかる最悪の軍国主義の伸長、ファシズム国家の完成を、好むと好まざるとにかかわらず結果的に底支えしてしまっている日本国大衆の意識にある。

彼らは、東京電力・福島第一原発からの放射性物質に、空前の被曝をさせられつづけながら……そしてそのことを、おそらくは程度の差こそあれ、それなりに自覚もしながら——それらすべてを漠然とした不安と曖昧な諦め、さらにはこれまで幾度となく「常用」してきた、ある種、自虐的な「開き直り」や鬱屈した韜晦《とうかい》の上に、結果として現状のすべてを容認してしまっている。そして、その本末顚倒した絶対的受動性は、一連の被害の及ぶ範囲が、もはや日本にのみ留まらない現在、他者への受動的加害者として、これまで以上の重大な加担責任を伴ってもいる。

このたびの名護市長選の勝利は、単に一市長選の結果というだけはない。

それは、私たち、日本国家に帰属する（させられている）一人一人が、国家に殺されないためには、どうあるべきかを示した光景にほかならないのだ。

再選確定後、選挙事務所から中継された稲嶺候補の、まさしく声涙下るインタヴューと、その後、彼が支援者たちと踊るカチャーシーの躍動するテレビ映像（ＯＣＮ＝沖縄ケーブルネットワーク）にも、胸を打たれた。氏が、健康と身辺の安全により留意しつつ、この困難な闘いを持続することを切望する。

稲嶺市長は、かねて市長権限を最大限に行使しての「辺野古移設」への抵抗を示唆している。市長と名護市民は、今後、直接、日本政府の国家主義そのものと対峙してゆくことになるだろう。すでに国家システムを挙げての抑圧を明言している権力との、かつてない困難な闘いは、目前に迫っている。だが、少なくとも今回、その「抵抗」の根拠が、市長選挙という最も明確な形で確認され、共有された。その事実の意味は、計り知れない。

闘いには、持続されることそれ自体が間断ない「勝利」にほかならない――そんな場合もあるのだ。

そして言うまでもなく、このたびの名護市長選の結果は、沖縄への二重植民地支配における〝中間宗主国〟たる日本国家へも――そう自覚するとしないとにかかわらず、その根底を支えている大衆の責任の問題として――回収されなければならないだろう。最も差し迫った問題として、東京都知事選挙がある。

残念ながら、問題の切実な当事者性の意識が、いまなお稀薄な東京において、結果として名護市長選よりはるかに複雑な――周到に意図された混乱と分断の策動が、すでに何重にも張り巡らされてしまっている。この東京都知事選を通じ、真っ当な「反原発」都政の成立を阻もうとする、欺瞞に満ちた似而非《えせ》〝脱原発〟の恥知らずな攪乱《かくらん》〔註七〕をどう乗り越えるか。

このことは、必ずしも容易ではない。

〔註七〕これについては、これまでも当ブログ『精神の戒厳令下に』〔東京電力・福島第一原発事故〕カテゴリーや、そこから生成した『原子野のバッハ――被曝地・東京の三三〇日』(二〇一二年/勉誠出版刊)、またツイッターにおいて、私の考える〝戦後日本・五大悪宰相〟の一人、小泉純一郎の歴史的・政治的責任の問題として言及してきた。加えて今回、事態の悪質な深刻さに鑑《かんが》み、追ってさらに詳述したいと考えている。ちなみに、その〝戦後・五大悪宰相〟とは、岸信介・佐藤栄作・中曽根康弘・小泉純一郎・安倍晋三の五人。うち三人が、直接の係累関係にある〝民主主義国〟日本――。なお、ここでは吉田茂は「別格」としている。

そうした、より展望のない全体状況のなか、沖縄民衆の抵抗は、むろん〝「戦後」民主主義〟への「賦活」のために存在しているわけではない。

だが、その自明の事実を確認しつつも、なお真に人間の尊厳に満ちた抵抗の意思表示に感銘するのも、また自然の感情であるだろう。そして日本国家がこのままファシズム・軍国主義の自滅へのプログラムを完遂してゆくことは、とりもなおさず沖縄はじめアジア圏の全域、さらには人類にとっても切実な脅威そのものなのだ。

そうである以上、それを阻止することは当然、被害を受けるすべての人びとにとっても切実かつ喫緊の課題であることも、また言を俟《ま》たない。

当地では「北の都」とも讃《たた》えられるものの、それでもヤマトの感覚からすれば小さな……沖縄北部・山原《やんばる》の小さな小さな一都市が、いま自ら引き受けることを決意した、非道な国家主義の無法への、果てしない、容易ならざる抵抗。

それに対し、満腔の敬意をもって「連帯」を表明する。

新参の沖縄県民として。また、一人の人間として――。

〔初出／山口泉ブログ『精神の戒厳令下に』――二〇一四年〇一月二〇日 一〇時二三分〕

一つの「勝利」の明くる日
——沖縄に生きることの意味

政府の圧制に染め上げられた現在の日本国家の版図に、なお自らの「希望」を繋《つな》ぎ止めるべき、その根拠が、まさに市民・民衆の叡智そのものによって静かに指し示されたかのごとき名護市長選挙・投開票日から、一夜が明けた二〇一四年一月二〇日——。

前夜の「余熱」というのは、明らかに当たらない。むしろ、前途に待ち受ける多大な困難を視認しつつ、しかも未来へと、確実な一歩を進めようとする人びとの穏やかな「覚悟」に満ちた姿に直接・間接に触れる出来事を、ほぼ終日、私は間断なく経験しつづけた。

私がかねて憧憬し、現にそこに暮らすようになったいまもなお、ある意味ではより深い「未到達感」ともいうべき感覚に涵《ひた》されつづけている、ここ——沖縄中部、コザの地でも。

今般の歴史的選挙に際会して、その感銘を走り書きした当ブログへも、これまでに幾名かの方から御返事をいただいている。その大半は、沖縄以外——主としてヤマトからの送信だったが、いずれも名護市長選を「わが事」のように気に懸けてこられ、今回の結果に心からの祝意……安堵と喜び、そして名護市民・沖縄民衆への率直な敬意が綴られていたものであったことは、特記しておきたい。

紛う方なき真情に溢れた、それらのメッセージが、しかも上述のとおり、ほぼ共通の状況認識と意思表明を示している事実は、いま、この最悪の反動国家の危機的段階にあって人間性において現象する、一種重要な本質を暗示してもいるだろう。

一通一通が、いわば歴史的資料であり、私にとっての宝であるような電子メイルのなかで、最も遠隔の地から届いたのはドイツ・デュッセルドルフ在住の韓国人美術家・鄭榮昌《チォンヨンチァン》のものだった。私が小著『原子野のバッハ』はじめ、さまざまな場で紹介してきたこの畏友は、メイルの冒頭——《お祝い申し上げます。沖縄が、日本の安倍政権に勝利しましたね》と、簡潔かつ的確に綴っている。

さらに本日、直接、出会い、その声に接したこの地の人びとはどうだろう。

「進さん、勝ちましたね」——再選された市長が、あたかも旧知の友であるかのような親密感を込め、ある若い女性ピアニストが、不意に私に呟いた一言。

地域の集まりの「世話役」として知遇を得た初老の男性と、久しぶりに顔を合わせたとき、いつになく昂然たる面持ちで挨拶をくれた彼の下げているコンビニの買い物袋から、収まりきらず半ば飛び出した『沖縄タイムス』の、「稲嶺氏が大勝」の途方もない大見出し。〔註一〕

私が週に二回は買い物に赴く、気さくななかにも凛とした佇《たたず》まいを湛《たた》えた、まさしく「コザンチュ」(コザ人)というべき母娘の営む、無農薬野菜を売る青果店がある。そこで今夕、私が選挙結果を話題にしたとき、一瞬にして破顔した娘さんの「良かった。ほんとうに、ほっとした」「これでまた、がんばれる」という述懐。

そして、思いがけぬ巡り合わせから昨夏、私が十数年ぶりの再訪を果たした《くすぬち平和文化館》を、伴侶の眞榮城《まえしろ》栄子さんと共同で主宰される館長・眞榮城玄徳さん〔註二〕の電話の、深い安堵に溢れた声……。玄徳さんは投開票日の前日にも、夜半まで名護に出向かれていた。

私にとって――ひと言で言うなら「沖縄に生きることの意味」を総身に浴びるような――そんな瞬間が、きょうという一日には、とりわけ濃密に点綴《てんてい》されている。

〔註一〕沖縄をめぐる重大ニュースに関して、つねに度肝を抜かれる見出しを打つこの新聞にあっても、これほどの大見出しは、昨年一二月二八日付のそれ以来か。逆の意味で衝撃的事態であった仲井眞弘多知事の「辺野古移転承認」を報じた――。このとき、一面から最終面へと〝知事の裏切り〟への憤りが貫通した『沖縄タイムス』の紙面レイアウトの凄まじさは、およそ新聞の割り付けという概念それ自体を根底から揺るがすほどのものであった。

〔註二〕《くすぬち平和文化館》には、昨年八月三一日の《沖縄市 2013 平和共同アクション》の一環としての企画――絵本『さだ子と千羽づる』朗読会および私の講演『ヒロシマ・ナガサキからフクシマへ』の場を提供していただいたばかりではない。主宰者である眞榮城夫妻の稀有の人間的エネルギーが可能とした、この奇蹟的な施設は、いまでは私にとって「沖縄」においても最も重要かつ親密な「出会い」と「共同性」の場ともなっている。

最後に、〝別の視点〟からの論評についても触れておこう。本日、『読売新聞』一月二〇日付二面に「政治部長」なる肩書きの人物の『地方選を悪用するな』と題した〝論説〟が掲載されている。

自らとまったく対極に位置する価値観を持つ、かかる人びとの主張も無意味ではない。それに接することで、「彼ら」にとり今回の名護市長選の結果がどのような事態か――そして「彼ら」がいま、何を危惧しているかが判るのだから。

この『読売新聞』政治部長による『地方選を悪用するな』の主張に漲《みなぎ》る本末顚倒した世界像は、たとえば同日付『沖縄タイムス』一面の儀間多美子・北部支社編集部長による論説『詭弁はね返し自立選択』の真っ当そのものの論旨に対置したとき、いかに異様なものであることか。

そして何より、この選挙結果を受けて、たちまち、さも当然のごとく居丈高に、そもそも自らが勝手にちらつかせた「五〇〇億円」基金の「凍結」をうそぶく、政権与党幹部の姿は何か？

人として、自らがこの地上に存在することそのものが嫌にならないか？

かくのごとき浅ましい姿をみるとき、いま日本の国家システムの中枢を牛耳っているのは、明らかにいっさいの人間的価値と離反し隔絶した劣情であることを、改めて痛感する。


もとより、今回の名護市長選の結果は、名護市民・沖縄民衆の勝利である。

だが現状、そうした事実の是非は別として、とりあえず制度としての「政治」は、求心力を持った政治家の存在なしには機能し得ない。そして、稲嶺進氏はいま、日本の国家主義・軍国主義・ファシズム総体にとって、最も疎ましい自治体首長・政治家であるだろう。

だからこそ、なおのこと――氏の健康と、さまざまな位相における「安全」を願う。


〔初出／山口泉ブログ『精神の戒厳令下に』――二〇一四年〇一月二一日 〇三時〇四分〕

真に恐怖すべき段階が到来している
——人類史上空前の破滅を抱えた国家システムの、自暴自棄の詐欺的ファシズム

なんということだろう。いまや、この国の滅びが、明確に私たちの視界に捉えられつつあるとは。ここ数年のなかでも、この数箇月。この数箇月のなかでも、ここ数週間……。そして、ここ数週間のなかでも、この数日——。

状況は加速度的に、幾何級数的に、悪化の一途を辿っている。世界の他のどこでもない、まさしくいま、私たちが否応なしに帰属させられている、この日本という国において、極めて特異的に。その悪化の速度が凄まじい。つい先週までの社会状況すら、すでに〝牧歌的〟と見えるほどに。それがあたかも、極めてよく似た、しかしこの日本ほど破滅的ではない別の国——別の天体の話でも聞かされているかのように。それほどまでに、状況は急速に危機的なのだ。

現在、進行している事態の危うさは、愚にもつかぬテレビドラマから、東京都知事選挙をはじめ狭義の制度としての「政治」そのものに至るまで——既得の特権性に胡坐《あぐら》をかいた似而非《えせ》知識人の右顧左眄《うこさべん》するコメントから、なんら言論としての責任性を伴わない、匿名のインターネット暴言の恫喝に至るまで……まさしく社会のあらゆる領域・あらゆる位相を隈なく染め上げ、誰一人逃れる術もない、その徹底した管理下、精神の戒厳令状況において、一挙に、完膚無きまでに全面展開されている。

つい二週間ほど前まで、私自身、一見、錯綜を極めているかに映る東京都知事選の帰趨がいかなる

ものとなるか――いかなる人びとによって、いかなる展開が企図されているのか、実は必ずしも容易に見極め難い部分があった。というより、むしろ事態の進行はある段階まで、見る者をさまざまな「誤読」へと誘う、周到な伏線の張り巡らされていたものだったとも言えるかもしれない。「脱原発」なる生煮えの用語をめぐっての、最初から暗然たる欺瞞の忍ばされた駆け引きをはじめとして――。

だが、実は問題は、必ずしもそれに留まるものではなかったのだ。紛れもない危機に際し、それにほとんど乗じながら、これほど幾重もの入子《いれこ》構造を持ったプログラムが画策されているという、そのおぞましさ。そして、それが避け難くもたらす決定的な打撃を思うとき、血の気の退く思いがする。

いや、そもそも本質的問題は――この二年一一箇月ちかくのあいだ、私自身その代わり映えのなさに、いささかは忸怩《じくじ》たるものをも覚えもしつつ、それでもなお繰り返してきたとおり――本来、まさしく「同根」である。東京電力・福島第一原発事故という、人として最低限の分別をもって考えるなら、それだけで、もはや収拾不可能の末期的破局さえなければ……いくら、くだんの国家主義者たち、「右翼の軍国主義者」（安倍晋三）、ファシストらといえども、ここまでの「速度」をもって事態を推し進めはしなかったろう。また、その必要もなかったろう。

〝両刃の剣〞などと言うまでもない。このかんの、あまりに性急な展開は、彼らにとっても当然、最上の選択などではなかったはずだし、おそらくはなんの成算もない突進にほかなるまい。その行き当たりばったりの放言・暴挙と、事後に平然と繰り返される愚鈍で舌足らずな言い訳をはじめとして。

だが、何はともあれ……二〇一一年三月一一日を境に、すべての事態は一変したのだ。もはや今後、国家システムが維持できるかどうかすら、なんの保証もないのだ。

だからこそ、少なくとも破滅が個個人の上に明明白白たる「死」として訪れる、その総量が一定の臨界点を超える瞬間まで——何が何でも、東京電力・福島第一原発事故は「なかったこと」にし……よしんば、それはさすがに無理としても、大したことではない、「ただちに影響はない」と——水飴のごとく引き伸ばされた無限の未来への先送りを偽装することとし……そしてその一方、大衆の側にもそれに呼応するように醸成された「諦め」「開き直り」「捨て鉢な憎悪」「うらぶれた韜晦《とうかい》」「刹那的な慾情」等等の情動と符節を合わせて、最後の最後の最後の最後まで……すべてを隠蔽しながら突き進もうという、人類史上空前の規模の破滅を抱えた国家システムの、人類史上空前の規模の自暴自棄の詐欺的ファシズムが、二〇一一年三月一一日以降——そして、とりわけ二〇一二年末の衆議院選挙以降、発動されているのだ。

いま、あまりにも周到に進められつつあるシナリオは、真に凄まじい。

それにしても——なんと不毛な周到ぶり！　その先に、いかなる「未来」を望みうるというのか。

安倍晋三だの麻生太郎だの、あるいは〝公共放送〟経営委員だのといった手合いと異なり、自らは絶対に表面に現われることのない——「敵」側の、ある意味、最も手強《てごわ》い一部が、現状で可能なほぼ唯一の〝ライン〟を読み切って、この破滅的・絶望的なファシズムを総仕上げするプロットを構築しているのだろう。そしてその協力者は、あらゆる場に遍在する。

むろん誰にも、勝算などありはしない。そもそも東京電力・福島第一原発事故の後に「勝者」など、どこにもいないのだから。彼らにとっても、事はまさに「時間との闘い」である。

細心の注意を、払わなければならない。すべての人びとが、おのおのの「持ち場」で、このファシズムに加担させられている。ひょっとしたら〝脱原発〟「反原発」のひとかどの運動家をもって任じているような、そんな誰彼までをも含めて。

あえて言うなら、この期に及んでまだ事態を「原発推進」か、〝脱原発〟「反原発」という図式で捉えているだけでは、もはや明らかに不十分なのだ。むろん、そうした〝対立〟もまた、たしかに依然として存在はしよう。そもそもの最初から、現在に到るまで。

しかし、もはや状況はそれすら全体の一局面にすぎないかのような――〝起こってしまった破局〟に端を発しての、それをひたすら糊塗し、隠蔽するための「一気呵成」の、全的・決定的なファシズムの到来という段階にまで進行しているように、私には思われる。

「敵」の手の進め方は、たえず二歩も三歩も先を行っている。そして、それに対抗するとしている人びとは、つねに絶望的に遅れている。この場合、「敵」にそうした後れを取ることは、すなわちそう意図するとしないとに関わらず、「敵」の武器として利用されるということである。

そもそも、なぜ『特定秘密保護法』が、あそこまで急がれねばならなかったか？　この状況認識を誤ることは、とりもなおさず、私たちの破滅を意味する。

いま、最大の敵――このシナリオの書き手――見えない、真の独裁者の企図の根本的な凄まじさに、私は気が遠くなる思いがする。誰が勝つというのでもない。ただ、そもそもの東京電力の責任を無化し、民主党第二代・第三代政権と、そこにまでいたる伏流水として存在し、「原発亡国」「原発地獄」の主犯として君臨し、そして強権独裁の座に返り咲いた自民党の、火を見るよりも明らかな積年の原発政策の決定的「戦争責任」を隠蔽し……何はともあれ「行けるところまで行こう」とする、ただその一事から始まった、この空前のファシズムを完成しようとするプログラムの凄まじさには。

すでにいくつか、興味深い予兆は散見される。
たとえば、現存する「格差社会」の下部構造を形成する若年層国粋主義者たち――かくも空疎な安倍晋三への〝ファン意識〟に濃密に涵《ひた》された層の〝インターネット言論〟の一部に、オバマ批判・アメリカ民主党攻撃が簇生《そうせい》してきている事実はどうか。その一点からも判るとおり、今回の事態を単に旧来の「対米追従」とのみ捉えていては、人は事態の本質を見誤るにちがいない。
むろん、沖縄の置かれている二重支配の差別構造をはじめとして、〝アメリカ〟の意図は当然、そこに一定程度、介在しよう。だが、現に進行している事態の特徴は、これまでのそれらとも決定的に次元を異にした、〝一国破滅型〟とも形容すべきファシズム〔註一〕の加速にほかならない。

〔註一〕ただしむろん、そのファシズムが仮に「一国破滅型」であったとしても、核汚染は全世界に拡がる。そして「全面」的なものであれ「限定」的なものであれ――愚かなファシスト・軍国主義者たちの浅ましい挑発によって惹き起こされる核戦争の惨害も。

すでに私は二〇一一年四月までに、東京電力・福島第一原発事故がもたらした状況は〝『ポツダム宣言』なき一九四五年〟〔註二〕なのだと指摘した。
そしていま、「ファシストの軍国主義者」を自任する安倍晋三の自民党政府が進もうとしている道は何か？　私は日本の歴史上、唯一それに近い事例として、一九三三年――「満洲事変」の真相や、「満洲国」でっち上げに関するリットン調査団報告を否認し、松岡洋右に国際連盟を脱退させた斎藤実内閣のそれ〔註三〕を想起する。

〔註二〕小著『原子野のバッハ――被曝地・東京の三三〇日』（二〇一二年三月／勉誠出版刊）第四五章《「原発がアメリカに占

領される」とは？ ――〝第二の「戦後復興」〟が、おそらく不可能な理由〔その一〕》、第四六章《『ポツダム宣言』を受諾し損ねた日本――〝第二の「戦後復興」〟が、おそらく不可能な理由〔その二〕》。なお前記の初出は、当ブログ http://auroro.exblog.jp/12399929/（二〇一一年〇四月一〇日 一九時二九分）、http://auroro.exblog.jp/12399947/（二〇一一年四月一〇日 一九時三三分）。

〔註三〕前掲『原子野のバッハ』第二四章《人命軽視が国是の国の、新たな「国際連盟脱退」》。初出は、当ブログ http://auroro.exblog.jp/12349569/（二〇一一年〇三月三一日 一五時二一分）。

ちなみに、このときジュネーヴの国際連盟へ派遣された日本首席全権・松岡洋右は、岸信介・佐藤栄作の叔父である。

だが、それにしてもいま――国際的、全地球界的孤立へと突き進むこの国の恃《たの》むところは何か？かつての悪名高い「三国同盟」のドイツでもイタリアでもない――収拾不能の東京電力・福島第一原発からの放射能汚染が、本来なら、遠からず世界からの糾弾を受けることが明らかな。ファシスト政権がいかなる楽観的期待を燃やそうと、南アジアや沿海州の彼方にも、この国と命運を共にしてくれる国など、あろうはずはない。インドが？　ロシアが？　まさか。「右翼の軍国主義者」安倍晋三が、いかなる手前勝手な夢想を紡ぐつもりでいるにせよ。

挙げ句の果て、「靖国参拝」にオバマ政権から示された難色を取り繕うように「日米同盟」の鞏固《きょうこ》を言い募る――。なんという、ぶざまさ。

ロシアに関連していうなら、旧ソ連邦は他のいかなる要因よりも決定的・最終的に、チェルノブイリ原子力発電所事故によって崩壊した。そしてその「連邦解体」を自らにもたらしながら、ともかく起こった事態の取り返しのつかなさを、連邦を挙げて認識し、多大な犠牲を払いつつも、それなりに懸命の収拾を続けてきた。〔註四〕

〔註四〕ユーリ・バンダジェフスキー Yuri Ivanovich Bandazhevski 博士の処遇一つをとってみても端的に示されるとおり、当然、それらとて現在に到るまで、とうてい万全の「良心的な」ものとは言えないにせよ。

それでもなお、そうしたプロセスを経ても、むろんチェルノブイリ原子力発電所事故は収束も解決もしてなどいない。大規模原発事故とは本来、そうしたものであり、起こったときが、そもそも「世界の終わり」なのだから。

だが——それにしても、日本とは何か？

チェルノブイリ原子力発電所事故により、旧ソ連邦は、避け難く解体した。

けれども、東京電力・福島第一原発事故の発生した、その瞬間から……日本はただひたすら、その虚構の「国体」を護持するため、嘘に嘘を塗り重ね、人類史上空前の放射能に、大衆を被曝させつづけている。好むと好まざるとにかかわらず、この国に生きざるを得ない人びとをも含め。さらには周辺諸国、北太平洋沿岸への、隠しようもない影響をも含め。

そしていま、その絶望的欺瞞の果ての果て——私たちのまえに、ついにいっさいの擬装をかなぐり捨てた正真正銘のファシズムが、その全身を公然と擡《もた》げようとしている。

真に恐怖すべき段階である。

〔初出／山口泉ブログ『精神の戒厳令下に』——二〇一四年〇二月〇一日 〇三時三三分〕

「これまでにない」健康被害は、すべて東京電力・福島第一原発事故を前提に
——「因果関係」不在の立証責任はひとえに加害者側にある

本日二〇一四年二月五日、以下のような「報道」に接した。

《〝美味しんぼ〟作者・雁屋哲 福島関連の放言で県民から非難の嵐》
http://www.excite.co.jp/News/society_g/20140205/Asagei_20023.html

なんとも奇妙な話だ。いまなお「風評被害」「復興」「被害者感情」……等等が決定的な術語となって、こうした〝同調圧力〟が平然と機能していることは。
(——いや、むしろ、いよいよ被曝の事実を覆い難い今だからこそ、なのか)

何より、東京電力・福島第一原発事故で被曝させられているのは「福島県民」のみではない。「放射能に県境はない」(それどころか国境も——いっさいの「境界」がない)という、事故当初から私が繰り返してきたことを、依然として確認しなければならないとは。そしてあろうことか「憤りを隠さない」「福島県水産課担当者」の持ち出すのが「食品衛生基準の一〇〇ベクレル」とは!
自らと株式会社東京電力の責任とを隠蔽するため、日本政府が平然と策定したこの数値が、いかに非人道的なものか。汚染前の数値の何万倍に達するものか？

そうした最低限の情報すら示さないまま、平然と〝汚染瓦礫〟受け容れに走った〝革新系〟を含む少なからぬ自治体首長らのごとく、この言語道断の「一〇〇ベクレル」をのみ相も変わらぬ金科玉条とし、危機を糊塗しようとする――。

そもそも、福島の子どもらに高率で発現しつづける甲状腺異常は、どうなっているのか？　そして首都圏を含め、私の直接、見知っている東日本在住者にも、甲状腺癌や悪性脳腫瘍をはじめとする体調不良を訴える声は夥しく、「鼻血」の証言にいたっては枚挙にいとまがない。ふだんは在オーストラリアという雁屋哲氏の語る自覚症状など、実はすでに東京でも、なんら珍しくないものなのだ。

むろん、株式会社東京電力や日本政府等、歴然たる加害者側は、一連の事態の「因果関係」を否定するだろう。だが私も幸い、その最晩年、謦咳《けいがい》に接した理論物理学者・武谷三男《たけたにみつお》（一九一一年―二〇〇〇年）の提言を引くまでもなく、「技術」が「安全性」を第一にされねばならないのは当然だ。

そしてあらゆる「公害」においてそうであると私は考えるが、個別の「因果関係」不在の立証責任は、もとより全面的に「加害者」側にある。二〇一一年三月一一日以降に生じた「これまでにない」健康被害は、すべて福島第一原発事故が原因であるという蓋然性を大前提にこそ、検討さるべきものだ。

何より、日本政府および株式会社東京電力は、事ここに及んでなお、莫大な財力を保有し、事実上の法的特権性を賦与された、圧倒的強者ではないか。現に福島をはじめ、心身の苦痛に呻吟しつづける民衆に対し、徹底した加害責任の意識を以て向き合うことは当然、最低限の義務である。

また当該記事について言うと「放射線防護学が専門の日本大学准教授・野口邦和氏」なる人物のコメントを引くのなら、一方で当然、雁屋哲氏の談話に登場する井戸川克隆・双葉町長〔註一〕の見解も直接、確認されなければならないだろう。

以前、私が直接、井戸川克隆・双葉町長から聴いた報告〔註二〕でも、氏は自らの健康被害を含め、明確に東京電力・福島第一原発事故による放射線障害を語っていた。原発現地自治体首長だったという、何より切実な当事者であるはずの井戸川氏の発言と照らし合わせれば、雁屋氏のインタヴュー内容が〝放言〟であるかどうかは、たちどころに明らかとなるのではないか？


〔註一〕文中には、どこかで錯誤が生じたようだが、雁屋氏の発言部分に《双葉町の村長》（原文ママ）の表記がなされている。

〔註二〕二〇一二年八月一三日、東京・四谷で開催された「学習会」において。私も聴衆の一人として参加した、この実質上のシンポジウムにおいては、矢ケ﨑克馬・琉球大学名誉教授の重要な報告もあった。


ちなみに井戸川氏に関しては、かねて私はほかでもない、そのまさしく「原発立地首長」としての責任を問うてはいる〔註三〕が、それは彼の最近の告発そのものの意味を誹《そし》るものでは、むろんない。また同様の批判的評価は、私は「劇画原作者」としての雁谷哲氏に対しても持ってもきているが、それと今回の「報道」とは別の問題である。〔註四〕

〔註三〕小著『原子野のバッハ――被曝地・東京の三三〇日』（二〇一二年三月／勉誠出版刊）第一三〇章《核兵器の投下される地上に、承諾権限を持つ者はいるか？》と、その【補説ノート】他、またツイッターにおいても。ちなみに前出の四谷シンポジウムに際しても、私は必ずしもその席での井戸川氏の発言に全面的に賛意を覚えてはいなかった。氏の行動に基本的に共感するようになったのは、それよりさらに後のことだ。

〔註四〕強いて言うなら、井戸川氏に対してと同様、『美味しんぼ』のある時期以降の雁谷氏に対する私の評価は、それまでよりは、ほんの少しだけ高まっているとも言えるだろう。ただし、今回の『美味しんぼ』「福島の真実」篇には、〝同調圧力〟派が攻撃しているのとはまったく別の重大な問題がある。詳細は本書巻末の『収録作中、一一篇に関する簡略な補説風の自註』を参照。

いずれにせよ、依然として、あの種の人びとが決まって持ち出す「福島県民」に、本来、いま一刻も早く講ぜられるべき手立ては、何か？

それは奇怪な情緒主義やおぞましい精神論で長期「低線量」被曝に対する懸念や不安、そして実害を封じ込めることなどではない。何より人類史上空前の高濃度汚染地域にいまなお居住を強いられ、また国家権力により、事実上、強制的に「帰還」が促されようとする危機に直面した人びとの生活の場を、可能なかぎり汚染度の低い地に確保することだ。

国家が、自らの保身と責任の転嫁ないし雲散霧消、それに連なる強大な資本の権益保護のため、臆面もなく、飽くことなく繰り出してくる〝苦痛を甘受する感動的人間像〟といった風な恣意的、かつ、この上なくおぞましい概念を、私たちはたえず慎重に峻拒しよう。

深刻な健康被害を受け、何重もの差別と分断の構造に閉じ込められた「福島県民」が、この期に及んでなお東京電力・福島第一原発事故の実相を隠蔽する、恥知らずな加害者側の意図の下に、その卑劣な手段として取り扱われ〝利用〟されるとしたら――人間の苦しみに対する、これ以上の侮辱はない。

〔初出／山口泉ブログ『精神の戒厳令下に』――二〇一四年〇二月〇六日 一七時三〇分〕

＊本篇に関しては、巻末の『収録作中、一一篇に関する簡略な補説風の自註』も参照。

普天間基地・野嵩ゲート周辺
——二〇一四年二月二〇日の日録から

本年に入って五〇日ほどのこの期間にも、本来、当ブログの「日録」として公開すべき事柄・草稿は一〇篇ちかくも滞り、堆積してしまった。それらは早急に対処するとして、とりあえず本日、普天間基地・野嵩《のだけ》ゲート周辺で撮影した写真のみ、取り急ぎアップロードしておくこととしたい。

本日、撮影したこれら——国道三三〇号線沿いの普天間基地フェンスの光景は、もともと一昨日の午後、名古屋からの本年二度目の来沖の日程を了える、ＮＰＯ《オーロラ自由会議》の盟友・長谷川千穂さんを那覇空港まで送って、コザに戻る道すがら遭遇したものだった。その際は写真を撮る余裕もないまま、久びさのその鮮やかさ、けざやかさに、思わず歓喜の息を呑むしかなかったのだったが。

帰宅後、ただちにツイッターでそれを報告はしながら、視覚的な記録資料を提供できないことを残念に思っていたところ……長谷川さんと入れ違いに、昨一九日、沖縄は初めてという伴侶とともに来訪された三重の鈴木昌司《まさし》さんが、思いがけず私に現場を再訪する機会をもたらしてくれることとなる。

鈴木さんは、私が昨二〇一三年一月一八日、ドイツ・デュッセルドルフで、同市《緑の党》支部の招請を受けて行なった講演——『福島原発事故とその現状』の記録動画が、ＩＷＪ（Independent Web Journal）ヨーロッパ支局（アムステルダム）・鈴木樹里特派員の取材によりアップロードされてほどなく、自主的に「文字起こし」を申し出てくださった方である。

▲アメリカ海兵隊普天間航空基地・野嵩ゲート周辺。
基地フェンスに、市民によって取り付けられた抗議のメッセージ。（2014年2月）次ページも。

オスプレイ配備撤回
危険な普天間閉鎖せよ
U.S. MARINE CORPS FACILITY

OSPREY OUT!
MARINES OUT!
公約違反の仲井真知事は

当時未見の読者だった鈴木昌司さんと、その後、私は同年夏の広島・平和記念公園「原爆の子の像」の前での、ちょうど二〇周年を迎えた絵本『さだ子と千羽づる』野外朗読の場で直接、お会いし、友人となった。今回の来沖は、それ以来の再会である。

伴侶を別の場所までお送りした後、米軍基地のみならず軍事基地そのものに赴いた経験がないという鈴木さんを四輪車の助手席に、普天間基地を一周して、大山―佐真下《さました》―野嵩と、三ゲートのすべてを回った。その最後、野嵩に辿り着いたところ……一昨日、長谷川さんを送っての帰路に出会った野嵩のフェンスのメッセージ・テープは、まだすべて、そっくり残っていたではないか。

さっそく、ゲートにほど近い駐車場に車を入れ、三三〇号線に戻って撮影を開始する。勾配のある道路を鈴木さんと行きつ戻りつしながら、シャッターを切りつづけた。

一昨年――二〇一二年一〇月一日、オスプレイが最初に強行配備された、あの忘れ難い日のほぼ同時刻、この一帯にはいかなる光景が現出していたか。

一連の経緯を鈴木さんに説明しつつ、写真を撮りつづけた私が、どのような思いに衝《つ》き動かされていたかは、いまここにアップロードした画像をご覧いただければ、お分かりいただけるだろう。

困難のなかにも志を枉《ま》げない人びとの懸命のアピールは、私がつねに恃《たの》みとする――韓国・台湾をはじめとする東アジア、ドイツや英国等、ヨーロッパに暮らす友人知己らの目にも触れるはず。

彼らが、それをさらに全世界に広めてくれることを願う。

〔初出／山口泉ブログ『精神の戒厳令下に』――二〇一四年〇二月二一日 〇三時二三分〕

辺野古・浜下りの祭り
——二〇一四年三月二九日の手帖から

車から降りると、潮の香りが強く迫った。

この美しい「うりずん」〔註一〕の季節、初めて沖縄の海を見、その地を踏んだ一九九一年一月末から二週間余りの旅を思い出す。

……あのとき、拠点として滞在した友人一家の住まいも、沖縄北部「山原《やんばる》」の地にあったのだ。

私にとって、いまや「沖縄」の〝光源〟ともいうべき稀有の出会いの場となっている、沖縄市安慶田《あげだ》の《くすぬち平和文化館》〔註二〕——。本年一月、この《くすぬち平和文化館》でお会いした宜野座《ぎのざ》映子さんのお誘いを受け、きょうは昼前から辺野古へ向かった。

清冽かつ豊饒な海を、民意に反して埋め立て、本来、普天間においてそのまま廃止すべき米軍海兵隊基地の強行移設（実態は大規模な新基地建設）が画策されている地で、伝統の「浜下《うぃ》り」の祭りが、反基地・反戦平和の思いを込めて執《と》り行なわれるためである。

〔註一〕「潤い初め」が語源とされる。沖縄の早春を指すウチナーグチ（琉球語）。

〔註二〕《くすぬち平和文化館》と主宰者の眞榮城《まえしろ》玄徳さん・眞榮城栄子さん御夫妻については、先日《テープ版読者会》

（東京・杉並）の御尽力で完成した小著『避難ママ――沖縄に放射能を逃れて』（オーロラ自由アトリエ）音訳版の巻末インタヴューにも詳しい。ちなみに、このＣＤ版オリジナルの〝語り下ろし〟インタヴューも、《くすぬち平和文化館》の二階ホールで収録されたものである。

それにしても――。

宜野湾市の普天間基地なら、今年に入って何度か、来沖した友人たちも案内しているし、またそのなかの一組、上述の《テープ版読者会》の舛田妙子さん・矢部信博さんについては、舛田さんの御希望で東村《ひがしそん》高江のオスプレイ・パッド建設予定地も訪ねているのだが……なんとしたことか、辺野古へ赴くのは、実は私自身、前世紀――一九九九年の秋、私にとって沖縄との出会いを開いてくれた、当時は名護近郊の山中の古民家に暮らしていた旧友のＡさん一家に誘われて以来なのだ。

前回訪問がすでに一五年前のこととて、近づいてからの道順に自信がなかったためもあり、少し早めにコザの自宅を出発する。しかし、沖縄自動車道・宜野座ＩＣからの走行も順調で、予定よりかなりの余裕をもって、現地に到着。

きょうの企画は辺野古の浜で行なわれるとのことで、駐車場からの道順を《ヘリ基地反対協議会》のボランティア・スタッフとおぼしき若い女性たちが案内してくれる。

「浜下り」は、もともと旧暦三月三日の干潮時に、海辺で健康を祈願する等の、琉球弧伝統の行事という。宮古・八重山にも、同様の風習はあるようだ。

そこにきょうは、前述のとおり――「反基地」「反戦平和」の連帯を確かめあう意味が込められる。

辺野古は、山側の自然も豊かな地である。

砂浜に沿うように、鬱蒼たるマングローブが拡がる。

雨もよいの空の下、辺野古の浜へと近づくと、波打ち際から、典雅な歌・三線・太鼓の音が響いてきた。琉球古典音楽の白眉『かぎやで（かじゃでぃ）風節』――。

一瞬、開幕に間に合わなかったかと思ったが……これは、実はリハーサルだったようだ。

まず、舞い手の若さが、私を驚嘆させた。

後から、二人はいずれも、なんとつい先日、小学校を卒業したばかり――中学入学を控えた少女たちであったことが判明した。ペアの片方、男装の舞い手も、まだあどけなさを残したローティーンの女の子だというのがほほ笑ましい。

『かぎやで風節』は、優美を極めた動きの底を、終始、濃密な緊張感が貫流する。とりわけ舞いの始まりと終わり――「静」から「動」、そして「動」から「静」へと移行する、その息詰まるような至福の瞬間が素晴らしい。


このあと、果たして驟雨が襲った。

私もマングローブの縁に停めた車に傘を取りに戻ったものの、幸い、ほどなく天気は持ち直す。

美しい浜を截然《せつぜん》と区切る、米軍のフェンス。フェンスの向こうは「米国海兵隊施設」である――。

《戦争につながる基地　つくらせない》——この簡潔きわまりない言葉に、基地・軍隊・国家の本質が集約されている。

そして、それに反対することの意味も。


本来、「浜下り」の行なわれる旧暦三月三日は、潮の干満の差が最も大きいとされる日であるらしい。

そして、旧暦二月二九日のきょうも、次第に干潮の時刻が近づいてくる。

「ニライカナイ」〔註三〕という言葉が、実感されるかのような時間の滴り——。


〔註三〕多様な解釈がなされ得る概念なのだろうと思うが、私は「海の彼方に存在する生命の根源の世界」といった意味で捉えている。


可憐なヤドカリを発見した。

私の気配に気づくと、殻に閉じこもってしまう。障害物のない砂地に、静かに置き戻してやる。

そろそろ「浜下り」プログラムの開会が近い。


主催団体《New Wave to HOPE》の共同代表の御一人、宮島玲子さんが、愛らしいジュゴンのかぶり物をたばさみ、メガホン付きマイクを手に、浜風を受けながら、穏やかな語調のなかにも凛とした思いのこもる開会挨拶をされる——。

「私たちは、この海に棲むジュゴンも守りたい。そして何より、子どもたちの命を守りたい。もちろん、私たち自身の命も守りたい」

今年九二歳になられる〝嘉陽《かよう》のオジー〟こと嘉陽宗義さん――。凄惨な戦争体験を背負い、一八年にわたって辺野古の反基地運動・非暴力直接行動を担いつづけこられた嘉陽さんは、稲嶺進・名護市長の精神的支柱でもある。

『かぎやで風節』は、リハーサルのみならず、本番も見事だった。

舞いが始まってほどなく、〝嘉陽のオジー〟が椅子に身を沈めたまま、舞手の少女たちに叫んだ。

「ありがとう！」

そしてその言葉は、僭越だが私もまた――舞手の子どもたちにも、地謡《じうたい》の奏者たちにも、そしてほかならぬ嘉陽宗義さん御本人にも――この場を成り立たせている人びとすべてに伝えたい思いに通ずるものなのだ。

ブルーシートの上に、宜野座映子さん手作りの重箱料理が並べられ、〝嘉陽のオジー〟による、辺野古の海に向けての御願《うがん》（祈願）の準備が進む。

祈りの前に嘉陽宗義さんは、自ら「かぐや姫」と慈しむ、『かぎやで風節』を舞った子どもたちを前列に呼び出していた。

それから、嘉陽さんが涙に咽《むせ》びながら始められた御願は、米軍基地移設を推進するヤマトの欺瞞と、それを強いられる沖縄の構造的差別を糺《ただ》しつつ、辺野古の非暴力直接行動の闘いの意味を再確認するという、完璧にして感動的なもの。……いま、こうして綴っていても、胸が熱くなる。

▲地謡の人びとと、『かぎやで風節』を舞う子どもたち。

▲可憐なヤドカリを発見。

▲◀▶〝嘉陽のオジー〟こと嘉陽宗義さん。

◀次第に干潮の時刻が近づいてくる。

▲美しい浜を区切る、米軍のフェンス。

▲横断幕に、思い思いのメッセージが書き込まれる。
◀嘉陽宗義さんと宜野座映子さん。
▼《New Wave to HOPE》共同代表・宮島玲子さん。

タペストリーの横断幕に、思い思いのメッセージを書き込む子どもたち——。大勢の参加者のため、昼食の弁当まで用意してくださった、宜野座映子さんはじめスタッフの皆さんの心遣いには、お礼の言葉もない。

砂浜に敷かれたブルーシートの上では、旧知の——沖縄を代表する建築家にして、オスプレイ反対運動の草分けでもある真喜志好一《まきしよしかず》さんともお会いした。真喜志さんとは、昨年九月九日の『オスプレイ配備に反対する沖縄県民大会』（宜野湾海浜公園）以来の再会である。

至福の時間を経ての立ち去り際、寄せ書き用のタペストリーは、まだ浜辺に拡げられていた。その片隅に、私も小さくメッセージを書き込む——。

辺野古は
私たちの希望です
奪われようとしている世界を
手放さないための

山口泉

〔初出／山口泉ブログ『精神の戒厳令下に』——二〇一四年〇三月三〇日 〇一時一四分〕

遙かなる邦

最終的に決意してから、なお丸一年を費やして、昨年三月初め、ようやく沖縄移住が実現した。そのほぼ二年前——二〇一一年三月一一日に発生した、東京電力・福島第一原子力発電所の爆発事故をきっかけとしてのことである。

1

私が初めて沖縄の土を踏んだのは一九九一年の早春、三五歳のときだった。決して、早い出会いとは言えまい。

それでも八重山諸島から本島へと移動しながら二週間に及んだ、この最初の旅以来、前世紀の終わりまで、宮古諸島も含め琉球弧を二〇回以上は訪ねてきていただろう。

にもかかわらず、世紀が変わって以降は、若干のよんどころない個人的事情もあって、沖縄を訪《おとな》う機会を得ずにきた。

その期間に、私のなかで徐徐に醸成されてきたのは、彼地《かのち》に対する一種「到達不可能性」ともいうべき感情である。

2

むろん、現在にまでいたるヤマト（日本国家）の沖縄に対する歴史的・政治的責任は明白だ。また、日米の二重植民地支配構造に結果的に加担する自らの位置も、観念としては認識している。

その一方、現に琉球弧に生きる、私が直接に見知っている人びとの深さと美しさとは……これは観念ではなく、圧倒的な体験として、よく承知しているつもりだ。

そして、そうしたすべてを含め、私にとって「沖縄」とは、時を追うに従い、自らがその内部に参入することなど決してあり得ないはずの世界となっていったのだった。

（――付け加えるなら、その認識と、沖縄に対するヤマトンチュとしての責任を引き受けることとは当然、矛盾しないとも、私は考えている）

3

その私が、しかし二〇一三年早春、沖縄に移住し、いまコザに暮らしているのは、前述のとおり、ひとえに、二〇一一年三月一一日に発生した東京電力・福島第一原子力発電所の爆発事故による、これ以上の被曝を避けるためにほかならない。

すでに事故から最初の一年のあいだに、私にも周囲の幾たりかにも、被曝との有意の関連を疑うべき、少なからぬ健康被害の自覚があった。さらに同様の事態は、私自身の移住に前後して、大切な友人たちの上にも、生命に関わる重篤な疾患として継起している。

このかんの事情は、小著『避難ママ――沖縄に放射能を逃れて』（二〇一三年／オーロラ自由アトリエ刊。《テープ版そこから一文を引用するなら、先に記した私の「到達不可能性」のある側面は、おそらく次のようにも要約されるだろう。

《場合によっては「原発避難者」すら差別者――新たなハイパー植民地主義・ハイパー帝国主義支配と搾取の構造への加担者となりかねない側面をも抱え持つのが、日本と沖縄との関係なのだ。》

（前掲書・終章《避難とは究極の「闘い」である》のうち《歴史的責任を負っている者からの「連帯」は可能か？》の節から）

4

移住準備の厖大な作業に追われ、最後はほとんど不眠不休の数日間の果てに東京を発ったのだったが、出発直前には、郷里の長野で、当時ほどなく八二歳になろうとしていた母が突然、これまでにない、また一般にも極めて稀という難病で緊急入院を余儀なくされる事態に立ち至った。一方で、移住そのものの日程には絶対に動かし難い事情もあった。

そのため、鹿児島、奄美……と、フェリーが寄港地に近づき、電波状態が良くなるたび、長野の病院へ電話で経過を問い合わせ、移住完了の翌日には、私は那覇空港から空路、再びヤマトに戻っている。

母の容態がなんとか安定するまでの一週間近くを、長野で付き添っていたあいだに、前述の『避難ママ――沖縄に放射能を逃れて』は、私と同様、東京から沖縄に移転した出版社から上梓された。

ちなみに、同書は、石垣・宮古を含め、沖縄の半ば以上の公立図書館には収蔵されているらしいので、お手に取ってみていただければ幸いである。

5

人類史上空前の原発事故による、今後にもおよそ「希望」というものが見えない核破局――。

むろん覚悟はしていたにせよ、世界が奪われた後の喪失感は、日を、月を、年を追って強まる。

しかも従来の「旅行者」から「定住者」へと立場が変わった沖縄で、自らがどう生きるか。

東京からの遅ればせの避難移住者として、少なからぬ方がたに温かく迎えられ、発言の機会を得たりもしたものの、大状況も中状況も小状況も、およそ自らを同心円状に取り巻く何もかもが否応なく、急速にかつてない変容を遂げつつある……。

その空虚な行きどころのなさの底で――昨二〇一三年の陽春の頃、思いがけない出来事があった。

避難計画が動き出して以来、いくつかの理由から、もしも沖縄本島に住むなら、ここ……と心決めしていた、そのコザの一角――五月下旬の夕刻の長い残照が窓外にさざめく寓居の一室で、茫漠かつ鬱然たる思いを持て余しながら、コンピュータ画面に向かっていた私は、三五年来の旧友と別件でやりとりしていた電子メイルの返信のなかに、思いがけない一文を見出す。

6

名古屋市在住の安藤鉄雄さん(一九六三年生)は、小説以外の私の著書・著作に幾度となく登場する人物なので、あるいは御存知の方もおられるかもしれない。彼がまだ十代の頃から、私はその真の批判精神と、体現する「自由」とに瞠目していたが、この八歳年下の畏友は、また沖縄とも、ひとかたならぬ深い関わりを持ってきた。

一例を挙げるなら、安藤さんが、読谷村長《よみたんそんちょう》（当時）山内徳信《とくしん》氏の講演録『読谷村・基地と文化の闘い』を、自らの主宰する《伝書鳩の舎《いえ》》の叢書《おてんてん文庫》の一冊として制作・発行したのは、彼がまだ二十代前半のことだ。ちなみに同書は、インターネット百科事典《ウィキペディア》の「山内徳信」の項目によれば、氏の最初の著書となった。

その安藤さんが、私の電子メイルへの返信に書きつけた、彼がかつて世紀の変わり目の頃、コザに寄留していた当時、よく通っていた個性的な児童書の店があったという趣旨の記述に、私は目を留めたのである。名前も判らぬその場所のことを、ともかく検索エンジンに幾つかの語を入れて調べてみると——難なく見つかったのが、沖縄市安慶田《あげだ》の《くすぬち平和文化館》だったのだ。

7

早速、赴いたそこは、さながらル・コルビュジェのロンシャン礼拝堂（フランス東部）と琉球の城《グスク》の〝建築語法〟とが溶融したかのごとき魅惑的な建物（設計／西島正樹）の内部を、館長の眞榮城玄徳《まえしろげんとく》さんと、玄徳さんの伴侶で、紙芝居上演の名手である児童文化研究家・眞榮城栄子《えいこ》さん——御夫妻の志の深さが、たえず日溜まりの水のように涵《ひた》している場所だった。

……というより、実は《くすぬち平和文化館》それ自体、すでに一九九八年の司館の竣工直後に、ちょうど安藤鉄雄さんが通っていたのと前後して私もまた、私と沖縄との出会いを作ってくれたともいうべき旧知のウチナーンチュの友人夫妻に案内され、一度は訪れていたのだったが。

眞榮城玄徳さんから名刺いただき、お名前と《くすぬち平和文化館》のロゴマークとに目を留めた瞬間——たしかに以前にも一度、同様の名刺を手にした記憶が一気に蘇った。

そのときの旅にも同行していた遠藤京子さん（オーロラ自由アトリエ代表）に話すと、なんと彼女の方はその児童書展示スペースのドーム状の天井から、円形の書架配列までを覚えていたではないか！

8

以後、多いときは週に二度、三度……ないしは四度、五度、必要によっては一日のうちにも複数回と、ことあるごとに同館を訪ね、ヤマトからの友人を案内する場合も含めて、僅か一年余りのあいだに、どれほどの回数、ここに足を運んだことか。そのかん、私自身の活動にも、何度か、場を提供していただいている。

むろん、美しい建物の中に組み込まれた〝世界で最も愛らしい本屋〟ともいうべき、一階の児童書店舗の品揃えや瀟洒なサロンも、美しいコンクリートの軀体内部に「木工」の粋を凝らして造り込まれた、息を呑む二階のホール空間の見事さも、三階の書庫の、これが一〝民間施設〟によって集められたものなのだという事実それ自体にまず圧倒される「沖縄」「戦争」「平和」に関しての厖大な収蔵資料も……そして、それらを駆使して次つぎと企画される夥しいイベントも――この場所と活動のすべてが見事なことは、当然、いくら強調しても足りない。

だが何より、私が感銘し、惹かれつづけてやまないのは、そうしたいっさいを支える眞榮城夫妻の穏やかで豊かな人間的エネルギーの総体なのだ。

《くすぬち平和文化館》は、私にとって、自らがいったんは見失いかけていた「沖縄」との関係を再構築する糸口と、いま一度、邂逅《かいこう》させてくれた場所だったのである。

9

《くすぬち平和文化館》を訪ねると必ず、それがたとえどんな短時間の滞在であれ、眞榮城玄徳さん・眞榮城栄子さんとの会話を通じ、「沖縄」に関して何かしらを新たに学ばないということがない。さらに、この稀有の場が私に引き合わせてくれた方がたも、枚挙にいとまがない。

本稿を綴っている、いまこの瞬間にも、自然を守ることがそのまま戦争に反対することである地・辺野古で「日本国家」そのものの強権に抵抗しておられる方がたを含め、どんなに本質的な人間性と、私は《くすぬち平和文化館》という場で出会う機会を得てきたことか。有銘《ありめ》政夫さん。金城《きんじょう》ツル子さん。宜野座《ぎのざ》映子さん。木村耕園長はじめ、京都《ぶどうの木 保育園》職員の皆さんと子どもたち……。

眞榮城玄徳さん・眞榮城栄子さん御夫妻には、今年に入ってから、私の、名古屋在住の若い盟友で内科医の長谷川千穂さんが沖縄に避難移住するにあたっても、お心を砕いていただいた。

また、かねて私がきちんと習得したかった歌三線《さんしん》に関して、楽器の入手から、本来ならば容易には得難い、私にとって理想的な師に至るまで、いっさいを手配してくださったのも、眞榮城玄徳さんである。玄徳さんに紹介していただいた仲間スミ子師匠の「歌心」の深さは、私を強く魅了した。

そんな《くすぬち平和文化館》への往き来のなか、桑江常光《じょうこう》さん・桑江テル子さん御夫妻にも、昨秋、同館で一箇月半にわたり毎週、開催された《うちなーぐち講座》全六回の指導者として初めて、その辱知を得ている。

私が思い描く「沖縄の知識人」像を、まさに体現されているとも言うべき、お二人との交流においても、すでに私は生涯、忘れない鮮烈な体験をしているが、紙数の関係でそれは別の機会に譲りたい。

10

ヤマトンチュとしてはかなりの程度、沖縄戦も米軍基地も、文化や習俗も——その地についてそれなりに〝知っていた〟つもりの私が、しかしこれまで見、出会ってきた「沖縄」は、何だったのか。いま「旅行者」から「定住者」となった私は、以前とまったく異なった「沖縄」が見えてきていることを感じている。他に「移る」場所も「帰る」場所も持たなくなって、初めて。

人類史上最悪の「核破滅」の絶望的な現状から大衆の目を逸らすため、弾道核ミサイル戦争の謀略のただなか、いままた「捨て石」としてその前面に投げ出されようとしている「新しい沖縄戦」の危機の深まる、この豊麗な島島から成る邦《くに》で——。

真に畏敬すべき人びとと、日常の風景のなかで呼吸するように出会う社会。卓越した知識人が知識人としての役割を果たしながら、しかもあくまで民衆の一員でもある社会。

……強いて似たそれとして、私が連想するのは、韓国社会だろうか。

11

もとより、私はウチナーンチュではない。また、ウチナーンチュは後から「なれる」ものでもない。

だが、その私が選択したことはある。それは「沖縄市民になる」ことだ。——当然ここでの「沖縄市民」とは「沖縄市の市民」の謂《い》いでは、必ずしもない。「沖縄」の「市民」ということだ。

なるほど、現状ではそれは「沖縄県民」と同義ではないかという声もあるかもしれない。だが、そうではない。そして私においては、後者よりはあくまでも前者の言い方を採りたい思いが、ある。

12

沖縄はある種、現実が要請する必然の特質としても、ヤマトにおけるよりはるかに、「市民」と「政治」との距離が近い。

コザへの移住後、あまたの尊敬する方がたとお会いしてくるなかで、少しずつ「沖縄」との「再会」を果たしてきたかに感じながらも……なお鬱屈した思いをまとっていた私にとって、一つの小さからぬ転機となったのは、本年四月の沖縄市長選への「参加」だった。

——移住した地での初めての「参政権」の行使を通じ、自らが得たこの印象は、私自身、大切に考えている。むろん、現在の日本に生活の基盤を持ち、納税もしながら、なおさまざまな差別と収奪を受け、最小限の「参政権」をも拒まれている人びとに思いを馳せつつ。

13

選挙期間中、私は、勇退する東門《とうもん》美津子市長が副市長に任じていた島袋芳敬《よしのり》候補を、対立候補との政策・見識の、比較するも愚かというべき圧倒的な卓越性から、当然、全面的に支持・応援した。

一市長選に、日本政府が、最後にはまさしくその総力を挙げて侵攻してきたかのような今回の沖縄市長選挙の結果を、私は「惜敗」と捉えている。

それにしても、結果が判明した直後には息苦しい敗北感が滲出してきた投開票日・翌日の午後……いつもの歌三線のレッスン日で赴いた稽古場の扉を開けると、その民謡スナックのまだ明かりのつかない店内に、重く深い、朗朗たるアルトの歌声が流れているではないか。私の師匠である民謡歌手の仲間スミ子さんが、御自身の吹き込んだ『恋しふるさと』の初期録音を――もしかしたら、私に聴かせてくださる意味もあって――流していたのだった。

作詞・作曲者であるフラメンコ・ギタリスト、石川栄尚《しげなお》さんが、故郷・座間味を思って書かれたという作品である。その佳曲の、大津美子を思わせる歌唱に耳を傾けながら、ほんとうに何年ぶりかで、歌声が最も深い部分から魂に寄り添ってくるという経験をした。

14

もともと外国語習得の才に乏しい私だが、これまでその片鱗に触れてきた言語のなかでも最も難易度の高い琉球語――「しまくとぅば」の学習は、遅遅として進まない。それでも《くすぬち平和文化館》での教室以後、桑江常光さん・桑江テル子さんが主宰される講座を含め、この言葉（本島だけでも地域による差異があり、さらに先島は多様だが）との距離を少しでも縮めたいとの思いは、いよいよ強まる。

しばらく出席できずにいる《くすぬち平和文化館》での月一回の生楽器伴奏（浦添春夫さん）による〝うたごえ喫茶〟でも、当初からおのおのが琉歌一首を自作し、それを『てぃんさぐぬ花』の旋律で歌おうとの企画がある。だが、それより早く、桑江常光さん・桑江テル子さんの講座でも何首か、試作する機会を得た。

とはいえ、「憲法九条」なるものを掲げながら、平然と「武器輸出」を宣言し、核武装も為し得るとうそぶく現状の日本国家の人類史上例を見ない欺瞞を歌おうとすると、「平和記念公園」や「イスラエル」等、固有名詞の長さもあり、どうしても八・八・八・六の典雅な韻律には収まらない。破調の長歌（つらね?）擬《もど》きとなってしまうのだ。

それでも、なんとか一首は『てぃんさぐぬ花』の音階に相応しい、うちなーに寄せる思いを詠もうとあれこれしていたら……琉歌の「3八・六」ではなく「三十一文字」の短歌（和歌）紛いの方が先に出来てしまった！　自らに染みついた「日本文化」性が、なんとも憤ろしい——。

せめてなるべく旧弊な日本式を脱却すべく、ここでは啄木風に三行書きしてみよう。

かねてより　麗《うるは》しと見し　清《ちゅ》ら邦は
移りて栖《す》めば
いよよ　遙けし

ウチナーグチでも、とりわけ清冽な形容詞「ちゅら」——。

漢字表記なら、本来「清」が用いられるべきこの言葉に「美」を充《あ》ててしまうという、〝公共放送〟NHKの「朝ドラ」以来のヤマト的誤謬について教えていただいたのも、桑江常光さんからだった。

「ぼくには『美ら』は『びら』としか読めない。そんな島言葉《くとぅば》は、ない」

15

沖縄の「市民」になる——とは、どういうことか。

それは、沖縄の抵抗と闘いとを自らの運命として、そこに参加することだ。そしてその闘いは、現状、必然的に、人間としてこの世界を守り抜く最後の抵抗線を支えることに直結するだろう。

16

今年、うりずん（早春）の気配が近づく一夜、残波《ざんぱ》岬にほど近い、彫刻家・金城実さんのアトリエで、何人かが集い、島酒を酌み交わした。

その折り、席を隣り合った知花昌一さんが、こう言って私の肩を叩かれたことを忘れない。

「ウチナーンチュでもヤマトンチュでも、一緒に闘う人間が『仲間』なんですよ」

最も「沖縄」を深く背負い、「沖縄」を痛切に生き抜いてこられた方がたこそが、この地を、狭く、自らの占有とするのではなく、逆に普遍的な「連帯」へと向けて解き放とうとする――。

こうした構図は、実は必ずしも「沖縄」に限ったことではなかったかもしれないが。

17

おそらくは永遠に到達しえない彼方に、私の「沖縄」はある。

だがしかし、その「到達不可能性」はまた、私が畏敬し、愛するウチナーの人びとと、私自身が、共にありたいとする意思を阻むものでも、ない。

〔初出／『ゆんたく ひんたく』第二一号／二〇一四年九月、NPO法人「うちなぁぐち会」発行〕

息を吹き返す「国体護持」の妄念

──第二の沖縄戦を阻止するために〔上〕

県知事選が終わった。

今後も困難が続くことが明らかな状況のなかで、しかし私はこの選挙結果に深い喜びと安堵、そして敬意を覚える。それは何より、新知事が、日本政府の迷妄により沖縄が再び戦場とされることへの憂慮を切実に語ってきた人だからだ。

今日に至るまで、実は「沖縄戦」は一度も〝終熄《しゅうそく》〟してなどいない。──そうしたウチナーの人びとの認識は、偽りの〝戦後日本〟を生きてきたヤマトンチュたる私にも、その意味だけは理解し得るつもりである。だが一方で私は、現状の日本政府の琉球弧に対する姿勢に「第二の沖縄戦」の意図を危惧するのだ。

長野県の、私の生まれ育った隣町に「松代大本営」跡がある。一九四五年六月二一日、沖縄の第三二軍に戦闘の終結を指示した大本営からの打電は、天皇および三種の神器を移す「松代大本営」完成の報告を受けてのものだった。沖縄は日本の「国体護持」という虚妄のための時間稼ぎの「捨て石」とされたのだ。

では、今はどうか。東京電力・福島第一原発事故以後の、この奈落のごとき時代は？

今般、東シナ海の緊張を一挙に、しかも無用に高めたのは、二〇一二年四月、石原慎太郎・東京都知事（当時）の唐突な「尖閣購入」宣言だった。ほどなく政権に復帰した自民党・第二次安倍晋三内閣は、そうした情勢を奇貨として、さらに同様の挑発的言動を繰り返す。そしてその結果、生み出された、本来防ぎ得たはずの〝国際的緊張〟を喧伝《けんでん》することにより、人類史上最悪の「核破局」に陥った自国の絶望的現状から、国民大衆の関心を逸《そ》らすことに、とりあえず一定程度は成功しているかにも見える。

日本に現在五四基ある原発は、すべて自民党政権下に建造されたものだ。しかも安倍首相は二〇〇六年、第一次政権時の国会答弁で、原発における冷却用予備電源や復旧プログラムの必要性を全面的に否定した。

チェルノブイリをも上回る収拾不能の事故を抱えた国家の破綻を隠蔽し、さらに原発再稼働や「核武装」の妄執を維持しようと、わずか二年足らずの間にひたすら軍国主義ファシズムの道を突き進んだ政府は、必然的に今後ますます東アジアの作為的緊張を高めざるを得ない。そして彼らが「取り戻した」と称する「日本」の「国体」の存続を演出するため、否応なく核戦争の危機の最前線に晒《さら》される地こそ、琉球弧にほかならない。

この夏、韓国・光州《クワンヂュ》で隔年開催される国際美術展《光州ビエンナーレ》で、韓国民衆美術の代表的画家・洪成潭《ホンソンダム》の大作『歳月五月《セウォルオウォル》』が、展示を拒否された。本年四月、珍島《チンド》沖で沈没したフェリー「セウォル号」の惨事を中心とする同作に、朴槿恵《パククネ》・現大統領への諷刺があったのが理由とされる。

▲洪成潭『歳月五月』の原寸大レプリカ。
台湾・台南（タイナン）市の成功（チェンコン）大学講堂にて。（2014 年 9 月）

一連の経緯における「藝術」と「政治」の問題については、私は別に論攷《ろんこう》を草している（山口泉『表現者にとって真の勝利とは何か？　――「光州ビエンナーレ事件」の意味するもの』／『週刊金曜日』二〇一四年一〇月三日号）。

だが今回、本稿で特に触れたいのは、同作の画面右上の描写だ。

「가만있지마라」（カマニッチマラ＝黙っているな）と書かれたプラカードを手に佇《たたず》む、事故の犠牲者遺族ら。その凝視する先には「日本」が描かれている。

東京電力・福島第一原発から立ち上る放射能の瘴気《しょうき》に包まれた、亡霊のごとき内閣総理大臣・安倍晋三と、靖国神社。今また、そこから進撃する皇軍兵士たち。そして、為す術もなく〝沈黙〟したまま破滅してゆく大衆……。

しかも、実は日本に発するくだんの事態は、やがて、この画面の全体を覆い尽くすかもしれないのだ。それどころか、少なくとも北半球全域を呑み込む脅威ともなり得るのだ。

〔初出／『沖縄タイムス』二〇一四年一一月二四日付「文化」面〕

日本社会に進む、人倫の破産
――第二の沖縄戦を阻止するために〔中〕

「3・11」は日本国家の隠されてきた欺瞞を一気に露呈させた。その概略は昨年、本紙に寄稿する機会を得た小文で素描したが（山口泉『〝戦後日本〟の果てに――東アジアと「フクシマ」』／『沖縄タイムス』二〇一三年一一月四日〜六日）、いまや状況はひときわ厳しいものとなりつつある。

とめどなく増大する汚染水。危険極まりない燃料棒の処理……。

疫学的に、通常は一〇〇万人に一人程度の罹患率とされる子どもの甲状腺癌に関し、福島県の約三〇万人の被検者に、本年六月三〇日現在、五七名にも及ぶ確定診断が出ている事実は、どう説明されるのか？　国立感染症研究所（東京）の統計が、急性出血性結膜炎や手足口病、マイコプラズマ肺炎に関して、まさしく二〇一一年夏以降の全国での爆発的急増を示す理由は、何か？

福島第一原発事故と「鼻血」の関係など、かねて内外の新聞や「トモダチ作戦」に参加した米海軍兵士においても確認されている、周知の、明明白白たる事実である（米CBSによれば、米海軍兵士数百名に白血病、精巣癌等の極めて稀な悪性腫瘍、失明などの健康被害が発生、うち二名はすでに死亡。彼らは二〇一四年三月、集団で、株式会社東京電力を提訴した）。

それがなぜ昨年になって、突如、政府閣僚から躍起になって否定されるようになったのか？

仮にそれらが被曝とは無関係だというなら、事故責任者である東京電力や国は、因果関係不在の立証責任を果たすべきだろう。「事故が原因とは考えられない」と、根拠のない主張を繰り返しているだけで許される話ではない。

またいずれにせよ国は、起こっている事態に誠実に対処するのが、行政機関として国民に対する当然の義務であろう。

このかん、ただの一基も原発など動かずとも、なんら電力は不足してなどいない。にもかかわらず川内《せんだい》原発（鹿児島）を「再稼働」するという非道義的・没論理的思考は、福島第一原発からの直接の汚染を相対的には免れている九州最南端の地をも、あえて新たな核事故の危険に直面させる。

併せて、日本政府と支配層のあらゆる虚偽を黙認し、もしくは進んでそれに加担して自主規制と相互監視の檻に自らを監禁する日本大衆の荒廃も、ますます著しい。

『さだ子と千羽づる』（日本語版＝一九九四年・朝鮮語版＝九五年・英語版＝九六年／オーロラ自由アトリエ刊）は一九九三年、フェリス女学院大学（横浜）の学生有志を中心に、私や協力者も手伝って制作した「核廃絶」の絵本である。刊行後、今夏まで二一年間、私たちは八月の広島・平和記念公園で、同書の野外朗読会を続けてきた。

チェロによる伴奏を担当する私にも、そのあいだには多くの出会いがある。イラク戦争の始まった二〇〇三年の八月六日朝、私にインタヴューしたカタールの衛星テレビ《アルジャジーラ》の特派員は、彼らが広島・長崎を取材する理由を〝遠からず、米国の中東への核攻撃は避け難いかもしれないけれど、たとえ核攻撃を受けても、広島・長崎のように「復興」できるという「希望」を、中東の皆に与えたいのだ〟と、私に打ち明けた。そのときの衝撃は、終生、忘れまい。

▲2014年8月6日朝、広島・平和記念公園。追悼式典会場周辺の、ものものしい警備。

その平和記念公園周辺に、排外主義と日本の「核武装」を恫喝的に叫ぶ集団が突如、旭日旗を林立させて出現したのが、ほかでもない二〇一一年夏のことだった。以後、こうした状況は毎年続き、警備の異様なものものしさも含めて、近年いよいよ広島の八月六日は重苦しい。

今年八月九日、長崎での平和式典で、安倍首相を前に日本政府を批判した被爆者・城臺美彌子《じょうだいみやこ》さん（七五歳）の透徹したアピールに浴びせられる、インターネット上の匿名の恥知らずな誹謗中傷の数かずも同質である。

そして、これに酷似した攻撃が昨年一月、沖縄の全四一市町村長らが署名した『建白書』を政府に届けた際の、東京・銀座でのウチナーンチュによる訴えにも浴びせられた。

これまで、曲がりなりにも一定の「同情」や「共感」、もしくは「謝罪」の礼節をもって遇されてきた事柄すら、人倫の底をも踏み抜いた粗野で醜悪な言動によって蹂躙される——。

関係者からのそうした述懐を、私は暗然たる憤りをもって聞いたが、それが、ほかでもない二〇一一年以降に浮上した日本国家の、従来とも異なる姿であることは、東京電力・福島第一原発事故と明らかに無関係ではあるまい。

〔初出／『沖縄タイムス』二〇一四年一一月二五日付「文化」面〕

沖縄の未来、険しくも輝く
——第二の沖縄戦を阻止するために〈下〉

文筆家として自ら綴りはしながら、しかも当たってほしくはない「予言」というのがあるものだ。——少なくとも、私においては。「新しい中世」という概念も、その一つだった。

詳細は小著『「新しい中世」がやってきた!』（一九九四年／岩波書店刊）に就《つ》かれたいが、事は先般、その「二五周年」記念式典が催された「ベルリンの壁崩壊」——〝東西冷戦の終結〟に発する。

〝資本主義の勝利〟が喧伝され「ポスト・モダン」を標榜する時代が、実は「新しい中世」＝「資本主義的中世」とも呼ぶべきそれにほかならないということ。人が『権利章典』以後三世紀、『マグナカルタ』から算すれば七世紀をかけて獲得してきた「人権」「自由」「平等」といった概念が総否定される、究極の封建制の始まりだということ——。

戦争とは「国と国との争い」などではない。国家の支配層同士が共犯的に、民衆の命を蕩尽して自らの権益構造を維持・存続させる〝経済行為〟そのものだ。ファストフードや携帯電話と、パレスチナの子どもたちの頭上に降り注ぐ爆弾とを不可分のパーツとして構成する、ハイパー資本主義の地獄で。このとき、人命すらも「貨幣」となる。

かつて関西経済連会長・日向方斉《ひゅうがほうさい》が「徴兵制」の復活を示唆した一九八〇年当時、一部の者は訳知り顔で「現代のハイテク軍隊は徴兵の兵士など必要としない。足手まといになるだけ」と一笑に付した。だが〝先端技術〟がその空疎な脆弱さをさらけ出すとき、様相は一気に異なってくる。チェルノブイリ原子力発電所事故の対処や、一九九九年九月の茨城県東海村のＪＣＯの被曝事故、ないしは今般の「トモダチ作戦」で空母ロナルド・レーガンの飛行甲板に降り積もった放射性物質をモップ掛けする米海軍水兵たちの姿を見よ。

現に収拾不能の原子炉が四基、口を開いている。「一銭五厘」の赤紙の使用価値は、実はなんら薄れてなどいないのだ。

「集団的自衛権」が容認され、『特定秘密保護法』の施行が迫っている。

さらに、大衆の耳目を奪うさまざまな〝ニュース〟が奔流となって溢れつづけるなか、さながら、日本政府により、このたびの沖縄県知事選の圧倒的な結果を、なんとか無化しようと意図されてでもいるかのごとき、突然の奇怪な解散・総選挙が行なわれる。その行方次第では明らかに、現代世界に比較を絶するファシズム国家が完成しかねまい。

アジアとの友情は、破滅を避ける絶対の条件の一つである。

この七月、初めての来沖を果たした台湾の美術家・高俊宏《カオジュンホン》さんと映像ジャーナリスト・林欣怡《リンシンイ》さんとを、私は数日間、普天間―嘉手納―読谷―高江―辺野古―泡瀬と案内した。ヤマトからの被植民地支配の経験を共有する台湾・韓国・沖縄の三地域を巡り、香港の力動をも遠望する彼らは、やがてはより精緻な東アジア観に到る可能性も持つだろう。

▲初めて訪れた辺野古「キャンプ・シュワブ」ゲート前で、座り込みテントの皆さんに取材する高俊宏さん（奥）と林欣怡さん。（2014 年 7 月）

現在の状況に関して私が行なう講演の最新のものが、本年九月、沖縄市内の中学校に招かれての総合学習だった。『ポスト・フクシマと沖縄の未来——きみたちがこれから生きる時代のこと』と題した、決して単純に〝平易〟であろうとのみはしなかった「特別授業」に、中学一年生二四〇人がどれほど熱心に聴き入り、その内容を正確に把握し、自らの言葉と思考とで咀嚼してくれたことか。
後に担当教諭から送られてきた皆さんのワークシートは、私の宝となった。

《沖縄県民は戦争のいたみを知っています。だから基地反対運動を起こすのは当然の行為だと思います。それを弾圧する政府は本当に国民の代表なのか……とても信じがたいと私は思います》

（ある女子生徒の感想／部分）

沖縄の未来は険しくも輝かしいと、私は思う。そこには人間の尊厳——新知事の掲げる「誇り」に到る道が、すでに拓《ひら》かれているから。
そしてその道を、私も共に歩みたいと願う。
ウチナーンチュではない。しかしいま「沖縄県民」であることは、私の「誇り」である。

〔初出／『沖縄タイムス』二〇一四年一一月二六日付「文化」面〕

Ⅴ　二〇一五年　辺野古の弁証法

血を噴く自己剔抉が透視する「希望」

――渾身の舞台が問う「沖縄―ヤマト」（演劇集団「創造」公演『人類館』）

時を追うに従い、受け手の内部の奥深くに根を下ろし、漿液《しょうえき》のごときものを分泌しつづけてやまない「表現」がある。現代沖縄〝新劇〟を牽引し、このたび創立五三周年を迎えた《演劇集団 創造》が、二〇一四年一一月八日・九日、六年ぶりの上演を果たした同劇団の代表作『人類館』の舞台も、そうした一つとなった。

一九〇三年、大阪で「学術人類館」と称し、アイヌ・琉球人・台湾先住民・朝鮮民族をはじめ世界諸地域の人びとが見世物として「展示」される。「琉球」の展示は《特に台湾の生蕃、北海のアイヌ等と共に本県人を撰みたる》（太田朝敷《おおたちょうふ》）ことに非難の声が上がるなど、さらに「差別」の重層性をも露わにした。

戯曲『人類館』（一九七六年）は、この歴史的事件をモチーフに沖縄近現代史を包括した、知念正真《ちねんせいしん》（一九四一年―二〇一三年）畢生《ひっせい》の秀作である。このたびの再演に際して、当初のプログラムに急遽、追加公演も用意されたという反響の大きさは、いま沖縄の人びとがこの作品に求める意味を語って余りあろう。

過去七〇回に及ぶ上演史を通じ、北島角子・内間安男・崎浜茂ら、幾多の名優の伝説的演技が語り草となってきた、登場人物わずか三人の凝縮の限りを尽くす芝居は、今回、一九五〇年代・六〇年代生まれの男女優（当銘由亮《とうめよしあき》・花城清長・小嶺和佳子）を得、知念の盟友・幸喜良秀《こうきりょうしゅう》渾身の演出のもと、沖縄県知事選のただなかという空前の緊張を極めた状況下、幕を開けた。

舞台袖から姿を現わす「調教師ふうな男」。三島由紀夫《楯の会》を髣髴《ほうふつ》させる〝軍服〟姿のその饒舌な一人語りから明転し、稚拙な文字が「リウキウ／チョウセン／お断り」と読まれる象徴的な立て札が脇に立つ見世物小屋に「展示」された琉球人の「男」「女」と、三人でのやりとりが始まる。以後一〇〇分の上演時間を通じ、三人は「人類館事件」はもちろん、次つぎと沖縄近現代史の時空を往き来し、いずれもその傷跡が深く刻印された役柄へと変貌してゆくだろう。

痛切な叫びを基調に、時として痙攣的な笑いをも鏤《ちりば》めた応酬は、台詞そのものにも差別の棘《とげ》が溢れ、舞台は血しぶきが飛ぶようだ。それは返り血なのか。斬る側自身が血を噴いているのか。（そしてこの進行を「観る」ヤマトンチュたる「観客」——私）

劇中最大の抑圧者である「調教師ふうな男」の、次の瞬間には感情の堤防が決潰《けっかい》する危うさが、実は彼自身が沖縄人（ウチナーンチュ）であったという設定の自己剔抉《てっけつ》は、現在にも通底する「差別」の階層性や二重性を確認する上で、やはり忘れられてはならない。

事前に『人類館』初出形のテキストに目を通していた私にとって、前年病没した作者の「追悼公演」として行なわれた今回の舞台における幾つかの変更点に関し、劇場控室で幸喜良秀さんに直接、お尋ねできたことには、少なからぬ意味があった。集団制作における演出家としての苦衷と葛藤を、初対面の私にも胸襟を開いて話される真の自由な知性の姿に、深い敬意を覚える。

終幕近く、遠く響く『沖縄を返せ』（全司法福岡支部作詞・荒木栄作曲／一九五六年）の大合唱を背後に「祖国復帰」運動が強烈な反語としてあげつらわれる場面を、どこまで「現在」に有効な形で提示し得るか――。もとより困難ではあるが、「裏切り」が次の瞬間には「連帯」の光明でもあるような作品の動力学の振幅の大きさは、結果として損なわれてはいない。

「ちゃーすがやー、うちなーー?」（どうするの、沖縄?）という切実な主題を、スタニスラフスキー・システム的な〝借り物〟のメソッドではなく、コザ芝居を核に琉球伝統藝能を基盤とした演劇のなかで模索しつづけたいとの幸喜さんの言葉には、逆に巨きな普遍性へと到る回路を感じた。

かつて『琉球新報』記者、後に沖縄市議も多年にわたって務め、現在は「しまくとぅば」（島言葉）普及活動に尽力する桑江常光さんは、制作スタッフとして《創造》に参加された創立メンバーである。伴侶の桑江テル子さんも、女優として《創造》の舞台に立ち続けてこられた。

昨秋、私も受講していた「しまくとぅば」講座の冒頭、この寡黙で温厚な師は、おもむろに「人類館事件」について語り始めた。迂闊にも、すでに知られた一般的な歴史知識の教授かと思いながら聴いていた私は、ほどなく前前日の『琉球新報』を取り出された常光さんの言葉に、強い衝撃を受ける。

自民5氏 辺野古容認

という白抜きの大見出しの下には、「（沖縄）県選出・出身の自民党国会議員」五人が壇上に、その大半が悄然とうなだれる脇で、幹事長・石破茂が昂然と立つ写真が掲載されていた。

むろん、内容は既知の報道である。

だが、次の瞬間、

「これを見て、僕は、まさに『人類館』だと思った——」

温雅な顔《かんばせ》を引き締めて、私たちの「しまくとぅば」講師は、そう喝破したのだ。

それで彼ら国会議員の変節が〝免罪〟されるわけでは、まったくない。しかし一連の事態の底流に潜む「沖縄差別」の構造を、いち早く「人類館事件」との連想で捉えた桑江常光さんの鋭敏な感覚と批判精神に、私は息を呑むほどの感動を覚えた。


沖縄は、いま再び「死ぬか生きるか」の瀬戸際に置かれている。けれども、それはひとり沖縄だけの問題か？

もしもほんとうにそう思い込んで疑わないなら……ないしはそれ以前に、いま沖縄が強いられている苦難になんらの「関心」をすら持ち得ないなら——日本はすでに、死ぬよりも深く滅びきっているのにちがいない。


（演劇集団「創造」公演『人類館』は、二〇一四年一一月八日・夜、九日・午後と夜、沖縄市民小劇場「あしびな～」にて上演）

〔初出／『図書新聞』二〇一五年一月一〇日号〕

▲写真は、いずれも演劇集団《創造》公演『人類館』のゲネプロ観覧時に撮影。（2014 年 11 月 8 日、沖縄市民小劇場「あしびな～」にて）

人生で、これほど暗澹たる時代に遭遇することになろうとは

人生で、これほど暗澹たる時代に直接、遭遇することになろうとは、迂闊にも予期していなかった。いや、より厳密にはその「暗澹」の質と規模が、いままで想像していた一切を上回る凄まじさで現実の風景となっている事態に茫然としている、と言うべきだろうか——。

二〇一一年三月一一日から始まった絶望的な時代は、いよいよ本格的な破滅へと地滑り的に雪崩《なだ》れ落ちてゆくようだ。いかにしてそれを押しとどめるか。焦慮に駆られつつ、不意に全身の細胞が慟哭するような思いにも涵《ひた》される。

当ブログのタイトルでもある『精神の戒厳令下に』は、遅くとも一九八〇年代の後半以降、私の日本国家・社会に対する認識の基底の一部を成し、九〇年代以後のいくつかの著書でも用いてきたものだった。

だが、しばらく前の「ツイート」では私は、概ね次のような確認を発せざるを得なくなっている。

かつての日本社会では、なお「精神の」それとして（多分に理念的に）危惧されていた「戒厳令」が、いまや、事実上『日本国憲法』を機能停止に陥らせているに等しい政権のもとでは、もはや「精神の」では済まない、より深刻な段階に入りつつあるのではないか——と。

現在、日本は「戦後」でも、新たな「戦前」でもない。すでに確実に新たな、また最後のそれとも

なるやもしれない「戦中」にある。

そしてこの「戦争」は事実上、二〇一一年三月一一日に始まり、急速に顕在化してきたものなのだ。

いまはともかく、手探りでこの息苦しい日日の思念を書き留めておこう。

当面、勤勉とはとうてい言い難い、折りに触れての覚束ないペースでしかないとしても。

何十篇か、書きかけのまま棚上げになっている草稿をアップロードもしないできた長い中断期間のあいだ、それでも当ブログへ立ち寄られる方がたの痕跡は毎日、途絶えることがなかった。

来訪していただいていた皆さんに、改めてお礼申し上げる。今後とも、このささやかな営みをお気に留めていただけると幸いである。


〔初出／山口泉ブログ『精神の戒厳令下に』――二〇一五年〇二月一三日 〇九時五三分〕

なんという息苦しさか
——「破滅」への道を防ぎ止めるには

なんという息苦しさだろう。状況は不安に満ち、このまま進むなら確実に「破滅」へと向かう、終わりのない絶望に塗りこめられようとしているかに見える。

すでに『原子野のバッハ——被曝地・東京の三三〇日』（二〇一二年／勉誠出版刊）をはじめ、私自身、何度も書いてきたとおり、安倍晋三首相は二〇〇六年の第一次政権時代、衆議院予算委員会における吉井英勝議員（日本共産党）の質問に対し、原発予備電源の必要性を真っ向から全否定し、東京電力・福島第一原発事故の直接の原因を生ぜしめた。

さらに第二次政権以降、たった数年のあいだにこの国を惨憺たる状況にしてきた果て、国会議決も国民投票もないまま、エルサレムでのネタニヤフ・イスラエル首相との会談に示される通り、「独断」で、九条をはじめとする『日本国憲法』を踏み躙《にじ》り、空文化し、いま文字通り空前の危機にこの国と民を追い込んでいる。

愚にもつかない茶番にすぎぬ「東京五輪」の、その招致のための「汚染水は完全にコントロール」「過去も現在も未来も安全を保証」という人間を愚弄する虚偽に始まり、今回の中東における重大な事態の後も、さらに公然と憲法を蹂躙する好戦的発言を重ねる——その全プロセスが、いまや「戦後日本」の内閣総理大臣として、他のいかなる前例とも比較を絶する「独裁」の域に踏み入ったと言えよう。

主権者・国民になんの承諾も得ず、国民の生命や生活を守るどころか、それらを進んで危うくする所業である。「公共放送」をはじめそれに積極的に翼賛するメディア、また怯懦《きょうだ》と沈黙とでそれに消極的に加担する多くの野党はじめ、事態はすでにこの数週間で一気に不可逆的な地点にまで推し進められたかの様相をすら呈しているとも思われる。

それにしても、なんという国になってしまったのだろう。

むろん、事ここに到るまでの「戦後」という〝前史〟それ自体が、そもそもの内部に現在へと到る因子を内包し、また沖縄を含むアジア諸地域との関係性において、重大な欺瞞をしたたかに抱え持ってはいた。だが、抱え持ってはいたにせよ、その欺瞞は今後、より主体的・自覚的な方法で「正しく」平和的に克服されてゆかねばならぬものであったはずだ。

にもかかわらず、たった一人の——たかが内閣総理大臣が、それら諸地域をも巻き込む、ないしは最初に犠牲としかねない、ここまでの全的な破滅の危機を招き寄せるとは……。

黑暗之極，無理可說，我自有生以來，第一次遇見。但我是還要反抗的。
（暗黒の極み、言うべき言葉もなし。生まれてこのかた、初めてのこと。しかし、私はなお抵抗します）
（魯迅《ルーシン》・劉煒明《リュウウエイミン》宛て書翰／一九三四年一二月三一日）

この言葉を引用し、当ブログ『精神の戒厳令下に』小文『「希望」の熾火《おきび》に注がれる、数多《あまた》の眼差しを受けて——「但我是還要反抗的」』を綴ったのは、昨二〇一四年一月二三日深夜のことだった。

とはいえ、実際にお読みいただければ明らかなとおり、直前の名護市長選挙での稲嶺進市長再選を受けてのこれは、実は魯迅を引きながら、かくも困難ななかにも、いまだ一縷《いちる》の「希望」があるやもしれぬ……というのが、本来は全体の立論だったのである。

それからわずか一年余り。事態は、想像し得た最悪のそれをも、はるかに超える展開をたどりつつある。そして何より恐怖するのは、この危機そのものの絶望的状況下、日本社会の「日常生活」が、まだ（表面上は）ほとんど何事もないかのごとく営まれていることだ。それでも「日常性」が（一見）変わりなく続いているという事実に、私は目を瞠《みは》る思いで衝撃を受けている。

分かっている。むろん「日常」は――「生活」は、続けられざるを得ない営みだ。だが同時に、それはそのまま進むなら――それに流されるなら、紛れもない「破滅」へと向かう道でもあるのだ。すでに国家により、民の「生活」自体が急速に刈り込まれてきている。安倍政権がこのかん、この国と社会に何を為してきたか？　それについては、インターネットで検索しさえすれば、ものの一分としないうちに大量のデータが現われるだろう。

だがむろん、問題はインターネットのみで打開し得るわけでもない。

インターネット上には、かなりの程度まで、問題を闡明《せんめい》する情報や見解が並ぶ。だが、これほど重要な情報が提示されているにもかかわらず、自らが動きだすべき責任を負う人びとは沈黙し、沈滞し、事態はいよいよ悪化の一途をたどっている。「真実」の価値が、あまりにも軽んじられている。

しかもこの凄まじい悪政のもたらす貧困と不平等のもと、この全世界的コンピュータ・ネットワークから情報を得ることができる人びと（〝情報強者〟？）と、そうでない人びと（〝情報弱者〟？）との格差も、また開く一方だ。両者が同じこの惑星に息をしているとは、到底、思われないほどに。

かねて述べているとおり、とりわけ「3・11」以後、インターネットにアクセスし得るか否かは、文字通り、人の生死に関わる要件となったのである。

この隔絶――情報格差を、どう埋めることができるのか。それが少なからず、現状、緊急に要請される「連帯」の可能性を阻害していることは疑いない。私とて、自ら知り得た情報は、折りに触れ、出会う人びとにはできるかぎり伝えようと努めてはいるものの。


危機的状況をあくまで危機的状況として直視し、その空前の危機への茫然とした悲しみと憤りを共有すること――。それこそが私のこれまでの「希望」と規定してきた姿勢であり、何事かの出発点だとも考えてきたものだった。

だが……しかしいま、そこからどこへ〝出発〟できるのか。暫定的回答すらも、容易ではない。

ただ少なくとも、この困難が、私自身にとって何より「現実」の手触りなのだという事実。いま私が言い得るのは、かろうじてそれだけだ。


そんな時代は嫌だ、という、息詰まるような拒絶感がある。

この拒絶感・危機感を、眼前の他者――あなたへと向けて差し出しながら、そこに息を吹きかけ、温めつづけたい。何物か、儚《はかな》い生命を蘇生させようとするときのように。


〔初出／山口泉ブログ『精神の戒厳令下に』――二〇一五年〇二月一五日 一八時四一分〕

私たちが、この世界の価値と考えてきたものを奪われ尽くす前に
——民と世界と人類史を愚弄する安倍政権

安倍晋三政権および自民党の、慢心と居直りが凄まじい。

周知のとおり、二月一七日、衆院本会議で日本共産党・志位和夫委員長の代表質問中に「テロ政党」と〝野次〟を飛ばした自民党議員（二月一九日に、山田賢司と判明）に引き続き、一九日の予算委員会では、民主党の玉木雄一郎議員の質問中に、内閣総理大臣・安倍晋三自身が「日教組」云云という（舌足らずの片言めいた？）〝野次〟を繰り返し、議場が紛糾したことが報じられている。

本日二〇日に到って、安倍はそれを民主党に対する「献金」問題とのかねあいを示唆したといった〝釈明〟に転じているようだが、その論理性は稀薄で、後づけの「弁解」の色彩が色濃い。

そもそも、ここで内閣総理大臣・安倍晋三から「日教組」という言葉が出てくること自体、その脳内の〝世界像〟を構成する観念連合の構造の貧相なさまが手に取るように分かろうというもの。語るに堕ちるとは、まさしくこのことだろう。

もとより「係累」によってのみ現在の地位に到った者に、人として最低限の〝何かしら〟をもを「期待」することなど間違いだ。しかしそれでもなお、曲がりなりにも一国の「指導者」として見たとき、比類ない貧しさである。

それにしても、これをしも〝野次〟（愚にもつかない〝国会用語〟を用いるなら「不規則発言」）というのだろうか？　自らの政権の重大な責任が問われている、その国会質問のさなかに、質問を受ける側の内閣総理大臣が議場の閣僚自席から——質問者、持ち出された団体（日教組＝日本教職員組合）いずれに対しても意味を成さない、没論理的な半畳を入れるという事態の、なんという奇怪さ。

法治国家・立憲国家・議会制民主主義の、最悪にして最低の終焉の姿を見せつけられる思いがする、あまりにも醜悪な光景だ。「幼児的」と言っては幼児に、「小児的」と言ってしまっては小児に失礼な愚かさ、卑しさである。幼い、ないし年若い人びとは、いま少し聡明であり「純真」であろう。

しかも市井の一人物ではない。問題は、この当人が、事実上世界有数の軍事力である自衛隊〔註一〕の「最高指揮官」でもあれば、日本国をアメリカの言いなりに従属するそれとして、国民の生命・財産・生活もろともを差し出す権限を具えた為政者であると、対外的・国際的には見做されてしまうという事実なのだ。

かかる人間が、自らの国の行政の最高権力者であるということ——。これは、日本国の主権者・国民として心底、憤り、それ以上に、もはや真に恐怖すべき事態ではないか。そうではないのか？

〔註一〕しかもその自衛隊の〝準機関紙〟『朝雲』が二月一二日付のコラム「朝雲寸言」で、安倍政権の主張する「邦人救出」の〝起用法〟の非現実性に関し、極めて合理的な批判を示したことは記憶に新しい。本来「現場」の判断とは、おのずからそうした〝冷静さ〟を伴うものなのだろう。

今般の内閣総理大臣〝野次〟事件は、それが仮に顕著な大問題の起こっていない状況でも、それ自体、厳しく糾弾されるべき事柄である。ましてこのかん、自らの愚昧がここまでの危機を惹き起こし、さらに今後どのような困難が待ち受けているか予測し難い、その国の最高権力者の所業とは。

昨夏の「集団的自衛権」容認の「閣議決定」はじめ、もはや事実上『日本国憲法』の機能を停止させ始め、「三権分立」すら真っ当に機能していない現状、安倍晋三による明らかな「独裁」としか言いようのない執政が、とめどなく拡大・深化している。「戦後」最悪の、悪夢のごとき内閣総理大臣〔註二〕である。

しかし、そもそもこの内閣総理大臣は、国際社会に向けて自らを「軍国主義者と呼ばれて構わない」と平然と公言した時点〔註三〕で、一国の——それも「九条」を含む『日本国憲法』を持つ国の政府の代表として、根本的にその適格性を欠いていたのだ（私見では、いわゆる近代人としても。またいわゆる「国際人」としても）。

〔註二〕他の場所でも述べてきたことだが、いずれも「戦後」日本の歴史と現在の日本社会の惨憺たる状況に関して重大な責任を負うべき〝Aランク〟の「責任宰相」として、私は岸信介・佐藤栄作・中曽根康弘・小泉純一郎・安倍晋三の五人を挙げてきた。だが、そのなかで現在の安倍に最も近い存在としては、やはりその祖父・岸信介を私は想起する。

〔註三〕二〇一三年九月二五日、アメリカの保守系〝シンクタンク〟ハドソン研究所主催の「ハーマン・カーン賞」なるものの受賞に際して。於ニューヨーク。

そしてもう一つ、今回の安倍首相の〝野次〟に関しては、その主張する「論理」に極めて顕著な特徴がある。

この「日教組」〝野次〟は、翌日の安倍自身の「釈明」によれば〝民主党に対する「献金」問題〟

と関連する文脈上にあるという。何かを思い出さないか？　そう、同一九日の衆院予算委員会で民主党・岡田克也代表が「危機管理」問題について安倍を追及した際、安倍が政権にあった時期の民主党の対応を引き合いに「民主党にそんなことが言えるのか？」と応じた論法だ。

なんという幼稚さ。雑駁さ。重要なのは、民主党に「資格」があるか否か、などではない。

もとより、あの日――二〇一一年三月一一日以降、東京電力・福島第一原発事故に際して、民主党政権がいかに無能・無責任、卑劣きわまりない対応をしつづけたか。それについての私の批判は、小著『原子野のバッハ』二段組・全五五〇ページを埋め尽くしている。

（ちなみに私は〝二一世紀日本のヴァイマール共和国がナチズムにとって代わられる危惧〟についても、すでに二〇〇九年晩夏の、民主党政権成立時から、懸念を表明してきた）

だがしかし、現在日本にある全五四基の原発はすべて自民党政権下に林立したものなのだ。この破局の「主犯」は、紛れもなく自民党にほかならないのだ。そして全交流電源喪失から炉心溶融に至った、人類史上最悪の原発事故たる東京電力・福島第一原発事故の直接の責任は、第一次政権時の二〇〇六年一二月一三日、「巨大地震の際の原発の安全性」を懸念して日本共産党・吉井英勝議員が提出した『質問主意書』を一蹴した、時の内閣総理大臣・安倍晋三にあるのではないか？

大切なのは、直接的に誰が追及しているかなどではない。

民主党であれ何党であれ、国会において過《あやま》てる安倍晋三政権の責任が追及されるとき、その追及の権限の根拠は、私たち主権者・国民に由来するのだ。内閣総理大臣・安倍晋三は、私たち主権者・国民に対し答える義務があるのだ。

それを「民主党にそんなことが言えるのか」とうそぶき、自らの責任をはぐらかそうとする――。なんという、問題の矮小化か。

そして、だが前記・安倍の「軍国主義者」発言を言うなら、そもそも二〇一三年七月の副総理・麻生太郎による「ナチスの手口に学んだらどうか」発言を当然、何度でも問題にせざるを得まい。

このたびの曾野綾子「アパルトヘイト」肯定発言(それ以外に、規定のしようがない)同様、人類史がこれまで切り開いてきた――そしてなお現実には、真の全的展開を遠望しつつ、さまざまな苦難を伴ってもいる――その「基本的人権」「自由」「平等」さらには「平和」「解放」等の概念を根底から愚弄し嘲弄する、そうした言辞を振りかざす者が、辞任することも罷免されることもなく、依然、同じ「副総理」(財務大臣・金融担当大臣兼務)として、いまだ政権の枢要に留まっている、この国。差別があまりにも安易に看過されている、歴史修正主義が公然と罷《まか》り通っている――この国。

かかる、論理的にも倫理的にも破綻し切った政府の最高責任者らが、いま「(改憲の)条件が整ってきた中で」「どういう条項で国民投票にかけるか、発議するかという最後の過程にある」(時事通信/二〇一五年二月二〇日)とうそぶく。

むろん私は、憲法変更の「条件が整ってきた」などとは、まったく認識していない。現段階では、それは政府とそれに追随するマスメディアの印象操作・輿論《よろん》操作であると考える。

ただし同時に、そうした操作を拱手傍観していては、たちまち自他がともに押し流され、それら虚構が、次には〝既成事実〟として、気がつけば私たちがそこに閉じ込められている……という状況が、いとも容易に現出するとも、私は危惧している。現に同様の展開は、すでにあちこちにその萌芽が点在する。

いかにも、それに気づき闘っている人びとのことを私は知っている。そしてさらに多くの人びとが、少なくともかなりの程度まで覚醒し、現在の危機的状況に気づいていることも。

だが気づいているだけでは、もはや到底、間に合わないのだ。

覚醒し、気づいている人びとは、いまだ気づいていない人びとを一人でも多く、ともに抵抗する仲間に迎える努力を尽くさなければ。

事は明らかに、一刻一秒を争う。

私たちが、この世界の価値と考えてきたものの一切を愚弄し、握り潰そうとする——そんな独裁に、かけがえのない、大切なすべてを奪われ、破滅へと追いやられる前に。

〔初出／山口泉ブログ『精神の戒厳令下に』——二〇一五年〇二月二一日 〇〇時五六分〕

二〇一五年二月二二日、辺野古で起こったことの意味
――「二重植民地支配」のなかでの四つの示唆

二月二二日午前、辺野古「キャンプ・シュワブ」ゲート前で、突然、基地警備隊（日本政府が雇用）に拘束された沖縄平和運動センター議長・山城博治《ひろじ》さんと谷本大岳《だいがく》さんとが、三五時間ぶりに釈放された。報道される両氏の意気軒高な様子に安堵するとともに、沖縄県警も居合わせるなか、明らかに不当の批判を免れ得ない拘束、そしてその後、名護警察署に移送されてからの逮捕という異常事態に、強く抗議する。

折りしも、同ゲート前で大規模な「県民集会」が開催される、その当日、基地警備隊・米軍・沖縄県警という三者が、少なくとも結果的に連携し、「辺野古埋め立て・新基地建設反対」の市民の声に圧力を加えようという意図は、あまりにも露骨だ。解放された際のお二人と、それを迎える支援者の映像に接すると、たとえば韓国の軍事独裁政権に対する抵抗にも似た――そして何より第二次大戦後の沖縄で基地反対の闘いを貫いた歴史的人格、瀬長亀次郎や阿波根昌鴻《あはごんしょうこう》、安里清信《あさとせいしん》らと彼らを支えた沖縄民衆に直結する「連帯」の形が、いま辺野古の地から、今回の弾圧を経て、さらに新たな地平を切り開こうとしていることを、深い畏敬と共に予感する。

二二日当日、私は早朝、人を那覇空港まで送り、所用を済ませた八時過ぎ、コザ方面に戻ろうとして、モバイル電話に金城実さん〔註一〕からの留守番メッセージが入っていることに気づいた。

聴けば、読谷村在住の、畏敬するこの彫刻家は、知花昌一さんはじめ有志・協力者とともに、このかん準備してきた『金城実彫刻・辺野古展』の企画として急遽、最初の二点を、これから現地に搬入するらしい。一三時からのゲート前「県民集会」に合わせ、設置場所の最終検討と実際の設置作業との時間のかねあいで、一一時には現地到着の予定という。

私がコザに戻って、九時半。それからただちに沖縄自動車道を北上すれば、十分、間に合うだろう。

金城実さんは、単に沖縄のみならず、歴史的・社会的にも、そしてむろん美術史的にも、現代世界で最も重要な彫刻家と私が考える存在である。その彼の代表的な秀作群を「日替わり」で辺野古ゲート前に設置し、闘う人びとを鼓舞すると共に、現在の埋め立て・新基地建設反対の座り込みが沖縄の闘いの歴史の最先端にある意味を照射する、というこの企画については、私は遠からず「紙媒体」にも文章を発表する予定でいた。

もちろん「県民集会」への参加は当然として、『金城実彫刻・辺野古展』の記念すべき初日、作品搬入の場に立ち会わないという法はあるまい。幸い、早朝の用事に合わせ、ガソリンも十分に補給してあった。私はただちに出発を決意する。そして結果として、この日は夕方、東海岸・大浦湾に面した辺野古から、国道三三一号線で久志《くし》岳・辺野古岳の北麓を越え、西海岸・名護湾岸の名護警察署まで赴いたのを含めて、沖縄本島を一二〇キロメートル、往復縦断することとなった。

〔註一〕金城実……彫刻家。一九三九年、沖縄・浜比嘉島《はまひがじま》出身。代表作とされるものに〝一〇〇メートルレリーフ〟『戦争と人間』はじめ『チビチリガマ世代を結ぶ平和の像』『長崎平和の母子像』『残波大獅子』等があるが、小品の見事さも棄て難い。

それらは狭義の美術史的観点から見ても「世界最先端」の表現である（いわゆる美術館学芸員＝キュレーターのほとんどには、

それがまったく理解できていない)。そして私は、単に彫刻のみならず彫刻を含む彼の営為全体に、思想家・人間としての金城実の稀有の意味があると考えている。

予定より早く現地に到着。いつもの駐車スペースの隙間に車を入れているとき、早くも声をかけてくださったのは、昨年七月に私の講演会〔註二〕を主催していただいた際にお世話になった沖縄県高教組の皆さんだった。

それから、辺野古の地に赴けば必ず再会する旧友・旧知の皆さんと挨拶しているさなか、山城博治さんらを返せとしきりに呼びかけるシュプレヒコールが高まっている。これは従来の何かではない、直近に発生した事態らしいと感じながら、写真撮影とともに、主として タブレット端末とルーターを用いてのツイッター発信を始める。

ほどなく、沖縄ヘリ基地反対協議会共同代表・安次富浩《あしとみ》さんらの説明で、私はちょうど自分が那覇からコザへの復路を急いでいたその頃、辺野古ゲート前で起こった、本稿冒頭に記した事態の詳細を知った。

以後、金城実さんの初期の名作『漁夫マカリー』『鬼神《きじん》』二点の設置を含め、午前のゲート前から午後の「県民集会」へと続く展開のなかで、私が心に留めたいくつかについては、現地から写真とともに「ツイート」している。二氏の不当拘束に対し、午前中からゲート前での抗議に参加していた国会議員の一人、小池晃氏のアピールを紹介したものと合わせ、金城実さんが警官隊の前面まで赴いて突きつけた、まさにこの彫刻家ならではの言葉が、インターネット上でも少なからぬ共感を喚《よ》んだことは嬉しい。

「あんたがた警察は権力を持ってるだろうが、われわれ市民はプライドを持ってるぞ。プライドを傷つけられることは、許さんぞ――」〔註三〕

〔註二〕沖縄県高教組（沖縄県高等学校障害児学校教職員組合）主催／山口泉・講演『ポスト・フクシマの日本ファシズムと、新たな沖縄戦の危機』（二〇一四年七月二五日／沖縄県教育福祉会館大ホール）

〔註三〕ただし金城実さんは、その後で「ここいにる、若い連中をいじめてもしょうがない。わしが文句を言うのは、もっと上のやつらだ」ともつけ加えられていたが。

しかしその後、携行していたモバイル機器が、タブレットはなんとか持ち堪えたものの、接続用のルーター、また予備に使用していたスマートフォンとも、電源を切らし、途中から発信は断念した。とくに「県民集会」に関しては、反響を惹き起こした高校生・渡具知武龍《とぐちたけりゅう》さんのものをはじめ、「かりゆし」ＣＥＯ・平良朝敬《たいらちょうけい》氏や安次富浩さんのアピールで紹介したい部分があったが、これらは当日の有志によるインターネット中継、さらに翌日の『琉球新報』『沖縄タイムス』でも詳報されているので、とりあえず割愛する（また別の機会に、言及することはあるかもしれない）。

今回の突然の弾圧のただなか、二八〇〇名以上という参加者を得、いわば極めて魂の電立の高い緊張と昂揚とを維持したまま、辺野古の県民集会は終了した。それから、たくさんの友人知己らと前後して、私も山城博治さんたちが「移送」されたという西海岸側の名護警察署に向かう。

途中、車からの充電でなんとかスマートフォンのみ、短時間、電源を復旧させたが、諸般の事情で長時間、現地にとどまることは叶わず。

勾留されている二氏に接見された照屋寛徳《てるやかんとく》さん（このときは、衆議院議員というより弁護士として）からの説明をお聴きし、今後の展開に私なりの見通しを持って、この日は名護を後にしたのだった。

私見では、二〇一五年二月二二日、辺野古「キャンプ・シュワブ」ゲート前で起こった一連の出来事には、かつてない、極めて重大な意味がある。

私が、沖縄に対する日米「二重植民地」支配の構造の上で、これらが明らかにしたと考える問題は、以下の四点――。そして当然、これら四つの問題はすべて不可分の事柄であり、その示唆するところは密接に関連しよう。

〔一〕米軍基地警備隊・米軍・沖縄県警という三者が、少なくとも結果的に連携しての、今回の二氏への暴行・拘束・逮捕は、日本国とその国民とにおける、実は偽りにほかならなかった「戦後」という概念の欺瞞性を、最終的・集約的に露呈させた。日本国の最終支配者が誰であるか――。二〇一五年二月二二日の出来事は、それを明瞭に示している。

〔二〕米軍基地警備隊・米軍・沖縄県警という三者が結果的に連携しての、今回の二氏への暴行・拘束・逮捕は、日本国家（ヤマト）の沖縄（ウチナー）に対する、むろんこれまでも公然の事実だった圧制を、日本政府にさらに決定的に追認させ、再確認させ、日本政府を居直らせた。

東京電力・柏崎刈羽《かりわ》原発「再稼働」をめぐっての、泉田裕彦・新潟県知事に対する交渉や「説得」、あるいは九州電力・川内《せんだい》原発「再稼働」に際してのそれらと比較したとき、安倍政権の翁長雄志《おながたけし》・沖縄県知事に対する対応、さらに海上保安庁をはじめとする官憲による、辺野古埋め立て・新基地建設に抗議する市民・老若男女への暴圧は、もはや明らかにまったく次元を異にしている。
それはなぜか？　この差別を「植民地」という概念を媒介せずに把握することは、到底、不可能だ。

〔三〕今回、二月二二日になされた一連の弾圧は、すでに第二の「戦前」ですらない、もはや明白に新たな「戦中」へと踏み込んだ安倍晋三政権の「軍国主義ファシズム」〔註四〕の、今後に迫り来る国家弾圧の形を予感させる。いま辺野古で起こっていることは、遠からず日本国全体で、より大規模に、またいっそう隠微に惨たらしく起こりかねないのだ。

私がこれまで幾度となく引用してきたマルティン・ニーメラー Martin Niemöller の詩『最初に、ナチスが共産主義者たちを捕らえたとき』(Als die Nazis die Kommunisten holten,)〔註五〕を見よ。

〔四〕それら、かくも過酷な状況のただなか、三〇〇〇名になんなんとする参加者を得て成立した今回の辺野古「キャンプ・シュワブ」ゲート前「県民集会」は、その困難を極めた状況の隘路《あいろ》を切り開く、非暴力の「抵抗」と「連帯」の姿を示した。……そう言葉として括ってしまうと、それはあまりにも簡略に過ぎるが――しかしそうとしか表現しようがない。

〔註四〕日本国内閣総理大臣・安倍晋三自身が二〇一三年九月、広く「国際社会」に向けた言明で、そうした自己規定を否定していない。これはそれ自体、人類の精神史上、二一世紀の世界における一国の為政者としての根本的な欠格事項であるが、しかも「制度圏」の反動メディアや〝御用〟言論人らは、なんら、この重大事を問題としていない。

〔註五〕当ブログ『〝彼らが最初、大阪市職員たちを攻撃したとき……〟』(二〇一一年一一月二九日)参照。なお、この稿は大幅に加筆し、【補説ノート】を付した上で、小著『原子野のバッハ』(二〇一二年／勉誠出版刊)の第一五五章を構成している。

人はしばしば、日本の「国土面積」のわずか〇・六％の地に、七四％の米軍基地が集中しているという事実の〝不均等〟「不衡正」を語る。

だが実はそれとともに、日本の小さな一県——本来は、自主独立の文化と歴史を持っていた海洋国家であった、まったく別の邦《くに》に、幾度にもわたって「琉球処分」を繰り返し「植民地」支配してきた、そこ——に、かくも末期的な危機に瀕した日本国家の偽りの「戦後」と偽りの「民主主義」の破綻した果ての、その〝救い〟と〝希望〟の可能性をまでも、なお託し、そこに縋《すが》ろうとする、そのヤマトンチュの没主体的・従属的・受動的な依存性もまた、同様に問われるべきなのだ。

この問題は当然、より全体的な構図のなかで、自他へのさまざまな検証を必要とする。そしてそうした作業には終始、私自身への自戒が伴わなければならないだろう。

だが、いまは時間がない。関連する多くの草稿は、相当数に上る写真とともに、順次、アップロードしてゆきたい。

きょうはこれから、私はまた辺野古へと向かう。このかんずっと、彼地《かのち》に強い思いを寄せつづけながら、よんどころない事情でそこに赴くことを果たせずに来た人を伴って。

〔初出／山口泉ブログ『精神の戒厳令下に』——二〇一五年〇二月二五日 一四時〇四分〕

＊本篇に関しては、巻末の『収録作中、一一篇に関する簡略な補説風の自註』も参照。

▲「あんたがたは権力を持ってるだろうが、われわれはプライドを持ってるぞ。プライドを傷つけられることは、許さんぞ」と機動隊に迫る、彫刻家・金城実さん。（2015 年 2 月 22 日、辺野古にて）

辺野古の弁証法
――理念と現実とを架橋する抵抗の形について

二〇一五年二月末日、朝。沖縄市――。

降りみ降らずみする小雨の合間、「コザ」という呼称が包括する地域の一隅に、文字通り体軀を横たえながら、とりあえずの走り書きとしてだけも記録しておくべき若干の事柄を綴る、ただそれだけの作業のための時間を、なお確保しあぐねている。……こうしているさなかにも辺野古現地に新たに大きな動きがあるかもしれないという危惧を、いまも確実にあの場に立っている幾人かの友や知己の姿と、併せて思いながら。

このブログ『精神の戒厳令下に』の前便『夜の言葉』第九葉『二〇一五年二月二二日、辺野古で起こったことの意味――「二重植民地支配」のなかでの四つの示唆』に綴った「キャンプ・シュワブ」ゲート前「県民集会」に合わせての現地訪問は、表題のとおり二二日（日曜日）だった。

この問題についての管見は、同記事に一部を記したが、当日、現地に到着してから知った沖縄平和運動センター議長・山城博治さんと支援者・谷本大岳さんへの、結果として基地警備隊（日本政府雇用）・米軍・沖縄県警が連携しての暴行・不当拘束・不当逮捕・不当拘留をめぐる当時の現地の状況の一端については、私の「ツイッター」でも発信している。

今週はその後、二回――二五日（水曜日）と二六日（木曜日）とに、続けて辺野古へ赴いた。両日とも記すべきことは少なからずあるが、今回は先に後者についてまとめておく。

この二月二六日、一六時前に私が到着したとき、辺野古「キャンプ・シュワブ」ゲート前は、前夜遅く、沖縄総合事務局北部国道事務所により、対向車線側の緑地帯に突如、柵が設置され、その後、市民側の条理を調《ととの》えた抗議によって撤去されたという経緯もあり、極めて緊張した状況にあった。そしてその緊張は、後述するとおり、それから数時間にわたって、さらに高まることとなる。

なお、この二六日に関しても私は、現地からは写真を含めツイッターでも最小限の発信をしている。これらについては、前記ブログにアクセスして御覧いただきたい。

もともとこの日が、辺野古の米軍「キャンプ・シュワブ」ゲート前で抗議する人びとが設置したテントに対し、一九日に沖縄総合事務局北部国道事務所や沖縄防衛局から通達されていた「撤去」期限であったことから、私としては当日はなんとしても現地に立つつもりではいたのだったが……。

付言するなら、二月一九日に為されていたこの「撤去」要求に関して、実は二五日、ほかでもない官房長官・菅義偉《すがよしひで》——すなわち日本政府——が直接、国土交通省や沖縄総合事務局の幹部を首相官邸へ呼びつけ、改めて実施を指示されていたことが、その後ただちに明らかとなった。

ちなみに翌二六日の記者会見で、この官房長官・菅義偉が、県による名護市辺野古の「キャンプ・シュワブ」沿岸海域での調査開始に関し「一方的に、知事が代わったからということで現状調査を開始したことは極めて遺憾だ」という言葉〔註二〕は、前日の指示と相まって、昨年末来、翁長雄志・沖縄県知事との会見を拒否しつづけてきた日本政府中枢が、会見拒否どころか、いまや直接的に沖縄弾圧の主体としてその権力を公然と行使していることを示している。

〔註一〕『沖縄タイムス』電子版（二〇一五年二月二七日 〇六時五一分）

くだんの記事では菅義偉の発言における「一方的に」なる文節の修飾関係が極めて曖昧だが、普通に考えるなら、いくら非道かつ思考回路の破綻した日本政府といえども「知事が代わった」ことを「一方的」だと言っているのでは――まさかあるまい。

そうではなくて、「知事が代わった」からということで「一方的に」「現状調査を開始したことは極めて遺憾だ」と、菅は言っているのだと、とりあえずは推測しておく。

だが、そうだとして、いずれにせよ、何が「一方的」か？

前述のとおり、このかん再三、翁長雄志・新沖縄県知事が会見を要請しても、ゴルフ（……！）だの、アイドル〝コンサート〟だのへは、のこのこと、もしくはいそいそと出かけながら――ほかでもない沖縄県知事との会見だけは終始、拒否しつづけた内閣総理大臣・安倍晋三をはじめ、現日本政府には、沖縄県の調査を「一方的」などと攻撃する正当性は、毫《ごう》もあるまい。

――そして私は、菅義偉の発言の真意は、実は前者なのではないかとすら、少なからず疑っている。史上類例を見ない、かくも低劣、かくも没論理的・反知性的な内閣・閣僚にあっては、昨年一一月の県知事選の結果――そこで示された沖縄の民意それ自体をも、ひょっとしたら「一方的」と詰《なじ》りかねないのではないか、と。

二〇一五年二月二六日一五時五〇分過ぎ。

私が到着したとき、辺野古「キャンプ・シュワブ」ゲート前には、ちょうど沖縄総合事務局北部国道事務所関係者多数が現場を訪れており、抗議の市民らに対し、テントの「即時撤去」を「指導」して騒然としているさなかだった。

その後、国道事務所関係者らが「テント等設置禁止」の看板一〇枚ほど〔註二〕を存置する前後、市民側はこうした事態を受けて、この日朝から「キャンプ・シュワブ」反対側の草地に新たに設営した一張りのテント前で、緊急の小集会を持つ形となった。——私が実質的に参加したのは、その冒頭、参加者が肩を組んでの合唱に移ってからである。

私は偶然、隣り合った旧知の写真家の小橋川《こばしがわ》共男さんと肩を組み、眼前の山城博治さんのリードで『We shall overcome』を合唱した。つい三日前に、日本政府雇用の基地警備隊・米軍・沖縄県警が連携しての三七時間におよぶ不当勾留から解放されたばかりの沖縄平和運動センター議長の歌声が、常と変わらず人びとのあいだを流れる。

その一方、前前日の二月二四日、那覇地裁での第二次「泡瀬干潟埋め立て反対訴訟」に関し、県と市を相手取った原告側住民の「公金差し止め請求」が却下されるという「敗訴」判決があり〔註三〕、翌二五日の新聞で私は、泡瀬干潟の保護に厖大なエネルギーを注いできた同地の〝博物館カフェ〟ウミエラ館・館長の屋良朝敏《あさとし》さんとともに、「不当判決」と大書された布を拡げ、悲痛な表情で憤怒の拳を突き上げる小橋川さんの写真を見たばかりだった。

泡瀬干潟では大潮の干潮時、私も何度か、屋良さんや小橋川さんの案内で沖合二キロメートルほどまでを歩き、サンゴ亜綱の可憐な刺胞動物ウミエラや夜光虫にも、直接、触れることができた。

この世界的にも稀有な〝生物多様性の宝庫〟の、清冽にして豊麗な光景を記録しつづける写真家・小橋川共男さんの、不撓不屈の姿勢にも打たれる。

〔註二〕ただしその時点では、私が撮影した写真にも記録されているとおり、当該の看板には〝設置主体〟がまったく記されていなかった。国道事務所側が、追加の「掲示」をそこに貼付したのは、宵を過ぎ、夜半に入ってからのことである。

〔註三〕それにしても、泡瀬が切り棄てられて顧みられないとしたら……そうした政治システムにおいて、辺野古が真に守られる、、、、、ということがあり得るだろうか？　――これは、私のなかに蟠《わだかま》る根底的な疑念の一つではある。そのこともまた、記しておかぬ訳にはいかない。

集会は、それからただちに山城博治・沖縄平和運動センター議長による現状報告に移った。

その内容については当日の現地からの「ツイート」にも記したが、もともと国道事務所側との折衝を経て、相手側の意向をも尊重し、同日朝からは既存のゲート前テントを一部解体、国道三二九号線を隔てた反対側の草地に新たに小規模のテントが設営されていた。そこにゲート前テントから、座り込みの生活必需品、備蓄された支援物資等を移動することで、当面の事態の妥結を図ろうというのが山城博治さんらの意向だったとされる。

にもかかわらず、沖縄総合事務局北部国道事務所は「本日中の全テント撤去」の要求からまったく譲歩する姿勢を見せない。さらに、山城さんによれば、朝のＮＨＫ情報では、辺野古沖合に現われたスパッド台船に埋め立て資材そのものが積載されていたという。

「辺野古埋め立て・新基地建設」反対の民意を受けて選出された翁長雄志・新知事が「慎重に気を遣って事を進めてきたのに」（山城さん）、信義をも情理をも踏み躙り、市民側のそうした思いを平然と侮辱する国・国道事務所側の高圧的な対応に、山城さんはじめ市民の憤激は当然、強まった。「交渉決裂」の深刻な認識と共に「こうなったら最後の闘いをするしかない」「テントも補強し、今後に備えよう」との方針が確認される。

「テントのなかには、全国から寄せられた支援物資もある。それを守るためにも、もう、これ以上の譲歩はできない」

——そう訴える山城博治さんの切切たる言葉は、ひときわ強く響いた。

ただちに役割分担が指示され、いったん自主撤収したそれらをも含むテントの再構築・増設・補強や、防衛用の柵の設営作業が始まる。「PRESS」の腕章を付けて居合わせた「報道陣」のあいだにも、これまでにない緊迫した空気が漲《みなぎ》った。

……というそれは、むろんあくまで私の「主観的」な受け止め方だ。ただ二月二二日、山城博治さんと谷本大岳さんとが基地警備隊（日本政府雇用）・米軍・沖縄県警の事実上の連携により暴行・不当拘束された後のこの場所ですら、これは感じなかった気分ではあった。

そこからの数十分ほどは、以後の展開のまったく見えない、この日、最も緊迫した重苦しい時間となった。

途中、辺野古の浜の方の状況を確認したかったこともあり、席に余裕のあった「トイレ送迎車」に乗せていただいて漁港近く「テント村」方面へも赴く。その帰路、ゲートの数百メートル手前の国道三二九号線沿い、座り込みテントと目睫《もくしょう》の間《かん》に、国道事務所側業者のそれとおぼしい、さらなる作業用資材を満載した車輌三台が待機しているのを、同乗の女性たちが見つけた。

「みんなに知らせなくちゃ！」

車を降りるや否や、テントに向かって一散に駆け出してゆく彼女たちを、私も追う。

ちょうどそのとき、再び沖縄総合事務局北部国道事務所の副所長・O氏が、白ヘルメットをかぶった多数の作業員とともに現われたのだった。今回は、さきほど少なくとも私は確認しきれなかった別の人物――セルリアンブルーの作業用ブルゾンの背に「内閣府/沖縄総合事務局」と麗麗しくプリントされた男性も一緒だ。

そして、市民側は山城博治さんが中心となってのここからの折衝は、思いがけない推移をたどることになる。

報道によれば、このときの状況は以下のとおり。

《大城純一副所長は「自主的な撤去を再三指導しており、引き続き求めていく」と説明した。指導の次の段階に当たる監督処分(除却命令)については「場合によってはある」との認識を示した。また「看板の設置状況を確認する」などとして国道事務所は同日夜から、職員によるテント前の15分ごとの巡回を開始した。》(『琉球新報』電子版/二〇一五年二月二七日)

なるほど、これはたしかに、そのとおりだったのだろう。

ただ、現場に居合わせた私の受けた印象には、さらに別の要素も加わる。

このかん再再、行なわれてきたことだが、国—沖縄総合事務局にせよ、ないしは米軍基地警備隊・米軍・首相官邸・沖縄県警にせよ、辺野古で起こっている重大な事態――端的には抗議の声を上げる市民への弾圧や妨害に際して、しかもその指揮・命令系統や責任主体があまりにも曖昧なことが多い。

この日の「テント等設置禁止」の看板など、まさにその――具現化されたオブジェとも言うべき――最たるものだ。現実に行なわれる禍《まが》まがしい圧制、時として物理的な暴力をも伴うそれが、結局その命令主体が隠されたまま為され、そして最後まで、責任の所在が不明のまま完遂されてしまうという事例が枚挙にいとまがないのだ。

そしてこうした、まさしく丸山真男の言う「無責任の体系」（『現代政治の思想と行動』一九四六年）を髣髴《ほうふつ》させるこのシステムを検証し、その矛盾や破綻を衝《つ》いてゆくことこそが、沖縄平和運動センター議長・山城博治さんや、沖縄ヘリ基地反対協議会共同代表・安次富浩さんはじめ、辺野古現地で抵抗を貫く人びとの基本的な方法となっている。――そのことを、私はこのかんの何度かの経験を通じ、理解し始めていた。

これが最後の闘いだと、しばしば悽愴な悲壮感に満ちた言挙げは、なされる。だがそれでも、実は決していっときの激情に任せ、その場ですべてのエネルギーを使い果たしてしまうわけではない。

また一方、一見、〝思いがけない譲歩〟や〝過剰な妥協〟を行ない、国家権力（まさしく！）に屈し従ってしまうかにも見えながら……いざ事が終わってみるときちんと、当初、目論まれていた〝獲得目標〟か、もしくはその〝獲得目標〟をもさらに上回る成果が、こちらにちゃんと残されている――。

そうした「理念」と「現実」とを架橋する、粘り強い〝抵抗の弁証法〟ともいうべきものが、この辺野古「キャンプ・シュワブ」ゲート前の座り込みの闘いの指導者たち、そして参加者の皆さんのあいだには、着実に培われている。事実、このとき、これで二三五日間にわたり続けられてきた座り込みも、ついに終わりか……との危機感があふれた現場で、結局、沖縄総合事務局北部国道事務所の副所長・O氏や「内閣府／沖縄総合事務局」の作業用ブルゾンを着た男性、そして数十名に上る白ヘルメットの作業員らは、いったんは降ろした大量の資材をどうすることもできず、再びそそくさと車輌に積み直し、その場を立ち去ったのだった。

O氏は、抗議する市民から求められ、八つに折り畳まれた、くしゃくしゃのA４用紙を示した。上半分ほどに〝座り込みに関する要請〟とおぼしきものが四項目にわたってボールペンで手書きされた書面である。

表題もなければ、何より、書き手の名前も役職もない。前述の「テント等設置禁止」の看板と同様のこの書面は、たちまちそれを囲んだ市民らのスマートフォンやタブレット型コンピュータの内蔵カメラのシャッター音を雨あられと浴びせられた。

いかにも急造といった感の漂うその文書の不備は、当然ながら人びとの不審と、それ以上に失笑を買った。しかしながら、その失笑が、必ずしもO氏らに対する悪意のこもったものでもなかったことは特徴的だった。

強いて言うなら、役職上、日本政府に強いられ、このような痛いたしい文書を指し示さなければならない彼らに対する、ある種の同情や憐憫すら、そこには伴っていたと要約しても良い。すなわち、辺野古「キャンプ・シュワブ」ゲート前の座り込みの市民たちは、論理的にも倫理的にも、日本国家に勝利しつづけているのだ。

困難を極める抵抗闘争の現場指導者としての、沖縄平和運動センター議長・山城博治さんを見ていて、強く感ずることが二つある。

第一は、山城さんが、真に憤っていること。日米両政府をはじめ、沖縄にかくも理不尽な圧制をつづけるすべての構造悪に対し、「ポーズ」ではなく心底からの怒りを滾《たぎ》らせつづけていることだ。

そして第二は、山城さんが決して諦めないことだ。いかに絶望的とも思われる、可能性の乏しいかに見える局面にあっても、絶対に諦めることなく硬軟融通無碍《むげ》の対応を、そのつど何重もの論理と感情の階層（フレア）の下に周到に準備していることである。

――前述したとおり、一見、やや過剰な譲歩であるかに（一瞬は）見えるかという対応が、その後に必ず十二分な成果をこちらのものとしている。その経緯は、こうした姿勢とも明らかに無関係ではあるまい。

以後の展開はツイッターにも記した。とりわけ私の眼前で、山城さんが発した次の言葉を、そのままリアルタイムで発信した写真付き「ツイート」は、少なからぬ方がたが御覧になっている。

《山城博治さん。「油断はできないが、とりあえず現時点では国道事務所も警察も押し返した。われわれは、あと一週間、県の調査結果が出るまで頑張ろう。そして知事がこの工事を違法だと言えば、そのとき一気に、相手側とこちらの立場は逆転する」（大意）》

また、安保廃棄・くらしと民主主義を守る沖縄県統一行動連絡会議・代表幹事、中村司《まもる》さんの「沖縄の主人公は、本来われわれ県民だ。にもかかわらず、北海道・沖縄開発庁を前身とする沖縄総合事務局が現在、行なっていることは〝沖縄振興〟どころではない――まさにその反対で、われわれ県民を弾圧するものではないか」〔註四〕という指摘も、現在、展開されている事態の本質を射ぬいていよう。

〔註四〕ただし中村司さんは、その後、辺野古現地を管理する北部国道事務所の対応は大幅に緩和されたとの認識を表明されている（二〇一五年一〇月）。それは、何より新基地建設反対を訴えつづける市民の粘り強い抵抗の成果の一つだろう。また国道事務所側も、現場関係者はさまざまな心労があるはずだとの推測も、中村さんは私に示唆された。改めて、日夜、辺野古現地での反対運動を担う方がたに敬意を覚えるとともに、こうして縦横に沖縄を分断しようとする日本政府の非人間的な強権性に憤りを感ずる。

すでに宵闇に包まれたゲート前で、残った人びとがこのかん辺野古の闘いを支えてきた歌の数かずを合唱し、その後は新設されたテントでの心尽くしの夕餉となった。

私は、すこぶる美味な眼仁奈《めじな》の切り身のふんだんに入った魚汁をいただきながら、夕刻から気にかかっていた人物が、やはり一五年ぶりの旧知であったことを確認したりもする。しきりと配られていた「引っ越し蕎麦」は、おそらく「キャンプ・シュワブ」側から反対側の草地へとテントが〝移転〟したことにちなんでの献立だったのだろう。

当初の心積もりより遅くテントを出ると、冷え込みの深まる夜気のなか、くだんの「テント等設置禁止」の看板（この時点ではなお、設置者の名前は表示されていない）のすべてに、どなたかによる機知に富んだ、それ自体がある種の「作品」とも言うべき批評的アプローチが為されていた。

翌日の『琉球新報』にも一点、さりげなくこの「改作」看板の写真が出ていたが、私も何作かを撮影した写真から、一葉を掲げておく。

「あと一週間、県の調査結果が出るまで頑張ろう」——この言葉が、いま辺野古の闘いを担う人びとの思いを語り尽くしている。

こう、山城博治さんが声を振り絞るように、一同を鼓舞してから、すでに五日が経過した。寒風にさらされ、雨に打たれ、迫り来る機動隊や米軍の威嚇に耐えながら、人びとが抵抗を続けている。

「あと一週間」「県の調査結果が出るまで頑張ろう」

この痛切にして、しかも戦略的方法として考え抜かれ、計算し尽くされた言葉が、誰に向けて発されているか。それは明らかだろう。

その「一週間」が、あと二日となった。

「辺野古埋め立て・新基地建設」阻止を直接的には最大の公約として立候補し、圧倒的支持を受けて当選した沖縄県知事・翁長雄志さん――。

あなたが、この思いに――言葉に、応えるべき時だ。

〔初出／山口泉ブログ『精神の戒厳令下に』――二〇一五年〇三月〇三日 二二時一〇分〕

■以下二ページの写真はすべて、二〇一五年二月二六日、辺野古「キャンプ・シュワブ」ゲート前にて撮影。

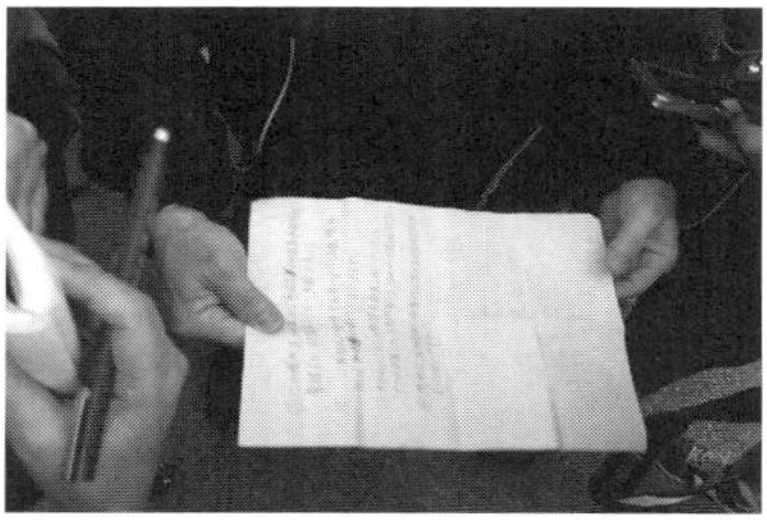

日米の占領軍へ
琉球の人権 土地 自治を返せ

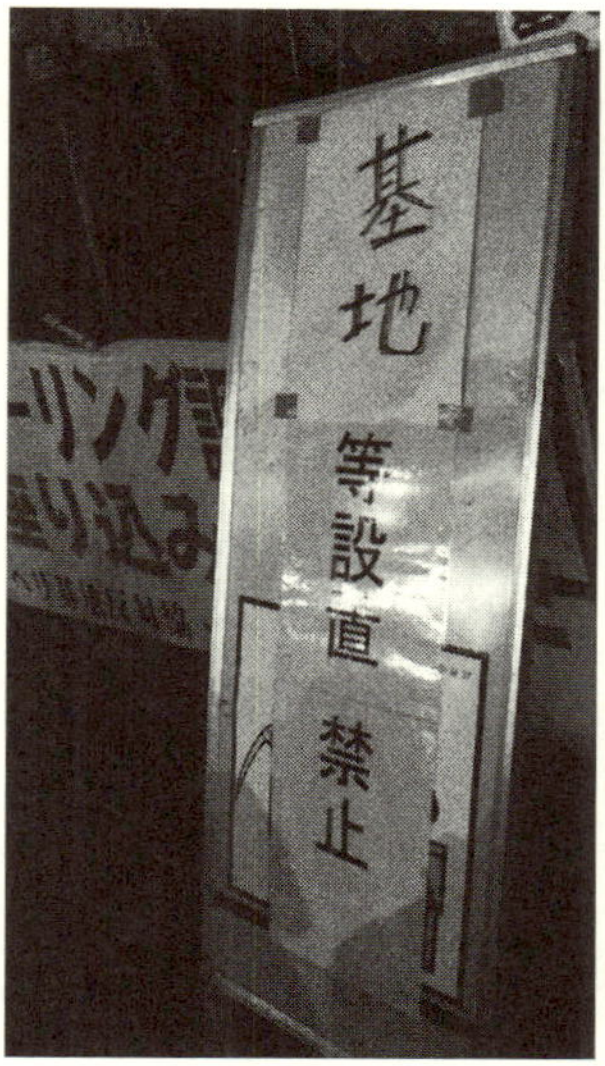

■演説する、安保廃棄・くらしと民主主義を守る沖縄県統一行動連絡会議・代表幹事、中村司さん（左）と、沖縄平和運動センター議長・山城博治さん（下）。

「開戦」の不吉な予兆に満ちて
――「狂った国」の五度目の三月一一日に

以下は、〝「戦後」日本〟における象徴天皇制と、安倍晋三の独裁との関連をめぐっての考察である。

二〇一五年三月一一日。「あの日」から四年を閲《けみ》した、すなわち「五度目」の「3・11」に、私が最も強く心を揺さぶられた〝ニュース〟は、〝公共放送〟NHKのそれを筆頭にいよいよ欺瞞に満ちた「復興」キャンペーン――もはや回復不可能な絶望的現実を隠蔽し、安倍晋三ファシスト軍国主義政権の走狗に徹しきった国内メディアのプロパガンダの類ではなく、以下の外信（AFP）だった。

東日本大震災から四年、子どもたちがたこ揚げで追悼 ガザ地区
http://www.afpbb.com/articles/-/3042002

記事によれば、《このイベントは国連パレスチナ難民救済事業機関（UNRWA）が主催したもので、日本の支援によりハンユニスで進められている住宅建設プロジェクト実施エリアのそばで行われた。》とのこと。なるほど、それなら「私♥日本」の漢字のボードや鉢巻などまでが手回し良く用意され、使用されていることも説明がつく。そして、だとすれば、この風景そのものにも、別の意味で、ある微妙な「痛ましさ」が伴ってくることは否定できない。

だが、それはそれとして、いま――二〇一五年三月一〇日という日に、ガザの難民キャンプで、日本との連帯を表明し「私♥日本」の文言を掲げ、さまざまな凧を揚げるパレスチナの子どもたち。その、私たちの国に対する一定の好意と共感もまた、疑いあるまい。そして、それらすべての経緯を思うとき、前述の〝微妙な痛ましさ〟は、私たち日本人において、より直接の「自責」の念へとも、また向かわざるを得ない。

最悪のファシスト軍国主義者（――と呼ばれて構わぬと、自らが二〇一三年九月、ニューヨークに於いて、国際社会へ向け平然と公言した）内閣総理大臣・安倍晋三が、本年一月一八日、こともあろうにエルサレムで、米国共和党の領袖・マケイン策動のもと、イスラエル首相ネタニヤフと、無恥と無能と不見識をさらけだした〝交歓〟をして見せた。国際社会に対し、真に恥ずべき醜悪な光景である。そして、「戦後」の国是の一つたる「武器輸出三原則」を嬉嬉として擲《なげう》って、イスラエルへの武器輸出を断行する、この愚かな国……。

すなわち、自分たちに向けられる武器を「輸出」し、無限に拡大する「集団的自衛権」を根拠に派兵すらしてきかねない、この度し難い国・日本に――なお心を寄せ、かのパレスチナの子どもたちは凧を揚げているのだ。「合わせる顔がない」とは、まさしくこうしたことをいう。

そしていまや、真に恐るべきことには――かかるファシスト軍国主義攻権に掣肘《せいちゅう》を加えるものが、少なくともこの国からは事実上、なくなろうとしている事実である。「戦後が終わった」のでもなければ「新たな戦前」が待ち受けているのでもない、すでにこの国は、明白な「戦中」――戦時状態へと突入しているのだ。その初期段階としては、当初から繰り返し述べてきているとおり、二〇一一年三月一一日、東京電力・福島第一原発事故が発生したにもかかわらず〝公共放送〟ＮＨＫをはじめとした徹底した情報統制を布《し》き――そして米軍にのみ、SPEEDI（緊急時迅速放射能影響予測ネットワークシステム）のデータを提供し――民をあたら被曝させた菅直人・民主党政権の時期から。

さらにいま、そのより深刻化した形態として、同事故のもたらしている惨害の実情の隠蔽をはじめ、原発再稼働を謀《はか》り、憲法九条が存在しているにもかかわらず、国会承認もないまま、〝外遊〟先の中東で独断で「対テロ戦争」への参加を表明、事態を不可逆的に深刻化させた現内閣総理大臣・安倍晋三の振る舞いがある。しかもその責任を糾《ただ》すべき国会は、この最も重大な経緯をとうてい追及しきれず（本質的に、それをしようという意思もなく？）、結果としてすべてをあっさりと看過し、事実上、翼賛的に追認するものとなった。この重大な問題における安倍の責任を、かなりの程度まで闡明《せんめい》しようと力を尽くした、山本太郎・参議院議員ただ一人を除いて。

もとより大半が腐蝕しきった既存の「制度圏」メディアが、こうした政府の宣伝・広報機関に堕していることは言を俟《ま》たない。いまや、ほぼすべての権力が、現内閣総理大臣・安倍晋三に集中し、それを押しとどめるものが何もないのだ。

だが権力は、その成立が形式上、よしんば「適法」であったとしたところで、それは当然、当該権力がそれ以後も、憲法をはじめ、諸法規を遵守していることを無条件で担保するはずもない。そして、現実にそれが運用されてゆく過程で恣意的な拡大解釈や〝弾力的〟運用がとめどなく繰り返されるなら、当該権力は必然的・加速度的に当初の拘束を逸脱し、極めて高い確率でファシズムに陥るだろう。〝ナチズムはヴァイマール憲法から生まれた〟との歴史諸家の洞察を引くまでもなく。

問題は小選挙区制その他、この国の欺瞞に充ち満ちた政治制度にも、当然、一定程度は由来しよう。だが、何より「景気回復」「経済対策」を公約として行なわれたはずの二〇一四年の総選挙が、終わってみれば安倍晋三の軍国主義ファシズムを是認したかのごとき、「改憲」に向け驀進する政権の正体を現わすことそれ自体が、由由しき「違約」にこそほかならない。そもそも、この政権が折りに触れ、標榜してみせる「最重要課題」なるものそれ自体が、恣意的で機会主義的、曖昧である。

本年三月一一日には、安倍は政権の最重要課題が「震災復興」であるとうそぶいた。当人がもとより露ほどもそんなことを考えていない事実は、「東京五輪」招致時のペテンに満ちた発言にも尽くされているが、また今般、言うに事欠いて「復興の起爆剤」（！）などという、怖気《おぞけ》を覚えるほどに不適切で粗雑な言辞とともに鳴り物入りで断行された常磐自動車道〝開通〟の日、その路肩に設置された電光掲示板の示す空間線量が「5μSv／h」を表示するという、悪夢のごとき、おぞましい戯画のごとき常軌を逸した光景が、しかも公然と「報道」されるという人命を愚弄しきった現実にも端的に看て取られよう。

参考までに記せば、チェルノブイリ原子力発電所事故後の「避難勧告基準放射線値」である「年間五ミリSv」は、換算すれば「一・一七μSv／h」、今回〝開通〟なった常磐自動車道は、その五倍である。もっとも福島の放射線量は年間「二〇ミリSv」――チェルノブイリ避難基準の四倍であり、そして東京電力・福島第一原発事故後、一気に引き上げられた、食品（！）の放射線基準値は「一〇〇ベクレル／kg」、事故前だったら「放射性廃棄物」としてドラム缶に密閉し、地中深く埋められていた濃度である。この、狂った国。

これら、およそ政治家としての資質の根底が破綻した、言葉に関しての非論理・没倫理・没人格の惨状は、安倍晋三をめぐる一切の事象について、厳密な理性的考察を試みる意欲そのものを、人に沮喪《そそう》させるようだ。だが、それこそがまた、実は安倍らの思惑でもあるのだろう。そう考えるとき、厚顔な愚者の中途半端な企みを無限に忖度《そんたく》し、さまざまな「類推」を重ねるという、一見、不毛とも思われる努力をも、私たちはなお最後まで手放してはならないのだとも、改めて感ずる。

とりわけ昨年七月の「集団的自衛権」なるものの〝閣議決定〟以来、『日本国憲法』前文および九条は、事実上、その機能を停止している。そして、こうした常軌を逸した状態が、国会も、現時点に至るまで最高裁判所も、現実に制止できない状態で、続行・深化している。

なぜ、その明明白白たる事実を、人は認めようとしない？

政府が、憲法を停止させている——それは事実上の戒厳状態（の一つ）ではないのか？

かつて羽仁五郎は、第九六条に『日本国憲法』改悪阻止の〝安全装置〟を託した。その、現行憲法成立時の日本最高水準の知性すらも、くだんの九六条が機能する、そのはるか手前で、白昼堂堂と政権によって行なわれる憲法機能停止が、メディアと大衆社会の分厚い「沈黙」により、公然と追認される……この悪夢のごとき光景だけは、想像が及ばなかったに違いない。

現・安倍晋三内閣は、明らかに「開戦」を視野に入れたそれである。そして、そのことがこの政権における、「戦後」類例を見ない、空前の極めて高い危険性を成している。

忌憚なく言うなら、相手が誰であれ、場所がどこであれ、なんら構わない——。ともかく現行『日本国憲法』を踏み躙り、戦争に突入すること。その一点のみが、ア・プリオリに、一義的に自己目的化した政権としての相貌を、安倍晋三のそれは露わにしつつある。集団的自衛権の容認とは——自衛隊「海外派兵」恒久化とは、「周辺事態」の拡大解釈とは、そしてアメリカの先制攻撃への追随とは、すべてそうしたことではないのか？

私は想起する。戦前の「統帥権」の存在下、陸軍大臣・参謀総長を兼務するという極めて変則的なしかたで、自らへの権力集中を企図した、日米「開戦」時の内閣総理大臣・東條英機すら、それをおそらくは渇仰しながら果たし得なかった――。明らかに次元を異にする権力の一極集中フリーハンドを、逆に「象徴天皇制」の『日本国憲法』下、それをまさしく逆手にとり、いまや悪夢のごとき傍若無人ぶりを以て掌中に収めきろうとしつつあるのが、現内閣総理大臣・安倍晋三である。

それは、少なくともこの国の近代立憲制にかつて類例を見ない――あえて言うなら――〝近代西欧型〟の独裁であり、その手法は現副総理・麻生太郎が二〇一三年七月、恥知らずにも公然と揚言した、まさにその通り、「ナチスの手口」に酷似している。そして、にもかかわらず政府閣僚・自民党議員らのいかなる暴言・妄言もその責任を問われることのないまま、すべてはことごとく看過され、野党議員をはじめとする「日本国民」の異様な沈黙のうちに、最終の破滅は刻刻と近づいている……。

付言するなら、「国民主権」と「象徴天皇制」という、実は明白な矛盾を含んだ現『日本国憲法』の、ある意味で曖昧な間隙を衝《つ》いて、いまや無人の野を行くがごとき安倍晋三の独裁は、ほかでもない『日本国憲法』の「国民主権」的側面が遠望したはずの真の民主主義を、おそらくはついに築き得ずにきた――この国の「戦後」の惨めさを、集約的に表徴している。

むろん、たとえば前述の東條の権限をも本質的に凌駕した、権力としての次元を異にする絶対的天皇制が、それでは軍国主義ファシズムにおいていかなる役割を果たしたかは（ほとんど主客が顛倒するほどの）別の問題であり、その実相は歴史が示しているとおりである。

だが今回、私が指摘しているのは、まず何より現在の安倍晋三政権の性格が、それら戦前の内閣と天皇の権限を明らかに合一化したものとなりつつあり、しかもこのかんの展開に示されるとおり、一方で自ら、軍（と敢えて言う）に対する「文官統制」「文民統治」を限りなく無力化させつつ、また己の側に追従するマス・メディアにおいて為さしめている、天皇・皇后・皇太子ら「皇族」の「護憲」発言の歯牙にもかけぬ取り扱いに顕著な、旧来の日本の政治史に類例のない、まさしく「戦後」型のファシズムの形であるという事実なのだ。

東京電力・福島第一原発事故の直後、現天皇によって発された国民に向けての〝緊急メッセージ〟のみは、その性格をいささか異にするものと私は考える。

だが、それ以降――二〇一二年の「3・11」一周年における天皇の「お言葉」〔註〕、二〇一三年一〇月の「七九歳会見」での皇后の「お言葉」、同年一二月の「八〇歳会見」での天皇の「お言葉」、二〇一四年二月の「五四歳会見」での皇太子発言、翌年の今年の「五五歳会見」での皇太子発言……等等、時を追うに従い、明白かつ切迫した〝危機感〟に満ちた天皇・皇后・皇太子の「護憲」発言と、それに反比例して〝公共放送〟ＮＨＫをはじめとする「制度圏」メディアがそれらを無視黙殺し、安倍晋三の「改憲」軍国主義ファシズムに翼賛する光景は、このかんの事情を語って、あまりにも象徴的である。

〔註〕この「3・11」一周年に際しての天皇の「お言葉」の放送カット問題に関しては、私は、ドイツ《緑の党》デュッセルドルフ支部に招かれ、二〇一三年一月一八日、同市で行なった講演『福島原発事故とその現状――核破滅ファシズムの国・日本から、残された世界を防衛するために』(Fukushima und die Folgen) その他においても言及している。

このとき問題は、ひとえに「主権者」国民・日本民衆の側にある。すなわち、所詮この国の〝「戦後」民主主義〟とは、その程度のもの――「象徴天皇制」の「非政治性」「脱政治化」をめぐり、ある局面状況――危機的な段階にまで到らぬうちはそれを当然としながら、いったん風向きが変わり、ファシズムの進行が容易に留め難いものとなった場合、最後の最後には天皇・皇后・皇太子の「護憲」発言に助けを求めるしかない、二重基準のものであったということだ。

なんと絶望的な話だろう。これが「主権在民」を高らかに謳《うた》ったはずの『日本国憲法』の末路だとは！　だが、これこそがまさしく、私たちの絶望的な現実、絶望的な現在の姿でもあるのだ。

そして実は、結局のところ天皇らの「明察」や「善意」に依存する〝「戦後」民主主義〟の脆弱さは、二〇一一年三月一一日――東京電力・福島第一原発事故という「この世の終わり」を経験して初めて露呈した現象でもない。その証左の一つとして、二〇〇五年早春に私が草した小文を引いておこう。

《国定規格A5判一五六頁、「昭和十二年五月」初版発行――。言わずと知れた本書は、十五年戦争のまっただなかに国民教化のため編纂された一大マニフェストにほかならない。ただし、私の手にしているのは、翌翌年九月発行の第四刷である。水茎の跡も鮮やかな記名が残る元の所有者は、当時、東海地方の旧制中学五年生だったようだ。三刷までで合計三十八万部発行と、奥付にはある。

「臣民が天皇に仕へ奉るのは所謂義務ではなく、又力に服することでもなく、止み難き自然の心の現れであり」「天皇は」「ひとり正しきを勧め給ふのみならず、悪しく枉《まが》れるものをも慈しみ改めしめられるのである」(傍点とルビ、引用者)

全篇を通じ、天皇は他のいかなる「君主」とも、日本は世界のいかなる君主国とも違うことが、執拗に主張される。「帝国憲法は」「『みことのり』に外ならぬ」……！　それは裏を返せば、日本人は普遍的な意味での「人間」ではないと規定されているに等しい。「民主主義」も「自由主義」も天皇機関説も、ここでは周到に排撃される。

その一方、何より価値を置かれる概念は「和」なのだ。「要するに我が国に於ては」「すべて葛藤が終局ではなく、和が終局であり、破壊を以て終らず、成就によつて結ばれる」

……果たして、これらは過去の亡霊に過ぎないか？　羽仁五郎をもじるなら『國體の本義』は生きている。疑う者は、日本を見よ」――。

昨秋の「園遊会」で、とある東京都教育委員が天皇に対し「日本中の学校で国旗を掲げ、国歌を斉唱させる」ことが自らの任務だと揚言した。これもむろん、おぞましい。だがこの暴言に、天皇はなんと応じたか。

「やはり強制になるということでないことが望ましい」

これこそ日本が、その「國體」の底知れぬ相貌を戦後再び、垣間見せた瞬間であった。

強制が良くないのは当然だ。しかし、人が「内心」から〝自発的に〟動かされてしまうことは、ある意味でさらに恐ろしい。そして「強制」に抵抗するはずの側が、もしも天皇のこの言葉に力を得たと言ってしまうなら――そのとき新しい「和」のファシズムは、また一歩、完成へと近づいているのだ。》

（山口泉『「和」のファシズムの泥沼的恐ろしさ』／『週刊金曜日』二〇〇五年三月二五日号）

ちなみに、文中の「とある東京都教育委員」とは、日本将棋連盟棋士（ほどなく会長に就任した）の米長邦雄。

そして私自身、このやりとり以降、ほかでもない「護憲派」を標榜しているはずの日本の市民たちから幾度、「天皇も、強制は良くないと言ってくれたのだから……」という趣旨の言挙げを、聞かされるという「場面」に、繰り返し、遭遇しつづけてきたことか！

まさしく、偽りの「戦後」のありとあらゆる〝つけ〟は、「3・11」――東京電力・福島第一原発事故を経て、いまやこの度し難い国のすべてを圧し潰そうとしている。まことにもって、絶望的な事態である。そしてこれは実は〝「戦後」民主主義〟の当初からの――ないしは少なくとも極めて初期からの「敗北」の問題として捉えられなければなるまい。

『日本国憲法』がその根本の理念たる「国民に保障する自由及び権利」を、国民自身が真に自らのものとする――憲法第一二条が明示する、そのための「不断の努力」を、にもかかわらずあまりにも疎《おろそ》かにしてきた結果として、現在のこの絶望的な事態はある。

いかにも、その「努力」が現在にいたるまで、ついに為し得なかったのなら、それはいま、する しかない。私たちが現在、直面しているのは、日本の〝擬似「近代」〟史上、かつて存在しなかった、「戦前」「戦後」のいかなる時期における天皇制よりも鞏固《きょうこ》な権力集中を謀《はかろ》ろうとする、新たなファシストたちによる「独裁」の危機である。

安倍晋三政権による「改憲」策動まで、残された、あと僅かな回数の選挙での懸命の意思表示と、併せて広汎な大衆行動の人民戦線的な連帯の構築できるか。疑いなく、いま私たちに問われているのはその――おそらくは――最後の可能性に賭ける「覚悟」であろう。

〔初出／山口泉ブログ『精神の戒厳令下に』――二〇一五年〇三月二一日 〇三時二〇分〕

いま、沖縄県民であって良かった
――ファシズムと人間性との闘い

翁長雄志・沖縄県知事ら県首脳による、沖縄防衛局に対しての「辺野古作業停止指示」の緊急記者会見――。政治家のメディア会見で、目頭が熱くなる思いをしたのは、いつ以来になるか。(あるいは、思いがけず直近の――それは昨年末の衆院選・沖縄選挙区でのことであったかもしれないが)

同席した安慶田《あげだ》光男・副知事が一昨日、辺野古・瀬嵩《せだけ》の浜での県民集会で登壇した最後に、ほとんど満を持して……という面持ちで語った「もうすぐ知事が重大な決断を下す」との予告が、今回こそは期待を上回る迅速さで実現した。

この副知事は一昨日の瀬嵩でも、きょうも、その過不足ない的確な弁舌に強い印象を受けた人である。現・沖縄県政の幹部が、日本国政府の閣僚たちとは比較にならぬ知性を具備していることはもとより明らかだ。

そして、あまりにも隔たった「理念」と「現実」の懸隔に架橋する困難な作業を、その中心において担う翁長知事が自ら、本日の決断を決定的なものと認めた――そのことに、強い印象を受ける。

沖縄に、理不尽な屈服・屈従以外のいかなる道をも認めようとせず、粗野な暴政の限りを尽くしてきた、傲岸な日本政府。本日、先回りしての牽制的な記者会見でも、沖縄の懸命の抵抗を愚弄し、寒ざむとせせら笑って見せた官房長官・菅義偉。

名護市長選・市議選・県知事選・衆議院選……度重なるすべての選挙を通じ、唯一無二の方法で示されてきた沖縄の懸命必死の民意を――しかも平然と蹂躙する、絶望的な国家権力。

この常軌を逸したファシスト政権の横暴に対し、本日の沖縄県首脳による歴史的な記者会見は、人類が今日まで積み重ねてきた精神史の到達点に位置する意思表示として、ある。『日本国憲法』を頂点とする国内諸法の観点からも、またより普遍的な人道・人倫においても、これを蹂躙することは許されない。

いまや沖縄の闘いは、暴圧を極める「国家権力」への「基本的人権」の抵抗というその本質が、いよいよ明白となった。

むろん安倍政権が、妄執のごとく続けてきた圧制を、これで停止するはずもあるまい。さらに〝外遊亡者〟たる、その総仕上げのように、四月に行なうという訪米で、この史上類例を見ない無教養・愚昧を極めた、ただおぞましい支配層の係累の末裔だというにすぎないファシストの内閣総理大臣が、どれほど「売国」「亡国」的妄言を繰り出すか。それは、想像するだにおぞましい。

だが、このかん何度か言及してきたとおり――必ずしもすべての領域において決して〝十全〟というわけではない、換言するなら、だからこそ冷静な「現実主義」を携えているとも言い得るのかもしれない――現・沖縄県政の首脳たちは、とりあえずそこまではすべて織り込み済みのことでもあるだろう。そして、慎重過ぎるほど慎重な彼らが、しかも遠望している今後のプロセスには、否応なしに日本国家とのより過酷な対決も、少なからず高い可能性として待ち受けている。

その県知事らも、ついに「不退転」の決意を表明し、さらにこの対決の構図が完全に鮮明なものとなりつつある以上……ヤマトンチュとしてのもろもろをむろん含みながらも、自ら選択した沖縄県民という立場において、私の選ぶべき道は——これまでもそうであったように——はっきりしている。

私は沖縄に生きる一人として、日本政府の圧制に対する、沖縄の思想的・運動的抵抗に、ますます全面的に参与し、連帯する。

これは、ファシズムと人間性との闘いなのだ。

沖縄に移住して——いま、沖縄県民であって、良かった。

〔初出／山口泉ブログ『精神の戒厳令下に』——二〇一五年〇三月二四日 〇三時三五分〕

▲岩礁からの市民たちの声援に、パドルを掲げて応えるカヌー隊《辺野古ブルー》の人びと。
▼『止めよう辺野古新基地建設！』県民集会の会場を埋め尽くす、大勢の参加者。
（いずれも 2015 年 3 月 21 日／辺野古・瀬嵩の浜にて）

暴圧の国家・日本を問う、魂の連帯
――彫刻家・金城実と、沖縄・抵抗の群像

金城実と初めて出会ったときのことは忘れない。

一九八〇年代前半のある日、当時、私が請われて顧問を務めていた都内の小さな出版社に飄然《ひょうぜん》と現われた彼は、飾らぬ口調で少年期の回想を語った。郷里・浜比嘉《はまひが》島で、幼なじみの友の父が、家族の糊口を凌《しの》ぐため、米軍の不発弾から取り出した炸薬を用いての〝ダイナマイト漁〟のさなか、誤って爆死する――。友は小舟を出して、海上を漂う父の肉片を、泣きながら拾い集めていたという思い出を。

自らの校正刷を見直していた私の机とはやや離れた応接椅子で淡淡と続く述懐に耳を欹《そばだ》てる数十分間のうちに、一六歳年上の度外れた彫刻家は、私にとって「沖縄」の厳粛な表徴の一つとなった。

以後、彼の著書の装幀を手がけたり、アジア圏の「民衆美術」のシンポジウムで席を共にしたりしながら……それでも何年かに一度、顔を合わせるだけだった関係が一気に濃密なものとなったのは、一昨年、私が東京から沖縄市に移住して以後のことである。東京電力・福島第一原発事故による健康被害の自覚から断行した沖縄移住は、私をこの地の多くの畏敬すべき先達や友に引き合わせてくれたわけても、旧知の金城実との交渉の深まりは、さらに別次元の意味を持つ重要なものとなった。

一九三九年生まれ。沖縄戦の記憶から生を歩み始めた彫刻家は、一切の因襲的な〝美術教育〟とは無縁に、ただ差別への抵抗のみを通じ、一〇〇メートル・レリーフ『戦争と人間』や『チビチリガマ

世代を結ぶ平和の像』『残波大獅子《ざんぱ》』等の稀有のモニュメント、また痛切かつ清冽な小品の数かずを素手で探り当ててきた。いずれも、地上にいまなお藝術が生成されている事実を示す秀作である。

その金城実が、さらなる表現の深化を見せて立ち上がった。昨年初め以来、すべての選挙を通じて示されつづけてきた沖縄の民意を蹂躙し、日米の二重植民地支配が吹き荒れる辺野古現地に、抗議の人びとを励ますため、自らの代表作・新作を一体一体、搬入・展示するという破天荒の企てである。

一九八七年、沖縄での「国民体育大会」に際し、地元・読谷村のソフトボール会場に掲げられた「日の丸」を、天皇制国家への批判として引き下ろし焼き棄てた――まさに存在と思想とが合一した人格というべき知花昌一さんはじめ、金城実と思いを共有するウチナーンチュ・ヤマトンチュの同志・盟友の面面も、この試みに力を尽くしている。二月二二日の「キャンプ・シュワブ」ゲート前に続き、三月二一日、瀬嵩《せだけ》の浜の県民集会での二度目の展示は、いっそう多くの反響を喚《よ》び起こした。

前回同様、祖父をモデルに「自然」との交感のなかで培われた叡智を造形した『漁夫マカリー』と、鬼面をつけて太鼓を打つ妊婦の姿に沖縄の〝情念〟を凝集した『鬼神』という、初期の代表的大作二点に、今回は日本人が偽りの「戦後」の幻想に涵《ひた》っていた間、反基地の闘いを担いつづけた、沖縄のいまは亡き先駆者たちの群像が加わった。

辺野古の「命を守る会」代表・金城祐治、「辺野古テント村」村長・當山栄《とうやま》、「ヘリ基地反対協議会」共同代表・大西照雄、街頭で基地抗議の演奏を展開した三線《さんしん》の名手・金城繁、辺野古や高江でひたむきに座り込みを続けた佐久間務《あきら》、大浦湾・海上抗議行動の魁《さきがけ》となった島袋利久の各氏……。

奇しくもこの日が命日だった「島ぐるみ闘争」の思想的支柱・阿波根昌鴻《あはごんしょうこう》さん（一九〇一年―二〇〇二年）

の木彫は、委託先の伊江島「ヌチドゥタカラ（命こそ宝）の家」から、館長の謝花《じゃはな》悦子さんと若者たちによる日帰りの船旅をしての展示である。紙粘土による屋良朝苗《やらちょうびょう》像は〝裏切られた祖国復帰〟を形象化して、近作中の白眉であろう。

湾内で、いったんはパドルを掲げ、市民の歓呼に応えていたカヌー隊「辺野古ブルー」が、その後、海上保安庁に拘束されるという展開の一方、このかん闘いの現場で負傷されてもいる島袋文子さん（八五歳）を含む三〇〇〇名近くが参加した集会では、沖縄の大手スーパー金秀《かねひで》グループの呉屋守将《ごやもりまさ》会長から「経常利益の一％を、辺野古基地建設反対運動に寄付する」との画期的表明もなされた。

安倍晋三首相や菅義偉官房長官らは、軍国主義ファシズムの道を狂奔し、沖縄への植民地差別的弾圧をいよいよ強めている。明らかに、人間としてまったく異質の次元に属す存在とおぼしい。

しかも、この歴然たる暴政・圧制の構造のなか、懸命の抵抗を続ける沖縄の同胞社会をめぐって、なお金城実が私に会うたび、絶えず嘆き訴えるのは〝狭く自己充足しがちなウチナー（沖縄）の文化的閉塞〟からの、意識的な脱却の必要性なのだ　真の表現者の透徹した批判精神、妥協のない原則主義に、移住ヤマトンチュとして、ひときわ粛然たる思いがする。

『金城実・辺野古彫刻展』は、四月以降も計画されている。

悪逆を極める暴圧の国家・日本に対する、藝術と人間の、誇り高い存在証明として。

〔初出／『週刊金曜日』二〇一五年四月三日号〕

▲金城実さんの新作『沖縄反基地闘争の群像』に焼香する市民たち。(2015 年 3 月 21 日／辺野古にて)

なんという歴史的展開だろう
――翁長雄志・沖縄県知事が開いたもの

なんという歴史的展開だろう。今回の翁長雄志・沖縄県知事と安倍晋三・内閣総理大臣との会談の意義は、もはや日本国に消滅しかかっている――あるいは、むしろ最初からなかった――「民主主義」の理念そのものを、究極の抵抗の手段とも、また最終の目的ともして、状況を根底から覆す大技が、沖縄から仕掛けられたことだ。

いかにも、いまや日本国においては、政府も社会の大勢《たいせい》も、人としての倫理が根本的な破綻に瀕している。だが少なくともアメリカは、その建前上、正当な手続きにおいて示された「民意」を公然と蹂躙することは、なるべくなら、したくはあるまい。

もとより、最初から日本政府に対してなど、ひとかけらの「期待」もない。だが、日本国内閣総理大臣・安倍晋三を「使者」として、全世界にアメリカの民主主義の存否を問うのであれば、それはどうか？

今回の翁長―安倍会談に際し、その圧倒的な「言葉の力」に慌てふためいて、翁長発言を封じ込めようと、途中で「公開」を打ち切るという政府側の拙劣極まりない対応は、当然、事柄の理非曲直をよりいっそう明確にした。いまや、安倍が訪米するよりも早く、もはやオバマ大統領自身が翁長雄志・沖縄県知事からの、全世界を意識した〝公開質問状〟を受け取っているに等しいのだから。

その売国的・亡国的ファシズムの完成を目論んでの訪米前に、あまりに軽率にも試みた、翁長―菅会談、そして翁長―安倍会談は、日本政府側の思惑としては、内外の輿論《よろん》に対しても、アメリカ政府に対しても、辺野古問題の〝アリバイ作り〟となるはずだったのだろう。だが――昨年一一月の選挙当時、述べた通り――あるいは史上、最も卓越した存在かもしれない沖縄県知事・副知事と、疑いなく史上最低・最悪の首相・官房長官とでは、その政治的・人間的力量が、あまりにも違い過ぎた。問題はついに、人類史上最強の「超大国」に、沖縄がその尊厳を賭け、論理と情理を尽くして、人間としての覚醒を迫るという局面へと、一気に漕《こ》ぎ着けたのだ。

この闘いの帰趨を、私は到底、楽観しない。むろん、楽観できる訳もない。

政治は、その全過程にたえず思いがけない策動と裏切りの可能性を抱え持っている。そして何より日本国家は、政府・メディア・大衆社会いずれもの精神が、すでに久しく腐蝕し、あまりにも破産しきっている

だが、いま――。

少なくともいま、私たちが選んだ沖縄県知事の叡智と、勇気を振り絞った抵抗の姿勢に、私は胸が熱くなる。

〔初出／山口泉ブログ『精神の戒厳令下に』――二〇一五年〇四月一九日 〇二時〇二分〕

それは恐ろしいことではないのか?
——被曝から五度目の陽春の日日の底で

まだ、旅の途上にある。

よんどころない所用で、「連休」中の西日本を中部地方から四国にまでかけ、ジグザグに往き来する二週間弱の行程——。京都・長野・名古屋・京都・徳島(現在地)……と、根源とはまさに一つなのだが、その土地土地で、現われとしてはまったく異なった目的・主題のもと、さまざまな方がたと出会いを重ねるという、一種〝百科全書的〟な旅である。そのもたらすものは厖大で、本来リアルタイムでの「報告」が望ましいのだろうが……。

迅速な返信を必要とする電子メイルへの対応を除き、昔から、ホテル全般の奥行きに乏しい机にコンピュータを据えるのが、あまり好きではない。だから接続ケーブルはごっそり携行してきたものの、結局カメラ二台とディバイス二台とに分散して撮影・保存されている写真の整理にも、手は着いておらず。現にこのテキストも、狭いベッドに仰臥し、コンパクトなタブレットで綴っているというありさまなのだ(私は雑誌原稿すら、短いものなら同様にスマートフォンで書くことも珍しくない)。

すべては、帰沖してからの作業となりそうである。

それにしても、何十度と旅行者としての訪問を重ねていた間、沖縄戦についても米軍基地についても——少なくとも、ヤマトンチュとしては——一定程度〝知っていた〟つもりの沖縄が、ひとたび移住してみると、それまでとはまったく次元を異にした相貌を示すようになったという、そしてそれと表裏一体となるかのごとく……このたびは「沖縄県民」として歴訪している前掲の諸都市もまた、従来よりはるかに、相互の個別の差異を超え「日本国」の一部としての類似性を、私の前に明白に示し出してくる。

——これは私自身、驚愕する感覚だった。

そして、被曝から五度目の陽春の日日のなか、笑止にも、おぞましい米上下院の〝演説〟をはじめ安倍晋三〝売国・亡国〟政権の独裁はとめどなく、これに我先にと追従する者たちの浅ましい「転向」が、ぼろぼろと続く。浅はかな似而非《えせ》〝反戦〟広告コピーの〝代表作〟を、自ら否定して見せたり、ラジオで薄っぺらな罵倒をした、その舌の根も乾かぬうちに、招かれた〝桜を観る会〟にいそいそと出かけて、自らが「バカ」と罵ったはずの当人と嬉しげに写真に収まってみたり……。

もとより糸井重里や太田光についてなら、私は彼らが世に出てきた当初から、その本質は承知しているし、直接間接に批判も加えてきた。だが今般、NHK大相撲中継解説者・舞の海秀平が「日本人力士が弱いのは『憲法前文』のせいだ」と牽強付会《けんきょうふかい》の排外主義を示したのには、さすがに茫然とした。仮に「相撲の精神」「相撲道」(?)とやらいうものがあるとして、それをも真っ向から踏み躙るこの元・相撲取りの戯画的暴言は、今後に起こる地滑り的な悪夢の予兆と見做《みな》されるべきかもしれない。

それにしても、現在、真に〝メディア〟が為すべきは、少なくとも「時代遅れか、平和主義の象徴か……。憲法が今、かつてない風雨にさらされています」(朝日新聞デジタル・ヘッドライン／二〇一五年五月四日)などと他人事のようにうそぶいて、例によってのぶざまな「両論併記」の擬似〝客観主義〟を装うことでは、絶対にあるまい。自ら政府の明白な横暴を糺《ただ》し、ファシズムに歯止めをかけることではないのか。不毛な新聞である。

今回、各地で出会う人びとの多くが、一言二言、言葉を交わせば、この現状の危機に対する焦慮を私と共有していることが分かる。だがしかも、その焦慮を——不安を、他の場では容易に発し得ない圧力が、自らを取り巻く空気のすべてに充ち満ちているのだとも、苦しげに吐露する。

かくも真っ当な教養と良識、批判精神が、この国の各地に確実に存在しながら——にも関わらず、権力とメディアの要路を詐欺的に占拠し続ける〔註一〕ごく一部の低劣な支配層によって、世界に恥ずべき反動主義のプログラムが公然と加速している。一握りの愚者が捏造した無分別なシステムに、大多数の賢者・良心が生殺与奪の権を握られている。紛れもないファシズムの、もはや完成直前の段階である。

それは疑いなく、私たちが全身全霊を挙げて恐怖すべき事柄ではないか。そうではないのか？


〔註一〕公約を破ること、公約の〝優先課題〟を選挙後に平然とすり替えることは、政治家として最大の詐欺にほかなるまい。

ところで、私が何より絶望するのは、直接のファシストたちの強大さに対してではない。むしろ内実としては取るに足らぬ、無教養で没知性を極めるあれらの手合い〔註二〕が、しかも自らの生命と生活とを理不尽にも横領・収奪しようとしている現状に対して、「今のままでは殺されてしまう」という恐怖も「あのように低劣な者たちの専横を許さない」という怒りも、ともに決定的に乏しい——日本国大衆の過半の陥って久しい、この集団催眠状態の沈黙に対してなのだ。

〔註二〕安倍晋三、麻生太郎ら、本来その帰属する「階級」からすればいくらでも可能であったはずの、自らの内実の空疎さを扮飾する「言葉」をすら身につける努力を怠った、底抜けに愚劣な者たちのことを、私は指している。その無能以上に、人間を愚弄しきったこの怠惰を、私は許さない。

「生活」のいっさいを根源から脅かす暴圧が、いま確実に、不可逆的な臨界点へと迫りつつある。日日の「生活」を手放すわけにはいかない。だが、それに追われながらも、「生活」の全表層の下から、それらすべてを滅亡させる暴圧が迫っていることを忘れたら――そのとき私たちは、国家が蕩尽する「使い棄て」の資源とされるのだ。いまある日常のすべては、あっけなく消滅するのだ。

それは、恐ろしいことではないか？　そうではないのか？

〔初出／山口泉ブログ『精神の戒厳令下に』――二〇一五年〇五月〇五日 〇〇時一五分〕

▲ 2015 年 5 月、長野県松本市郊外。

静謐な糾問、沸騰する抵抗

――映画『泥の花――名護市民・辺野古の記録』

辺野古とは何か?

「もはや『辺野古』は沖縄だけの問題ではない。わたしたちは今、この国の民主主義の在り方を問うている」（二〇一五年五月一七日《止めよう 辺野古新基地建設！ 県民大会》決議）。

映画は、有銘《ありめ》政夫さんが低く歌う『艦砲ぬ喰ぇー残《ぬく》さー』（艦砲射撃の喰い残し＝生き残り）に導かれて幕を開ける。比嘉恒敏《こうびん》（一九一七年―七三年）作詞作曲の、あまりにも名高い反戦島唄の絶唱である（作者夫妻が米兵の飲酒運転による交通事故で逝去後の七五年、遺された子どもたちのうち、娘さん四人から成る「でいご娘」により録音・発売）。サイパンで戦争を体験後、帰沖されてからこれまで常に沖縄の平和運動の先頭に立ってこられ、近年では辺野古の座り込みテントに自作の琉歌を墨痕鮮やかに掲げられる有銘さん御自身、この歌を世に広めた功労者の一人でもあった。

そして、開巻劈頭の反戦地主・違憲共闘会議議長の歌声は、九〇分の映像記録の基調を成すものだ。

輿石正《こしいしまさし》監督『泥の花――名護市民・辺野古の記録』（二〇一四年／じんぶん企画）の特質は、何より、一九七〇年代の金武《きん》湾CTS（石油備蓄基地）反対闘争からの民衆の抵抗の現在形として、辺野古新基地建設阻止のうねりを位置づける、その強靱で明確な歴史認識にある。反CTS闘争がなかったら、沖縄にも原発が建設されていた――という検証の重苦しさ。

作品は随所に、現実を凝視することそのものから生まれる輝きが底光りする。そして静謐《せいひつ》な糾問《きゅうもん》の重ねられた果て、終幕では、輿石監督がこの映画の制作の支えとしてきたとも語った、コザ（現・沖縄市）のブルース歌手・知念良吉《ちねんりょうきち》の同題の一曲が不意に沸《わ》き立ち、それはたちまち燦《きら》めく波光のように画面を満たしてゆくだろう。

私は本作を、今春、輿石監督自身の解説と知念のミニ・ライブ付きという、はなはだ恵まれた形で鑑賞する機会を得た。所は、沖縄市泡瀬《あわせ》の〝博物館カフェ〟「ウミエラ館」（屋良朝敏館長）。辺野古だけでない。人びとの怒りと抗議をよそに、世界有数の生物多様性の宝庫・泡瀬干潟でもまた理不尽な埋め立てが進められ、浦添では、当初の公約を平然と全面撤回した松本哲治市長が「軍港」移設の受け容れを表明している。

主権在民を根底から否定し、民の命を私物化する安倍内閣。沖縄の現在を知ろうとしないばかりか、この戦後最悪の政府が、おのが身に揮《ふる》う圧制にすら、死んだように無頓着な日本社会。『泥の花』は何より、ファシズムの檻《おり》に自ら進んで囚《とら》われつづけるヤマト大衆に、静かに、しかし否認し難く突きつけられた問いかけとして、ある。

〔初出／『週刊金曜日』二〇一五年五月二九日号〕

自らの命を国家に横領されないために
――A・ワイル教授らの「統合医療」シンポジウムに参加して

四月末、京都で『これからの医療とまちづくり』と題するシンポジウムが開催された。私が参加したのは、そこにアリゾナ大学教授アンドルー・ワイル氏の講演が盛り込まれていたからである。一九四二年生まれ、ハーバード大学医学部を卒業した氏は、七〇年代に勃興してきた「統合医療」のパイオニア的医師として世界に知られている。

「統合医療」の概念については、いくつかの論議があるかもしれない。ただ本稿では、一般に〝現代西洋医学〟的な対症療法たる「アロパシー」に対し、ホメオパシー（類似療法）やオステオパシー（整骨療法）をはじめとする西欧の他の〝民間療法〟、さらに漢方・鍼灸等の東洋医学やアーユルヴェーダ、マクロビオティック……等等、さまざまな「代替」的、もしくは「補完」的アプローチを併せ、生命に本来内在する「自然治癒力」を目当てに、個別の症状ではなく全人的存在を診る「ホリスティック」（全的）な「医療」だと、とりあえず定義しておこう。

《治癒は内部から起こる。治癒の原動力は、生きものとしてのわれわれの、本然の力そのものから生じるのである。》

（アンドルー・ワイル『癒す心、治る力』＝原題『自発的治癒』＝上野圭一訳／一九九五年、角川書店刊。原著も同年）

私自身、最大の持病である気管支喘息にはアロパシー的対処をしているが、ある時期から、他の身体上のトラブルについては、可能な限り、ホメオパシーや鍼灸、マクロビオティック、バッチ・フラワー・レメディ等の「補完」的療法を用いてきた。そうしていなかったら、全身的な状態はおそらくより悪くなっていたに違いない。

私にとっては、医師も鍼灸師もホメオパス（ホメオパシー師）もマクロビオティック・シェフも、すべては私の「健康」のための専門業者である。と同時に、自らの身体の〝プロデューサー〟は、あくまで私自身である。たとえ、生来のなかなかに克服し難い怠慢や意志の弱さから、必ずしも容易には、十全の成果を挙げ得なかったとしても。

一三〇〇名以上を集めたと聞く前日の東京国際フォーラムに続き、この日も一〇〇〇名を超える来場者が溢れた事実は、こうした領域に対する人びとの関心の高さを示しているだろう。基調講演ともいうべき冒頭のプログラムで、故S・ジョブズの「アップル」新製品のデモンストレーションさながら（!）、ステージ前面に立ったワイル氏は、若わかしく語りだした。

「米国の医療費は現在、GDP（国内総生産）の一八%、まもなく二〇%に達する。それは主として慢性疾患によるもの。にもかかわらず政府は、予防や健康増進に予算をつけていない」

「製薬会社や医療機器メーカー、保険会社等、既得権益者たちが医療を支配している。この構造はGMO（遺伝子組み換え生物）の場合と同じだ」

「一九四〇〜五〇年代、市販薬の使用は現在の一〇分の一に留まっていた。ヒポクラテス以来の歴史を通じ、現在のような医療は、実は二〇世紀中盤以降のものに過ぎない」

「現在、世界で米国とニュージーランドは医薬品の宣伝を直接患者にできる国となっている。だが、もちろん重篤な場合は別として、本来、薬は少なければ少ないほど良い」

——個人的には、ワイル教授が、医学における「スピリチャリティ」という概念を〝非物質性ではあるが、いわゆる宗教的なそれとも同一ではない〟と確認していたことに、私は強い共感を覚えた。

続いて、今回、英国から参加した医師マイケル・ディクソン博士の講演も、医療と社会政策の関係をめぐる考察として興味深いものだった。「良い社会的関係」が確立され、人が疎外感から脱却すると死亡率が半減すると報告する博士も、やはり従来医療における巨大企業の既得権の見直しは不可避だと強調する。

それでも、困難ななかワイル教授らの努力は米国の一二〇の医科大の半分以上を巻き込み、いまや統合医療が主流となりつつあるとまで語らしめるに到った。なぜか。

「四〇年来、行政が耳を貸さなかった統合医療は、思想ではなく財政逼迫の問題となって初めて、連邦政府から取り合われるようになった」

いかにも、今回のシンポジウムに「後援」として、厚生労働省以下七つもの省庁が名を連ねていることも、そうした思惑を物語っていよう。

また日本側からのパネリストには、自らのアロパシー医としての限界を謙虚に踏まえた発言もある一方、「地域型予防医療」と称して全住民に「センサー」を取り付け、行政がその健康状態を一括把握できるシステムの創出を……などと、恐るべき管理主義を得得と主張する医師もいた。

人間の生命・健康が、先端テクノロジーとハイパー資本主義とにより、いよいよ経済のファクターとして操作されつつある。米上院栄養問題特別委員会が、旧来の「欧米型食生活」の危険をいち早く指摘したはずの『マクガバン報告』（一九七七年）を、近年、真っ向から露骨に否定する奇妙な言説がしきりと目につくことも、一連の事情と明らかに無関係ではあるまい。

とりわけ、収拾不可能な人類史上空前の原発事故を隠蔽し、軍国主義ファシズムへと狂奔する政府に情報統制された、この異様な〝先進国〟にあっては、いままた「死は鴻毛《こうもう》より軽《かろ》し」（『軍人勅諭』）とされかねない。

自らの命を国家や企業に横領されないために、私たちは「医療」が抱え持つ政治性にも、絶対に鈍感であってはならないのだ。

〔初出／『週刊金曜日』二〇一五年六月五日号〕

「普遍」と「全体」を希求する批評精神
――平敷武蕉評論集『文学批評の音域と思想』

この浩瀚《こうかん》な書物がもたらす感銘の根源は、明白だ。「文学」において、人が生きる現実と遊離した表現の欺瞞や、〝脱イデオロギー〟を装っての権力へのいじましい迎合に対しての、透徹した批判――。それは「沖縄」を徹底して掘り下げながら、だからこそ普遍的な世界へと通底する回路を開き、「文学」を「文学」のみに狭く自己完結させず、たえず歴史・社会の全体性に向け、解き放とうとする。

《基地問題として突出する現実と、ファシズム化の道を暴走するかに見える日本の状況と対峙》(本書「あとがき」)する著者・平敷武蕉《へしきぶしょう》さんの営みは、当然、本来、贖罪の上に共有されるべき問題への、ヤマト側のおぞましい鈍感さを克明に照射せずにはおかない。

その一方、沖縄の主体性を掲げているはずでありながら、ヤマトに無防備に回収されかねない二重基準的な事大主義にも、一つ一つ、慎重な楔《くさび》が打ち込まれる。

本書で、小説はじめ、いま沖縄の地で成果を挙げつつある言語表現への目配りに満ちた力篇の数かずを貫くのは《文学は政治的現実を媒介することなしには主題や内容を深めることはできない》とする、著者の揺るぎない認識である。

「歌人の集い」の報告が、ただちに辺野古ゲート前座り込みの意味へと展開し、短詩型表現の制度性から、新城貞夫の短歌へと到り着くダイナミックスは、本書のそうした特質をよく示すものだろう。その剛直にして繊細な批評眼は、たとえば少女たちの矯正施設での俳句指導から生まれた秀吟《思い出の母渦巻いて老いていく》をも、見逃さない。

そんな本書の白眉が、川満信一『琉球共和社会憲法C私（試）案』をめぐっての粘り強い異議である。《現行憲法さえ（略）どんどん形骸化されていくというのに（略）今の日本の国をどうにかする力を作らないと本質的解決にならない》と戒める著者は、実は誰よりも――と、敢えて記す――切実に「理念」を希求している。

だが同時に、現実の度し難さとあまりにもやすやすと乖離《かいり》してしまう「理念」の危うさに、真摯に傷ついている。

収録された論攷《ろんこう》の多くは、俳誌『天荒』と文藝誌『非世界』とに発表されてきたもの。巻末に置かれた『高村光太郎論』と掌篇小説『海の記憶』の二篇のみ、旧作とのことだが、尖鋭な原則主義的精神の生成過程を知る上で、味わい深い。

〔初出／『琉球新報』二〇一五年六月一四日付「読書」面〕

平敷武蕉評論集『文学批評の音域と思想』は二〇一五年四月、出版舎Mugen刊。電話＝〇九八―八六三―二五六二。

この危機の時代に紡がれる「命」の散文
――「戦後」七〇年・沖縄「慰霊の日」と日本「民衆表現」の現在

いただいている持ち時間は四〇分ということですが、一昨年、最初に「座長」をお引き受けしたときと同様、なんとか全入賞作品について御紹介したいと考えています。

こちらにいらっしゃっている方は、ご存知かもしれません。私は一昨年、東京の住まいを引き払い、沖縄に移住しておりまして、今回も沖縄から小諸に参りました。その理由は後ほど御説明しますが、きょうはちょっと思うところあって、最初に沖縄の言葉「うちなーぐち」で御挨拶申し上げます。

はいさい。ぐすーよー、ちゅう、うがなびら。山口泉やいびーん。ちゅうや、いっぺー、にふぇーでーびる。ゆたさるぐとぅ、うにげーさびら。

(皆さん、こんにちは。山口泉です。本日は、まことにありがとうございます。何卒よろしくお願い申し上げます)

――ほぼこのような内容を、「うちなーぐち」すなわち沖縄語(琉球語)の、特に本島・中南部の一般的な言葉で申し上げました。もちろん琉球弧の他の地域・島島も、またそれぞれ別の独自の言葉を持っています。

本日は六月二三日で、沖縄では「慰霊の日」です。全島で学校はお休みで、国の機関以外の役所も休みとなり、沖縄の皆さんは「沖縄戦」の喪に服します。本島南端・糸満市の摩文仁《まぶに》の丘では追悼式典が催されます。各地で、平和学習の企画なども行なわれます。

一九四五年のこの日、三月末から続いていた「沖縄戦」が終結したと言われているんですけれども――厳密には前年の一九四四年一〇月一〇日にも、沖縄は米軍による攻撃、いわゆる「一〇・一〇空襲」を受け、多くの犠牲者を出しています――それにしても、なぜ六月二三日か？

これは、第三二軍という、大日本帝国の沖縄配置軍の最高司令官であった牛島満なる中将が「自決」し「組織的戦闘」が終熄《しゅうそく》した、それをもって〝沖縄戦の終了〟と言っているわけです。けれども、実際にはそれで「沖縄戦」が終わったわけではなくて、その後もさらに、大半が民間人の犠牲者が出ていることは、もう広く知られているところです。

したがって、この日を「慰霊の日」とすることにはさまざまな疑問の声もあるのですけれど、便宜的に〝沖縄戦終結の日〟ということで、現在も「慰霊の日」とされております。

私が移住前、そしてとりわけ移住後、沖縄でお会いしてきた多くの方がたの中で、ごく身近な御親族――両親・兄弟姉妹・祖父母に、この「沖縄戦」で亡くなった方がいないという方のほうが少ない。圧倒的に多くの方が「沖縄戦」で身内を亡くされている。ほんとうに、そういう状況です。

「日本」側に二〇万人ちかい死者が出て、うち一二万人以上が沖縄出身者、しかも一〇万人近くが民間人です（米軍の死者は一万二五二〇名）。そして「県民の四人に一人が亡くなった」と言われています。

統計上の数字としては、あくまでそういう括り方になってしまいますが、けれども当然それらの一人一人に名前があり、生きてきた歴史があり、互いに大切に思う方がたとの関係があった。そういう存在が理不尽にも、たちどころに、惨たらしく奪われ、「概算」の統計に組み入れられてしまう。

それが、国家が惹き起こす戦争というものです。

そもそも、なぜ「沖縄戦」が為されたか？　すでに東京大空襲という凄惨な無差別大量殺戮が同年三月一〇日に米軍によって行なわれた後にまで、どうしてこういう事態が起こったか？

しばしば「沖縄が日本の捨て石にされた」と言われます。しかしこの「捨て石」というのは、単なる抽象的な比喩でもなんでもない。まさしく〝時間稼ぎ〟の道具として、沖縄の人びとの命は費やされているんですね。

すなわち、東京から長野県へ、天皇・皇居を初めとする国家機関のもろもろを移し、恐ろしくも荒唐無稽な「本土決戦」を継続する本部としての「松代大本営」が完成するまでの間、沖縄に連合軍の攻撃を引きつけさせ、あえて敵を上陸させて凄惨な地上戦に持ち込み、民間人の死も当然の前提としながら、その建設工事の時間を稼いだ――。そういうことです。

そして、東京の大本営からの「松代大本営が完成した」という打電を受けて、初めて牛島中将以下の第三二軍司令部は、日本の正規軍ばかりではない、それまで理不尽にも地上戦に巻き込まれ戦わされていた沖縄の老若男女をも対象に「戦闘終了」命令を出し、自分たちは、さっさと「自決」してしまう。

民間人を一方的に戦争に巻き込み、一方的にそれを打ち切り、自らは死んで、それですべてを有耶無耶にしようとする。

――これが、紛れもない「沖縄戦」の実態です。

今回の入選作品の中にも「松代大本営」に言及したものが一篇ありますけれども、朝鮮の方がたの強制労働を含む形で進められた、この工事が終わって初めて、先ほどの牛島満中将は沖縄戦の終結を宣言して自分は「自決」した――つまり松代大本営を造る、そのために、沖縄はそこに生きる人びとともども、まるごと犠牲になったということです。

私は松代の隣町の生まれ育ちなんですが、沖縄でそれを思うと、さらにいろいろと感じるところがあります。昨年、沖縄の地元紙『沖縄タイムス』に短期連載したエッセイ（山口泉『第二の沖縄戦を阻止するために』）の中でも、そのことには触れました。

「あらゆる地獄を集めたと言われる」近代戦での殺戮、また日本国家が民間人、特に未成年も強制的に参加させ、さらに集団強制死をも強いた。

しかし、同様の状況は、根本的には現在でもほとんど変わっていません。むしろ、日本による単独の植民地支配が敗戦によって終わった後で、アメリカと日本による「二重植民地支配」とも呼ぶべきものが、かつてよりも一層、重層的になってきている。

御承知のとおり、いま、沖縄本島の北部・東海岸、辺野古に新基地建設が強行されようとして、それが世界の注視を集める問題となりつつあります。そして日本の沖縄以外の地の皆さんに何より知っていただきたいのは、これは単に沖縄だけの問題ではないということです。

収拾不可能な東京電力・福島第一原発の事故から始まった未曾有の事態は、いま安倍政権によって、どんどん軍国主義のファシズムが進むという悪夢のような展開をたどっている。

〝福島第一原発事故は完全にコントロールされている〟とか〝日本国民の健康を過去・現在・未来にわたって全面的に保証する〟とか、安倍首相のとんでもない虚偽に充ち満ちた無責任な発言のもと、二〇二〇年「東京オリンピック」が招致されたり、ようやく反対の気運が高まってきたなかで国会の会期を無理やり延長してでも、戦争のための〝安保法制〟の可決成立を強行しようとする……。

このまま行けば〝安保法制〟関連法案は成立しかねない。そして遠からず憲法にも手がつく。国家の最高法規が、まるで人類の歴史に逆行するかのような、「基本的人権」を根底から否定した封建時代さながらの茫然とする内容の「悪法」に取って代わられてしまう。まさしく、悪夢のごとき危機的状況です。

こうした状況下、いまこの瞬間にも、辺野古「キャンプ・シュワブ」のゲート前では抗議の座り込みをする人びとがいて、大浦湾の海上ではカヌー隊が一所懸命、圧倒的な装備と人員の海上保安庁の弾圧に抵抗するという、まさに命がけの闘いが続いています。

にもかかわらず、これに対して日本――沖縄では一般に「ヤマト」という言い方を用いますが――のメディアは、あまりにも冷淡、無関心すぎるのではないか。むしろそれは意図的に無視・黙殺しているのではないかと思われるほどに。沖縄にいると、そう感じることが少なからずあります。

現在、展開されている沖縄の闘いというのは、実は日本、東アジアをも含めた「命を守るための闘い」なのだということ――。それをぜひ、一人でも多くの方がたに、知っていただきたいと思っています。

そんななかで、私がいつも「現代日本の民衆表現のエッセンス」「精華」であると位置づけてきた『小諸・藤村文学賞』――この稀有のイベントが、二十一回目の今年も、こうして執《と》り行なわれ、優れた入選作品を得ることができました。

東日本大震災、東京電力・福島第一原発事故の起こった、その二〇一一年以来、私はひときわその思いを強めているのですが、ほんとうの意味で「人間の存在証明」としての文章―言葉―言語表現、それらのいわば「祝祭」であるこの企画が、今回も滞りなく進行し、きょう、こうして皆さんにその御報告をできる喜びには、いよいよもって深いものがあります。

毎年お話することですけれども、この賞を主催されている小諸市・小諸市教育委員会、協賛されている各機関・団体、実務に携われている事務局の皆さん、さらに厖大な応募作品の中から最終候補作品を選んでくださる予備選考委員の方がた、お集まりいただいている報道関係各位、そして作品をお寄せくださった応募者の皆さんに、厚く御礼申し上げます。〔以下、略〕

〔初出／第二十一回『小諸・藤村文学賞』入賞作品発表記者会見——二〇一五年六月二三日／長野県小諸市「中棚荘」〕

現代沖縄の「文学の思想」の孤独と栄光

――平敷武蕉評論集『文学批評の音域と思想』

東京から沖縄本島中部に移り住んで一年数箇月が過ぎた昨年「若夏」の頃から、二種の雑誌の恵贈を忝《かたじけ》なくするようになった。本書の著者が主宰する文藝誌『非世界』と、やはりその中心的な担い手の一人となっている俳誌『天荒』である。

そしていま、両誌を主たる発表の場としてきた厖大な論考から成る批評集成が、ここに屹立する。

いかにも。

たとえば――現代沖縄の「文学」は、あまりにも「政治」に偏倚《へんい》しすぎているか？　もはや比較するのも憚られる、ヤマト（日本国家）の「制度圏」たる既成〝文壇〟や既成〝論壇〟ばかりではない。それに呼応し、迎合するかのごとく、ほかならぬ沖縄の「文化界」からも湧いて出る、危うい〝脱イデオロギー〟的な擬似〝藝術至上主義〟風の論難に対しても、著者の立論は明確だ。

《しかし、問題の立て方は逆である。（略）「なぜ、日本の書き手にとって、『戦争や基地』は切実な内的モチーフになりえないのか」と問うことである》（本書「詩と批評の現在――詩の評価をめぐって」）にもかかわらず、ほかならぬ沖縄の地にも、表現と批判精神の腐蝕は忍び寄る。その理由は何か？《戦争体験がそうであるように、いかなる悲惨な体験も、その意味を問うのでなければ、それは単なる「偶然」であり、「運命」であるにすぎない》（同「3・11後の俳句」）

Ａ５判八〇〇ページ近く、「俳句評論」「状況と文学」「読書評論」の三部に分かれた、無慮一八〇〇枚という——著者によれば《文学ジャンルのほとんどを一冊に網羅するチャンプルー評論集》（あとがき）たる大著は、その全体が「沖縄」に深く依拠しつつ、しかも「沖縄」と非「沖縄」との間をも架橋しようとする弁証法的な往復運動に貫かれている。

こうした思想と方法を集約的に示すものが、著者の兄事する沖縄の俳人・野ざらし延男をめぐる諸篇であり、本書のひときわ高峰を成す「時代状況と俳句界の今」「『ブダペストの夜』と『ハンガリヤの笑い』」「渡嘉敷島『集団自決』が問いかけること——沖縄現代作家の描く戦争」「岐路に立つ沖縄の短歌——『歌人の集い』に参加して」「発光し続ける思想歌——『新城貞夫歌集Ⅱ』覚え書き」「言葉の空洞化——大城立裕『普天間よ』にふれて」「東日本大震災とナショナリズム——石原慎太郎と曾野綾子にふれて」「『知の前衛』と『知的遊戯』」等等の力篇の数かずである。

《芸術大衆化の論議は、芸術の俗化に道を開いただけであった》（同「沖縄戦・記憶の継承」）

《政治的現実はあっても文学的現実というのはありえない》（同「六〇年代とは何であったか」）

かく、揚言し得る文藝批評家が、いま「日本文学」にどれほどいるか。

先般、私が『琉球新報』に寄稿する機会を得た本書の書評では紙数の関係から示唆するにとどめた問題だが、「沖縄独立」や「琉球共和社会憲法」をめぐる、無責任極まりないヤマトンチュ〝知識人〟らも〝参加〟しての論議の〝活況〟に対し、贅言のない鞏固《きょうこ》な思考のリアリズムを示す著者が、しかもその底に《「沖縄独立論」を包摂しえる真正の思想》（「『知の前衛』と『知的遊戯』」）を念願し、希求している事実も、決して見落とされてはならない。

むろん、ヤマトとの関係にあって、当初から沖縄の倫理的優位性は明らかだ。そして、いまや――翁長雄志県知事を〝先頭〟に――国際社会に直接、訴えかける政治的優位性すら遠望し得る地点までも、沖縄の人びととの懸命の努力は近づいているとも言えよう。

だが、しかも――その絶対の「優位性」をさえも、絶えず、厳しい自己批評の検証に曝《さら》すこと。それこそが著者の誠実を極めた方法的信念なのであり、また事実、その先へと向かうのでなければ、胡乱《うろん》な二重基準の排外主義や、「政治」だの「運動」だのの荒寥たる党派性に呑み込まれない、苟《いやしく》も「文学」を名乗ろうとする営為の自律的な存在理由など、ないのだ。

著者の位置は、小林秀雄を筆頭とする悪しきヤマトの「文学報国会」的ギルド批評家の対極にある。日本の文学者で、著者に近い存在として私がただちに想起するのは、本多秋五（一九〇八年―二〇〇一年）だ。しかも著者の現在は、本多の到達しなかった地点を、おそらく既に通過している。

本書の最後の問いは、こうだ――。広島・長崎から、東京電力・福島第一原発事故に至るまで《惨劇から何も学ばない》《酷い国》《酷薄な国民》（「あとがき」）にとって、ではそもそも「文学」とは何か？

かくも貧しい「現代日本語文学」の惨憺たる荒野に、一人、この批評家が存在することは、沖縄の矜恃《きょうじ》であり、私の悦びである

〔初出／『読書人』二〇一五年七月一七日号〕

世界美術史の最前衛として、二重植民地支配に対峙
——尊厳と抵抗　金城実の藝術〔上〕

宇宙の底が覗くような蒼天の深みからの陽光を浴び、私は緑濃い草地の上を行きつ戻りつした。静かな昂奮《こうふん》に涵《ひた》され、凄い凄い……とひとりごちながら。

七月初旬、広大なサトウキビ畑の向こうに東シナ海の波光を望む、読谷村でのことである。

稀有の「美術館」の成立

彫刻家・金城実さんの代表作の一つ、一〇〇メートルレリーフ『戦争と人間』が、長年、読谷のアトリエの裏庭で〝雨ざらし〟の状態にあるのに心を痛めた人びとが、保護用の「庇《ひさし》」を設置し、併せて建物内部も展示スペースとして整備する工事に、このほど一区切りがついた。

『銃剣とブルドーザー』はじめ、沖縄現代史を民一人一人の表情から構築する悽愴《せいそう》な野外モニュメントの圧倒的な屹立《きつりつ》。アトリエの内壁にじかに造形された、ドン・キホーテとサンチョ・パンサ、痩せ馬ロシナンテや驢馬《ろば》ルーシオらの漆喰《しっくい》の彩色レリーフの、痛いたしくも気高い精神性。従来の佇《たたず》まいは損うことなく、氏の営為の本質が、より明確に差し出される。

これは「贈与」なのだ。七六歳の現在まで、日夜、制作と「沖縄靖国訴訟」はじめそれに連なる闘いに邁進《まいしん》してきた彫刻家への、ウチナー・ヤマト双方の市民の力が結実しての、敬愛の込められた——。

日の暮れまでも、ここにいたい。稀有の「美術館」が生まれた。

金城実との出会いと再会

東京電力・福島第一原発事故後二年を閲《けみ》した一昨年早春、被曝との関連を疑うべき健康被害のため、私は東京からコザへと移住した。沖縄を「避難」の地とするにあたってのヤマトンチュとしての内省に関しては、ここでは割愛する。

直後からずっと「金城実を訪ねなければ」との思いはあった。だが実際に再会したのは、昨二〇一四年一月のことだ。ほどなく光州《クワンヂュ》の民衆美術家・洪成潭《ホンソンダム》の大作『歳月五月《セウォルオウォル》』への弾圧を惹《ひ》き起こし、韓国・沖縄・在日・ヤマト他、関係者らおのおのの志の高低を、図らずも炙《あぶ》り出すに至った企画の、決して実りあるとは言えぬ打ち合わせに招かれてである。

〇八年夏、都内でのシンポジウム『東アジアと天皇制』に、共にパネリストとして出席した前後以来の対面で、その前はおそらく一九八〇年代前半、私が請われて、創業から八年ほどのあいだ「顧問」を引き受けていた都内のある出版社で、彼の著書〔註〕の装幀を手がけた前後の邂逅《かいこう》にまで遡る。

かく、間遠《まどお》な関係だったものの、そのかんも金城実の存在は、現在の世界における比類なく大切な表現者として、私のなかに位置づけられてきた。

昨春からは、さながらこれまでの空白を埋めるように読谷を訪ね、夜を徹して彼と語り合い、制作の現場にも立ち会う至福の時を重ねている。この彫刻家のアトリエと、車で半時間あまりで往き来でき、彼が沖縄を留守にしていないかぎり、いつでも望みさえすれば会えることは、同様に大切な他の何人かの方がたとの関係とともに、おそらく私のこれまでの人生で最大の決断であった沖縄移住とい

〔註〕金城実『神々の笑い』（一九八六年／径書房）

危機の極みの尊厳

私の「美術史」観は「文学史」観と同様、大学教員やキュレーターらによる〝序列〟とは、必ずしも重ならない。

金城実は、現代世界で最も重要な位置に立つ美術家である。セザンヌ以後ジャコメッティに到って造形としての「探求」がほぼ尽くされ、一方で二〇世紀後半、「もの」派やコンセプチュアル・アート、ポップ・アートその他、制度としての「藝術」の〝意味〟を（ただし、はなはだ皮相に）問うた試みも、すでに底を突いた（大体、それらはそもそも「面白くない」「魅力的でない」――これは表現として致命的である）。あまつさえ、もはや私たちの生きる世界それ自体が全面的な危機に瀕した現在、表現が担うべき役割は「歴史」や「社会」「政治」と直接、関わる往復運動を措《お》いてあるだろうか。

その点、前述の諸作に加え『チビチリガマ世代を結ぶ平和の像』『恨《ハン》之碑』『残波《ざんぱ》大獅子』……等等で沖縄を表徴する彫刻家の仕事について、本欄の読者に私からの説明は不要だろう。そこにたえず脈打っているのは、危機の極みの尊厳とも呼ぶべき人間のありようにほかならない。

最も尖端に位置する純然たる「表現」が、なお「人間愛」と不可分のものとして生成されつづける――実はそれ自体、現在においては、ある種の奇蹟である。

真の表現者は、自らの連なる藝術的系譜について自覚的・意識的なものだ。だから金城実が、ゴヤに始まり、ケーテ・コルヴィッツ、エルンスト・バルラッハ、魯迅らを語る事情はよく理解できるし、作品にもそれらの影響は看《み》て取られる。

その一方「絵でデッサンはしない。デッサンも粘土でする」との言葉で私を驚かせた金城実が、絵画のみならず塑像でも見事な達成を示したドガに通ずる素描家でもあることを、私は強く感じている。だとするなら、最近の金城実がしきりと、ドガに先駆するドーミエへの親近感を語ることも、また極めて自然なのだ。印象派を代表する卓越した素描家は、十九世紀フランス最大の「諷刺版画家」の直接の影響下にある。ちなみにドーミエの受容として、金城実の作品は疑いなく鴨居玲《かもいれい》より深い。

彫刻家という「運命」

制度的な西欧「美術史」の文脈でいうなら、ルネサンスの後、長く「置き物」の因襲ぶりの縮小再生産と堕していた彫刻の表現性をともかく蘇生させたロダンの〝直系〟に金城実が位置するのは、観る者に容易に感得されるところだろう。

二〇代初めの春、大学受験に頓挫した失意の金城実は、浮かれ騒ぐ花見の喧騒を逃れつつ上野公園を彷徨《さまよ》った果て、開館ほどない西洋美術館の前庭に林立するロダン『カレーの市民』の群像に運命のように逢着《ほうちゃく》する。そのときの戦慄・震撼・聳動《しょうどう》を、私は幾度、本人から聞かされたことか。しかもそこで金城実の内部に熾火《おきび》のごとく点《とも》された彫塑への情動は、実際に彼が粘土を手にするまで、さらに一〇年近い歳月を要したのだったが。

けれど私は、量感表現としてのロダンとともに、金城の彫像におしなべて共通する表情の深い美しさと気高さ、技術的には顔貌表面のまとめられ方の処理に、むしろ遠くドナテッロやミケランジェロとの共振をも感ずるのだ。なんという振幅。

◀彫刻家・金城実。辺野古・瀬嵩の浜にて。

▼金城実アトリエ・野外展示スペース（読谷村)。手前は『漁夫マカリー』(右) と『鬼神』、後ろは 100 メートルレリーフ『戦争と人間』。
（ともに 2015 年撮影）

そんな彫刻群がいま、二一世紀前葉の沖縄で、世界最強の軍事超大国、およびその属国たる世界最悪の没倫理的・元〝経済大国〟からの二重植民地支配に、ただ人間の尊厳のみを賭して対峙している。なんという光景――。

だから、依然として美術大学の旧弊なカリキュラムや既存の「文化」ヒエラルキーに蝕《むしば》まれ、せいぜい舟越保武《ふなこしやすたけ》の〝宗教的精神性〟だの、佐藤忠良《さとうちゅうりょう》の〝抒情的エロティシズム〟だのが賞揚される水準に留まる「現代日本彫刻史」に、金城実の桁外れの仕事が席を見出すのは、容易ではない。

それはむろん、この藝術家の「栄光」であろう。

金城実さんの「作品保管展示場」は、現在も建設カンパを受付中。詳細は、金城実事務局(電話=〇七二―六二六―四五〇一)まで。

〔初出／『琉球新報』二〇一五年七月二一日付「文化」面〕

文化こそ「闘い」の手段　絶え間なく届く波動
――尊厳と抵抗　金城実の藝術〔下〕

ところで私が瞠目《どうもく》するのは、金城実作品の見事さばかりではない。それ以上に、彼が決して〝孤高の藝術家〟などではなく、つねに人びとと共にありつづけるという事実なのだ。伴侶の金城初子《はつこ》さんはもとより、アトリエへ赴くたび、そこで出会う皆さんの飾らぬ真率さに、私は強く魅せられる。

人びとと共に

阿波根昌鴻《あはごんしょうこう》。瀬長亀次郎。安里清信《あさとせいしん》。金城祐治。當山《とうやま》栄。大西照雄。金城繁。佐久間務《あきら》。島袋利久。嶺井妙美。染谷正圀。……彼ら、沖縄の「反基地闘争」や広義の人間解放の闘いの内に生涯を畢《お》えた方がたの胸像を「キャンプ・シュワブ」前へ運び込み、カヌー隊や座り込み参加者を励まそうという『金城実・辺野古彫刻展』の構想もそうだ。

思想の「直接性」というものの、文字通り体現者ともいうべき知花昌一《しょういち》さんはじめ、彫刻家と同年代の移住ヤマトンチュをも含む七〇代・六〇代・五〇代の篤実な盟友らが、おのおの、どれほど深い共感と自由な連帯の志を持ち寄って、この破天荒の企てに協力していることか。なんと素敵な「タンメー（おじさん）」たちだろう。

この野外彫刻展は、そこで「県民集会」が行なわれる際には那覇セルラースタジアムでも催される。過ぐる六月二三日には、例によって大作『漁夫マカリー』『鬼神』の二点を軽トラックの荷台にロープで括《くく》りつけ、一行は勇躍、摩文仁《まぶに》・平和祈念公園の『追悼式典』を目指した。目前で警官隊に阻止され、到着が大幅に遅れた結果、参列の日本国内閣総理大臣・安倍晋三に、彫刻の姿を取った「沖縄の魂」を突きつけるという所期の計画こそ、実現しなかったものの——。

慈しみと、プライドと

野外彫刻展の観覧者たちを前に、金城実が得意のブルース・ハープやクロマチック・ハーモニカで、たっぷりとビブラートをかけながら『ふるさと』を情感豊かに吹き鳴らすとき——また撤収作業が始まり、彫刻家本人は早くもにこやかに泡盛の紙パックを開ける傍らで、なお人びとが沖縄抵抗運動の先達らの胸像に、ひっきりなしに焼香（！）し、カンパ箱に浄財を寄付する光景を見るとき……私はまさしく言葉の真の意味での「民衆藝術家」への思いを新たにする。

「人間」への共感と慈しみ。まこと、金城実の彫刻を特徴づける美点の一つは、造形された人物がおしなべて具《そな》える、疑いようのない「気品」である。次元の低い〝諷刺画〟や〝プロパガンダ美術〟がともすれば陥りがちな、人間の拙劣で忌まわしい、安易な戯画化から、金城作品ほど遠い表現はない（——その高度に周到な藝術的節度は、銃剣を構えた米兵を提示しようとするときにおいてすら）。

辺野古ゲート前の沖縄県警機動隊の、分厚い沈黙の壁に「あんたがた警察は権力を持ってるだろうが、われわれ市民はプライドを持ってるぞ。プライドを傷つけられることは、許さんぞ！」と、諄諄《じゅんじゅん》と迫る金城実。だが続けて彼は「……まあ、おまえら若造に、それを言ってもしょうがない。

悪いのは、上の奴らだ。おまえらも可哀相だ」と、ぶつぶつ、ぼやくのだ。
痛みと怒り。鋭さと温かさの並存。
いまなお「ヒューマニズム」という概念を、金城実は見棄ててはいない。

「文化」を拠りどころとして

しかもその金城実が、私に会うたび訴えるのは〝ウチナーの文化的弱さを打つ〟必要性なのだ。そこには、彼が自己形成の転機と位置づける、大阪での多年にわたる教員生活を通じての、在日や被差別部落の人びと、現在の社会では障碍者と呼ばれる人びととの出会いも関係していよう。

全日制高校の非常勤講師に並行して、定時制高校や、いわゆる「夜間中学」（制度上は「夜間学級」）で識字教育をも含めた教育に全人的に力を注いだ、この時代の多様な思い出を語るときの金城実は、ひときわ生彩に富んで愉しげだ。沖縄を離れ、ヤマトという「外部」に身を置いて、そこから沖縄の地を凝視した歳月が、彼ならではの重層的な世界像の形成に与《あずか》っていることは疑いない。

一度、すでに広く国内外に知られる存在となった後も、なぜ金城実が『沖展』〔註一〕彫刻部門への出品に強いこだわりを持っていたのか、その理由を尋ねてみたことがある。規定の出展料も支払って『沖展』に応募した〔註二〕、その動機が、そうすることで、旧弊な「沖縄の美術界」を真に刷新したかったからだと当然のように答える彼に、私は胸が熱くなったものだ。

金城実から現在、提案を受け、設立を慫慂《しょうよう》されている、沖縄における「文藝懇話会」的な場の創出に関しては、移住ヤマトンチュとして当然、さまざまな思いが錯綜する。たやすいことではない。だが彼の求めである以上、自分が微力を尽くすだろうことも、私にはよく分かっている。かつて読谷村長としてアメリカ合衆国大統領ジミー・カーターと渡り合った山内徳信《とくしん》氏の〝「基地」と「文化」の闘い〟という洞察の重さと、その思念の到達距離の長さとを、いよいよ強く噛みしめながら。

〝『ポツダム宣言』なき一九四五年〟

このほど自民党〝若手〟議員らと、某〝ベストセラー小説家〟とが結託して、沖縄の新聞『琉球新報』『沖縄タイムス』の二紙を名指しで貶《おとし》め、恫喝した。政治家・言論人として、およそ近代世界にあり得ない、恥ずべき所業である。本来、「作家」とは、必ずしも無意味ではない——この地上にそれなりに役割のある人間の存在のしかただと考える私にとって、文化的に最低のものが、背後に露骨な政治性を帯びた浅ましい商業原理と、それにたんまりと腐蝕されきった大衆社会の鑑賞力の低さとを梃子《てこ》に「文学」を僭称《せんしょう》するほど醜悪なことはない。

かねて私は、東京電力・福島第一原発事故以後の状況を「『ポツダム宣言』なき一九四五年」と定義してきた（小著『原子野のバッハ——被曝地・東京の三三〇日』／二〇一二年、勉誠出版刊）。相手が「連合国」なら、〝無条件降伏〟を受け容れさえすれば、とりあえず直接の攻撃は止むかもしれない。だが、人類史上空前の核破滅がもたらす放射能汚染には、もはや終熄《しゅうそく》がないのだ。

にもかかわらず、二〇二〇年「東京五輪」という、あまりにも欺瞞に満ちた茶番で眼前の局面をのみ糊塗しようとする企みに象徴される現状は、すべてこの絶望的現実——滅びるべくして滅ぼうとしている日本国家の終末を扮飾し、最後の最後まで偽装しつづけようとする思惑に起因している。

そして紛れもなく、こうした壮烈な虚構のまたもや「捨て石」として、無用の軍事的緊張の前面に立たされるのが、沖縄なのだ。国家システムばかりではない。そもそもそれを成り立たしめるヤマト社会の大枠がいかに「ひじゅるー」〔註三〕であるか。その構造的な冷酷ぶりの根深さについてなら、私自身、骨身に沁《し》みて知り尽くしているつもりである。

人類史上空前の危機が来た

そしてついに、このたび「安保法制」法案が衆議院で一括強行採決された。収拾不能の原発事故を抱えた核大国（五四基も原発があるのだから！）が、軍国主義ファシズムの完成を目前にしている。

この事態は何を意味するか？　人類史上空前の危機である。

安倍政権の特徴は「文化」の不在であり、首相自身の「言葉」の頽廃《たいはい》・不毛である。二〇〇二年の早稲田大学での「核兵器使用も合憲」発言、二〇〇六年に「福島第一原発への地震・津波対策の必要性」を全否定した国会答弁、二〇一三年のＩＯＣ総会での「福島第一原発事故は完全にコントロールされている」「過去も現在も未来も健康被害はないと保証する」という〝プレゼンテーション〟、今春の「これから日本人には指一本触れさせない」と意気がってみせる舌足らずな〝決意表明〟……。

「精神の戒厳令下に」というのは一九八〇年代後半からの私の日本社会認識だが、もはや「精神」どころではない。たかが国政の一機関にすぎぬ内閣の専横によって、事実上『日本国憲法』は機能を停止しているではないか。いまや安倍晋三は単なる自衛隊最高指揮官を超え、旧『大日本帝国憲法』では「天皇大権」とされていた「統帥権」（一一条）をも恣《ほしいまま》にする、日本の「憲政」史上例を見ない独裁者となりつつあるのだ。その権力の集中ぶりたるや、内閣総理大臣・陸軍大臣・参謀総長を兼務した東條英機の比ですらない。

最悪の現在の底から

　この最悪の現在の底から、いかなる抵抗が可能か。すべての楽観的予定調和を超え、かろうじて言い得るのは、少なくとも文化が滅んだ場に人は存在できないという事実だ。文化こそは「闘い」の手段であり「人間」の根拠である。ちょうど一〇年前、私は韓国・光州《クワンヂュ》の民衆美術を賞讃する文脈において《藝術でしかないものは、藝術ですらない》〔註四〕と書いた。あえて反語の形で提示した、この簡明なテーゼが遠望する「藝術の全人性」を、私が知る現存の世界の美術家のなかで、金城実ほど具現する表現者はいない。「共に闘う」などと、軽がるしくは言うまい。だが、闘いつづける彼が輻射《ふくしゃ》熱のように発している波動は、たえまなく私にも届いている。沖縄の「誇り」から、普遍的な人間の「尊厳」を照射して。


〔註一〕沖縄県内最大の公募美術展。沖縄タイムス社主催。

〔註二〕結果的に金城実の出品作は（その実績から？）「審査の対象外」として、本人の言葉によれば「門前払い」されたという。

〔註三〕「ひじゅるー」＝もともとは「冷える」「冷たい」。そこから転じて「冷酷」「酷薄」の意にもなる。ウチナーグチ。

〔註四〕山口泉『光源と辺境』（『光州事件から二五年——光州の記憶から東アジアの平和へ』展・図録／二〇〇五年）

〔初出／『琉球新報』二〇一五年七月二二日付「文化」面〕

＊本篇に関しては、巻末の『収録作中、一一篇に関する簡略な補説風の自註』も参照。

▲金城実『沖縄・抵抗の群像』（塑像／ 2015 年）

◀金城実『フクシマ――おらが故郷を返せ。子どもを返せ』（木彫／ 2013 年）
（ともに読谷村の金城実アトリエにて／ 2015 年撮影）

歴史と人間を凝視する「モノローグ」の底光り

——映画『泥の花』と『シバサシ』

近年、沖縄の「基地問題」をめぐって制作される映像ドキュメントは少なくない。そのなかでも、輿石正さんの作品を涵《ひた》す、重い静けさは何だろう。

私が氏の映画に出会ったのは、沖縄本島の中部東岸に広がる泡瀬干潟のほとり、ウミエラ館でのことだ。世界有数の生物多様性の宝庫である汀《みぎわ》に対し、行政が進める理不尽な埋め立てへの抗議の拠点でありつつ、多彩な文化発信の場ともなっている、この八放サンゴ亜綱の動物の名の冠された施設は、元・那覇市職員の屋良朝敏さんが、ちょうど二〇一一年「3・11」のさなかに開かれた。以後、万難を排して運営されてきたこの稀有の〝博物館カフェ〟の企画の一環として、本年三月に上映されたのが、輿石さんの最新作『泥の花——名護市民・辺野古の記録』(二〇一四年/じんぶん企画)だったのである。

映画『泥の花』において際立つ特質は、二つ。

第一に、現在の「辺野古」に表徴される沖縄の抵抗が一九七〇年代の金武《きん》湾CTS(石油備蓄基地)反対闘争からの歴史的構図のなかに位置づけられていることだ。

そして第二に「辺野古新基地建設」が新たな日本の軍国主義化を加速するとの、濃密な危機感が提示されている点である。

という、七〇年代当時の金武湾への恐るべき「原発建設計画」までもが克明に示される。また後者については、《沖縄から戦争の足音がはっきりと聞こえてくる》《しかし、その足音を止める沖縄の人々の反乱も始まっている》との輿石さん自身の低声のナレーションが、ただならぬ事態の切迫を告知するだろう。《平和憲法はその中身を沖縄が育ててゆくしかない》――。

輿石正さんは一九四六年、山梨県出身。三十年ほど前にヤマトから移住した名護の地で、予備校を経営する。しかも、そうした自らのありようを規定する「商人」という概念は、アルチュール・ランボオや谷川雁《がん》ら、詩人の屈折した自負ではなく、あくまで「市民」としてのそれに根ざしていよう。だからこそ、その作品に登場するさまざまな名護市民も、同様に「生活」と「抵抗」との懸隔を生き抜く切実な存在として迫ってくるのに違いない。

続いて五月に、やはりウミエラ館で『シバサシ――安里清信の残照』（二〇一二年／同前）を観覧するに到り、輿石作品についての私の讃歎は、より鞏固《きょうこ》なものとなった。全篇を貫流する作り手の内省的なモノローグが、日本の「記録映画」のなかでも突出した人格性を実現している、との。

「海と大地と共同の力」を支えに《代表はいらない》《一人一人が生存の主体》という思想のもと、原発建設予定海域を含む一千万坪以上の埋め立て計画を阻止した「金武湾を守る会」代表世話人・安里清信《あさとせいしん》（一九一三年―八二年）。その抵抗は、沖縄における皇国臣民教育から、召集されての中国での侵略軍・下級兵士としての戦争体験、そして帰沖後に知ることとなる、幼子を道連れにしての妻の自殺や残された家族の離散等、凄惨極まりない前半生のなかから生成されてきた。

作中、繰り返し示される、安里の《人の命の代わりはできない》《最後は自分一人》《嫌なものは嫌だ》という言葉の、なんと痛切なことか。自らが沖縄に移り住む前年に逝去した思想家へ向けられた輿石さんの述懐が、映画の終幕近く、振り絞るように響く。

――「安里清信さん。あなたに、会いたかった」


日本の「記録映画」で、私が輿石作品から受ける印象に近いものを強いて探すなら、土本典昭の「水俣」連作がある。ただ輿石さん自身は、直接にはむしろ小川紳介の薫陶を受けたとの思いが強いらしい。

先般、名護の職場に輿石さんをお訪ねした。これまで〝インタヴュー〟の類は厳として「往《い》なして」きたという氏が初めて応諾くださる機会となった二時間ほどの対座の内容は多岐にわたるが、わけても私が心を打たれたのは、『泥の花』で最終的に「差し替えられた」箇所のエピソードである。

実はこの作品では当初、チャーターした船で、海上保安庁と埋め立て反対の市民〝カヌー部隊〟の「激突」の現場の間近にまで迫り、撮影された「流血のシーン」もあったのだという。〝いざとなった記録媒体をクーラーボックスに入れて海に投げ込み、守るつもりだった〟という覚悟で撮られたその場面は、だが結局、編輯《へんしゅう》にあたってすべてカットされる――。


輿石さんによれば「〝何をやってるんだ、お前は〟という小川紳介の叱責が聞こえてくるような気がした」との「ぞっとするような」「恥じらい」の感情。

それは「いまの激しく突出した場面だけを切り取って、これ見よがしに提示するのではいけない」「過去のたくさんの人たちの思いがあってこそ、現在がある」という内省だったのだと、自己分析される。

「これではまずい、という直観が自分のなかに残っていたことが、嬉しかった」

そして「映画としては決して短くない」四分四〇秒のシーンはそっくり、現在では立ち入れない大浦湾・長島から撮影された辺野古のイノー（内海）の美しく「穏やかな映像」に切り替えられる。

「〝バトル・シーン〟を取り去る判断を下した、そのとき『泥の花』は決まった」――。

新作が完成すると、輿石さんはそれをつねに、一般公開に先立って、まず自らの経営する予備校の職員に、次いで生徒たちに観てもらうことにしているという。先に「流血のシーン」を含む初期形を観ていた職員の何人かが、この改変に共感を示した。

輿石さんも「そうしたシーン」を盛り込む他の表現の存在を、必ずしも否定するわけではない。

「しかし、僕にとっての『辺野古』は別にある」

「こういうことは直接、画面からは見えなくとも、作品のどこかに反映されている」

通常の意味での、安易で皮相な〝クライマックス〟や〝カタルシス〟を慎重に斥けたところに「映画」を成立させる輿石作品にあって、にもかかわらず観る者を直接、深く揺さぶる要素は少なくない。その一つが、主題歌の扱いの見事さだろう。

コザの〝オキナワン・ブルースの旗手〟知念良吉の同題の傑作の、凛として目眩《めくるめ》く、息を呑む絶唱のうちに幕を閉ざす『泥の花』（映画タイトルは、そもそも知念のこの曲に由来する）然り。

『シバサシ』の主題歌『祈り歌』（作詞作曲・山城美由紀／歌・ミーワムーラ）の、全身に月光を浴びるような清冽な叙情、然り。

『祈り歌』は、中間部の〝語り〟にかすかに宮澤賢治の残響と、それへの共振を揺曳《ようえい》させつつも、まさしく安里清信や、彼と共に闘ってきた人びとの息吹を、まざまざと顕現させるスケールを持つ。現代日本で「孤独」と「連帯」の弁証法をこれほど美しく歌い上げた曲を、ほかに知らない。

それにつけても、この『祈り歌』が、実は、映画に相応しい音楽を求めていた輿石さんの断片的なイメージを受け、身近なスタッフにより一週間ほどで書き下ろされた作品だと知らされたときの驚きは忘れ難い。輿石さんには、思いがけずその作り手にお引き合わせいただくこともできた。

『シバサシ』の終わり近く、含羞に満ちて微笑する安里清信の表情を『祈り歌』が大きく包み込むとき、映画は間違いなく人間の存在のある深い次元にまで達している。それはやはり真の藝術表現ならではの、一つの「カタルシス」にほかなるまい。

「音楽だけでなく、DVDのラベルも、ジャケット・デザインも……全部、手作りなんです」

そう笑う輿石さんは、映画が出来上がる際、自らの内部に「歌」が鳴り響くという。

「歴史のなかで物事を考えたい」「いつも年表作りから映画が始まる」という輿石さんの方法は、個別具体的な名を持った「命」に直接つながる。

「よく〝命は重い〟と言われるけれど、現実はそうなってはいない。命は、あまりにもあっけなく奪われてしまう。命があっけないという思いから、映画を作りたい」

辺野古だけではない。東京電力・福島第一原発事故からの避難移住者の沖縄での生活。豊かな山原《やんばる》の自然……。輿石正さんの追求しつづけるモチーフは、さまざまな顕《あらわ》れを示す。

「現在の沖縄だけを、切り取って見せることではない。その向こうの歴史の厚みを、少しでも伝えたい――」

こうした願いの襞《ひだ》が折り畳まれた琉球弧が、いま、その総身を顫《ふる》わせて、安倍晋三政権の「戦後」最悪の軍国主義ファシズムに抗《あらが》っている。


〔初出／『図書新聞』二〇一五年八月一日号〕

▶『シバサシ』『泥の花』チラシ（じんぶん企画／提供）

▲輿石正さん（二〇一五年六月、名護市のオフィスにて）

日本人が最初に弁えるべきこと
――〝朝鮮半島、緊張〟の報に

このかんの朝鮮半島の〝緊張〟を憂慮する声が、私のもとにも届いている。

よりによって安倍軍国主義ファシズム政権が〝安保法制〟を強行成立させようとしている、そのさなかのこうした展開に、私自身、さまざまな可能性は思い、また懸念せざるを得ない。

昨夕のＮＨＫニュースは、朝鮮民主主義人民共和国軍の分列行進の資料映像を流す一方、野戦服に身を包んだ朴槿恵《パククネ》・大韓民国大統領の映像を報じた。胸を塞《ふさ》がれる思いがする。

――こうしたとき想起するのは、二〇一〇年一一月のことだ。

畏友の画家・全情浩《チオンヂオンホ》の個展『庚戌國恥《キョンスルクッチ》一〇〇年企画招待展』（光州《クワンヂュ》・ロッテ百貨店ギャラリー）のオープニングに出席〔註〕、盟友の李相浩《イサンホ》とはまた別の意味で「光州民衆美術」の不動の「原点」と、私が目する優れた画家の展覧会を寿《ことほ》ぎ、錦繍の韓国・全羅南道《チオルラナムド》で光州民衆美術の画家たちと旧交を温め……

私は、慌ただしくも豊かな数日間の旅を了えて、東京に戻った。自宅に辿り着いた私を待ち受けていたのが、この当日、延坪島《ヨンピョンド》への砲撃事件が勃発したとの報だったのである。

驚いて、急遽、電子メイルを出した私に、彼地の友からは、ほどなくこんな主旨の返信が届いた。

《私たち韓国の人びとは、これまでにも、こうした事態を何度も経験しています。ですから今回も落ち着いて対処し、危機を回避するでしょう》

その静かな応答に、粛然たる思いがした。

〔註〕このとき、この美しい展覧会同展に関連して私が書いた主な文章には、以下のものがある。
『苦しみさえも美しい画布――美術の戦士・全情浩の弁証法的画業に寄せる七章』〈日韓・二箇国語／韓国語訳＝稲葉真以〉（『庚戌國恥一〇〇年企画招待展／全情浩「朝鮮のあさ」展』図録／二〇一〇年一一月、大韓民國光州廣域市ロッテ百貨店ギャラリー刊）
『日本の罪科を静かに問う、清冽な怒りの絵画――「庚戌國恥一〇〇年企画招待展」全情浩『朝鮮のあさ』紹介』（『週刊金曜日』二〇一〇年一二月一〇日号）
『百年の果てに開花する、真の「藝術」の救済力――「光州民衆美術」の二一世紀的現在／「庚戌國恥一〇〇年企画招待展」から』（『図書新聞』二〇一一年二月一九日号）

一九八七年、全情浩と李相浩の共同制作にかかる、韓国民衆美術独自の様式・掛け絵《コルゲクリム》による大作『白頭《ペクトゥ》の山裾のもと、明けゆく統一の未来よ』（백두의 산자락 아래 밝아 오는 통일의 새날이여）は、美術作品が「国家保安法」違反の嫌疑を受けるという事態に遭遇した。さまざまな政治弾圧に満ちた現代韓国史でも、初めてのことである。この事件で、二人は指名手配となり、共に逮捕・投獄されて、凄惨な拷問を受ける――。

その精神的痛苦が現在に到るまで癒えない盟友を、同じ経験を共有する同志として、たえず気遣い、支えつづける全情浩の友情と、それを支えとして生き抜き、制作を続けようとする李相浩の苦闘。

それは、数多くの光州民衆美術の画家たちとの一〇年に及ぶ交渉を通じても、ひときわ深く強く、私を打つものだった。

南北分断も、それぞれの社会の困難も、在日の現状も、その歴史的責任はすべて、一義的には日本にある。この点を、まず確認しておこう。

ただ今回の場合、さまざまな意味で二〇一〇年とは状況が異なる。なかでも重大な要素の一つ——もしかしたら最大の悪条件かもしれぬのは、「戦後」日本を通じても最悪というべき、安倍晋三による軍国主義ファシズム政権の存在だ。事態を平和裡に収束させようとする上で、これはいかなる意味でも、なんらプラスには作用すまい。「国際政治」のさまざまな暗部を予測しつつ、状況の推移を注視し、危機を防ぎ止める声を上げなければならない。


この事態に際し、事柄の根本の責任を一顧だにすることなく、「南」「北」いずれに対しても、その〝濃淡〟の差はあれ奇怪に歪んだ「揶揄」や「憎悪」の表情を伴わせたしたり顔で語ることしかできぬ日本人がいるとすれば、私はその道義性・倫理性の根本的な欠落に深い憤りを覚える。驚くべきことに、自らは安倍政権を〝批判〟しているつもりの〝進歩的知識人〟のなかにも、日本人としての根源の歴史的責任を弁《わきま》えぬ没主体的人格が、時に少なからず存在する光景は、このうえなくおぞましい。

繰り返す。南北分断も在日の現状も、その歴史的責任は一義的に日本にあるのだ。そして、苟《いやしく》も、その「主権者」たる立場をいまだなお剥奪されていない以上、私たちは戦争を防ぎ止め、東アジアの緊張を緩和することに日本が寄与するよう、声を上げ、働きかけつづける「義務」を負う。

また、もしも「主権者」たる立場を剥奪されたなら、それを奪還するため抵抗する。当然のことだ。たとえ、そもそもが実は自分たち自身で闘い取ったものではなかったとしても——ならば、今度こそは、真に自らの手で獲得しなおすために。

▲個展『庚戌國恥 100 年企画招待展――「朝鮮のあさ」展』会場にて、大作『恨（ハン）』の傍らに立つ全情浩さん（左）と著者。240cm×800cm の『恨』は、総計 480 枚の小さな正方形のキャンヴァスから成る。その理由は「それらの 1 枚 1 枚に、日本帝国主義によって〝従軍慰安婦〟とされた女性たち 1 人 1 人のかけがえのない人生があったという思いを込めたかったから」と、全情浩さん。

（2010 年 11 月、光州ロッテ百貨店ギャラリー／撮影・遠藤京子）

日本の、実はまだ完全に生まれてはいなかった「民主主義」が虐殺されたとも受け止められる日に、そのほんとうの「新生」を切望する、簡略な走り書き風メモ
――二〇一五年九月一八日～二一日

二〇一五年九月一九日未明――。卓上に中型のタブレット二台を並べ、参議院本会議の「戦争法制」〝採決〟の進行と、それに対し、国会の外で懸命に反対・抗議の声を上げつづける人びとの姿とを、左右の画面で確認していた。時折り、手許の小型タブレットで気の重いメモを取りながら。

……いかにも。制度としての「政治」の内部において、政府与党によって推し進められたのは、あまりにも常軌を逸した目を疑う暴挙であり、驚愕すべき茶番であり、醜悪な惨劇だった。いまさら繰り返すまでもないが、これは「法の支配」の概念を根底から否定する独裁以外の何物でもない。奇怪にもこのたび「国会」という場においてだけ成立した、一握りの低劣な者らによっての、国家と社会、そして好むと好まざるとに関わらずそこに生きざるを得ない人びとの生命と生活の「私物化」――。

なるほど、野党の反対討論の中には、一定程度、真剣味の籠もったものも散見されないではなかった。しかし、いまだ到底、十分ではない。

結果として、何が何でも違憲立法を阻むことができなかった。その気概の片鱗すら、きちんと示されることはなかった。この一点において、彼らは敗れているし、それ以上に誠実ではなかったのだ。

むろん、それらの存在を一定程度、評価することはされねばならぬとしても。なお。

彼ら野党に言う。とりわけ、民主党に言う。有権者の支持によって、二〇〇九年、いったんは積年の自民党の呪縛からこの国を部分的にせよ「解放」し得たはずの、前・政権党に――。

いま、寄せられる市民の支持に、あなたがたが慢心していてはならない。このかん少なからぬ人びとが、いかなる思いをもって――あえて言うなら、かけがえのないものが奪われた、取り返しのつかぬ悔しさと憤りに地団駄を踏み、歯噛みしながら……それでもなお、民主党議員の反対討論を聴き、そして絞り出すような「支援」の声、呻きを上げていたか？

あなたがたには、果たしてほんとうに、こうした人びとの思いが理解できているのか？

たしかに、東京電力・福島第一原発事故をもたらした「主犯」は紛れもない自民党である。また二〇〇六年の国会答弁で、同原発の予備電源の必要性を公然と否定した、そのときも現在も内閣総理大臣である、同党「総裁」安倍晋三である。

そうではあったにしても、しかしあの二〇一一年三月一一日からの数十時間、ないしは数百日間、ＳＰＥＥＤＩ（緊急時迅速放射能影響予測ネットワークシステム）のデータをいち早く米軍にのみ提供する一方、この国に生きざるを得ない人びとを偽り、あたら被曝させつづけた当時の政権与党であった民主党の、その責任は、永遠に消えることはない。もう一度、記す。永遠に消えることはない。ないのだ。

にもかかわらず、この国に生きざるを得ない民、私たちは、安倍晋三の絶望的な軍国主義ファシズムの完成を前に、こんな彼らに対してすら、一縷《いちる》の希望を託したのだ。託さざるを得なかったのだ。

その思いに対して、当時の政権与党であった民主党はじめ、現・野党はどこまで「必死」であったか？

この耐え難い時間のすべてを通じ「国会」という制度内部において、唯一、ほぼ完璧に真実だったのは、ただ一人、山本太郎議員の言動だけだった。その事実は、現在の「国会」と市民社会との懸隔そのものを示している。

とりわけ最後、苦渋に満ちた「一人牛歩」を重ねた末、青票（反対票）を手にしての壇上での、安倍政権と与党議員、経団連とアメリカを指弾した山本太郎氏の呼びかけには、深く胸を打たれる。

これこそが、名前と顔と人格を持った、血の通う「人間」の言葉というものであり、魂の底からの叫びである。国会議員の演説で、これほど痛切、かつ真実に満ちたものを初めて聞いた。

――なるほど、その後の日本共産党・志位和夫委員長による、安倍政権打倒のための「国民政府」の提言には、私も少なからぬ注目をしてはいる。そして、それはたしかに新たな「人民戦線」の萌芽の予兆でもあるかもしれない。

しかし、その一方、いわゆる「人民戦線」Front Populaire という概念が、その成立した諸国で歴史的に示してきた政治的脆弱さ、〝詰めの甘さ〟も、私は同時に危惧する。そしてすでにこれに対し、早くも他の野党内部から「異論」が……見え透いた攪乱《かくらん》工作が始まりかねない予兆もある。

何より、二〇一五年九月一八日から一九日未明にかけ、参議院本会議において十分に闘い得なかったような人びとの今後の抵抗、その「覚悟」に、少なくとも現時点では、私は安易な「期待」を委任してしまうべきではないと考える。

山本太郎氏ひとりに「牛歩」を強い、彼に与党議員たちから浴びせられる、おぞましい罵詈雑言を傍観していた他の野党議員たちを。

――そしてそれはおそらく、自らもその胸中に、相対的に自らよりはるかに真実で自由な一個の人間たる山本氏に対する、何重にも鬱屈した思いの襞を畳み込みながらのことであったに違いあるまい。

「いざとなったら野党議員全員が辞職するという方法もある」云云と、例によって口先だけの空疎な言辞を弄んでいた一部〝指導的領袖〟〔註二〕は結局、どうしたのか？　この国における政治家の「言葉」は、どこまで空虚に腐蝕してゆくのか？

〔註二〕小沢一郎よ、あなたのことだ。もとより、利敵行為以外の何物でもない、こんな幼稚で雑駁な〝方法〟にいささかでも意味があるとは、私はまったく考えないが。そして結局、あなたはいつもどおり何一つせず、山本太郎を孤立させただけだった。ないしは、奇怪にも依然、あなたの「ファン」として存在する、〝政治的リテラシー〟の低い一部大衆の鬱憤を自らの思わせぶりへの「期待」に繋ぎ止め、結果として安倍晋三のファシズムの膨脹・増殖を補完しただけだった。

また、かつて羽仁五郎が「護憲」の最後の抵抗手段と規定し、望みを託しつづけた、このかん私自身、再三、提言してきたものでもある、その「ゼネスト」はおろか――一定程度、組織された部分的ストライキすら見られないほど労働運動が衰退していることも、この上なく深刻な要素である。

実際、この「戦争法制」強行可決という事態は、「院内」のみならず、社会のあらゆる場で、より広汎な抵抗が展開されて当然のものではなかったか？　にもかかわらず、私たちの紛れもない「不安」や「怒り」は、それを組織し、抵抗の手段とする回路を、ますます失いつつある。

だからこそ、野党の責任は重大なのだ。あなた方はいまこそ、政党としての本来の責任を、真に果たすべきなのだ。

事態は、限りなく危機的である。むろん「諦め」られるはずもない。なぜなら、それはとりもなおさず死を意味するから。

私は絶対に諦めない。断念しない。だがその一方、いかなる安易な「希望」も、状況を打開しはしない。ぎりぎりの段階である。

人の命を、国家があたかも自らの「資源」のごとく、意のままに取り扱うことなど、当然いかなる形でも認めがたい。私たち市民の一人一人は、たとえどの国に帰属していようと、本来――真っ当な道理を持って思慮するなら――戦争など望んでいない。望む立場にない。なぜなら、それによって殺されるのは、紛れもない、私たち自身なのだから。

だが、それでは困る国家と資本とが、戦争を準備する。そして、ほかならぬ戦争で殺されるはずの当の人びとをも、その置かれた現実への憤懣や疎外感から、むしろ進んで戦争に加担するよう使嗾《しそう》する。そそのかす。不条理の極みであり、歴史にも道義にも悖《もと》る策謀だ。

戦争準備を強行しようとする者は、嘘に嘘を塗り重ね、私たちを欺こうとする。このたびの安倍・自公政権に見るが如く、もともと論理において完全に破綻し、倫理において人間性の底を踏み抜いた低劣を極めている者たちなのだ。これからもいよいよ、いかなる卑怯な手段も躊躇なく用いられることだろう。

遠からず、重大な事態が「起こされる」可能性を、一瞬の油断もなく警戒しなければならない。そしてもし、何かしらが「起こったら」、その根底に秘められた真相を見抜かなければいけない。

その彼らに、私たちが敗れることがあるとすれば、たぶんそれは連帯の規模や強度の問題以上に、一人一人の内部の「拒絶」の意思が腐蝕する時だ。

「絶望しているわけにはいかない」ことと「現実が絶望的である」こととは、あくまで別の問題である。ひと握りの悪しき者たちが「国会」の内部で為した、条理を踏み躙る悪事が、この国に生きざるを得ない者から、近隣諸地域、そして遠く数千キロを隔てた地の民までの生命や生活を脅かす。

多年にわたる日本大衆社会の、それ自体「犯罪的」とも告発されるべき無知、無自覚な意識の低さが、安倍晋三・麻生太郎をはじめ、血縁・閨閥をのみ自らの「特権性」の根拠としてきた、この日本国家において最も愚劣な者らに、私たちの〝生殺与奪の権〟を与えるところまで押し切られるという事態を現出させてしまった。その事実は、ゆめゆめ看過も軽視もされてはなるまい。

まだ『日本国憲法』改悪までは間がある、などと楽観していてもならない。

彼らはすでにすべてを完了する「終局」のプログラムを用意していよう。それもおそらくは、私たちがなお人間としての基本的な節度と雅量を以て〝甘く〟想定している、そのなかでの最低の「底」をもさらに下回る〝最低に最低〟な形で。そのことだけは、断言しうる。

――というのは、今回のおぞましい事態の経過すべてを通じ、結局かくも「法」の基本の論理と道義を踏み躙った暴挙が、結局すべて彼らの思うがままに成就してきてしまった事実は、比類なく重大だからだ。

いまや、この国は人・社会・国家としての箍《たが》が根底から外れた、末期的な無法状態にある。一体、何世紀前の話だ？

だが、もはや現状では『日本国憲法』改悪が、正しく条文の規定に沿って行なわれ得るかどうか、その保証すらないのだ。かくも、「法」も「言葉」も空洞化した国で。

そして何より深刻なのは、そうした無法が行なわれようとするときにすら、それに真に抵抗しようとする覚悟が――怒りが、私たちの社会にあまりにも稀薄であるかもしれぬことだ。

まさしく、いま私たちは偽りの「戦後」の〝つけ〟を支払わされている。そしてそれは実は「七〇年間、平和だった」「日本は戦争をしてこなかった」と――沖縄を含めアジアの人びと、朝鮮半島やインドシナ半島、中東の民を前に、臆面もなく言い放ってきた、これまでの全過程を通じ、深く高く堆積してきたものだ。

ひとり沖縄がいま、どれほど懸命の闘いを展開しようと、その上に日本国家が人を人とも思わぬ、沖縄の民の命など歯牙にもかけぬ圧制を布《し》いている以上、事態は容易ではない。この構造的な日米二重植民地支配が、日本国家に帰属する一「県」に向けている暴圧の凄まじさ、侮辱のおぞましさは、基本的人権という概念、人道の根本を全否定している。

「七〇年間、平和だった」のでは、ない。「戦争をしてこなかった」のでも、ない。日本国はほぼ絶え間なく、米国の帝国主義戦争に、その陋劣な共犯者として陰に陽に加担しつづけていたのだから。

確認すべきことは簡単だ。いま、安倍晋三によって決定的にその息の根を止められつつある「戦後」七〇年の意味を問うとき、私たちは同時にその虚構と欺瞞とを見据えながら、しかも眼前のファシズムへの緊急の抵抗を躊躇なく続けるという義務を果たすことを余儀なくされているのだ。

だが、その負債返済を担おうとする人びとの表情が、いま、必ずしも暗鬱でも卑屈でもない。これは数少ない、しかし確かな「希望」ではあるかもしれない。

すなわちその限りにおいて、あくまで抽象的な題目にすぎなかった〝「戦後」民主主義〟といえども、それが少なくとも題目として存在しつづけてきたことには一定の意味があったのだとも、私は考える。たとえ「絵に描いた餅」であっても、「絵」にすら描かれなかったなら――そもそも「餅」の存在を知ることすらなく、この国の民は来ていたのだろうから。

そして、だからこそ――東京電力・福島第一原発事故から自民党の政権復帰、『特定秘密保護法』や〝安保法制〟の成立、TPP参加に「マイナンバー」制度導入……と、悪夢のごときファシズムの波状攻撃に呑み込まれながらも、それらに一気に押し切られてしまうことなく、なおさまざまな場で「抵抗」の声は続いているのだろうから。


……ここまでを綴って、私は以前、『新しい中世の始まりにあたって』〔註二〕の冒頭にも引用した、ミカエル・レヴィ Michael Löwy『「現存社会主義」の危機に関する一二のテーゼ』(Twelve Theses on the Crisis of "Really Existing Socialism") の顰《ひそ》みに倣《なら》って、日本の〝「戦後」民主主義〟に関し、私自身が比較的最近、再び草したテーゼが、このブログのどこかにあったはずだと検索してみたところ……すぐに見つかった。当ブログ『精神の戒厳令下に』の先行する論攷《ろんこう》、

〝日本の民主主義は死んだ〟のか？(「絶望」と「断念」とは同義語ではない)
――二〇一三年一二月七日に記す、走り書き風草稿メモ
http://auroro.exblog.jp/m2013-12-01/

に、前掲・パリ科学研究センター社会学主任（当時）の『Monthly Review』一九九一年五月号掲載論文の書き出し――《人は、生まれるまえに死ぬことはできない。共産主義は死んでいない。なぜなら、それはまだ生まれていないのだから。このことは、社会主義についても同様である。》を引きつつ、私が次のように記したのは、ほかでもない安倍政権が『特定秘密保護法』なる、これもおぞましい悪法――このたびの「戦争法制」と併せて、どれほど恐怖しても、し過ぎることはない悪法を、可決成立させた直後のことだった。

《人は、生まれるまえに死ぬことはできない。
〝日本の民主主義〟は死んでいない。
なぜなら、それはまだ生まれていなかったのだから。》

してみると実は――というより、当然のことながら――この二〇一三年一二月から現在に至るまで、私たちは安倍晋三の軍国主義ファシズムによる日本の「転落」の〝堕ちるところまで堕ちる〟プロセスの渦中に置かれつづけてきたということもできるだろう。
願わくは、いま、この現在がその最低点であり、ここから先、新たな「上昇」の気運が生成されてくることを――。

その通り。〝日本の民主主義〟はまだ真に（完全には）生まれてすらいなかったのだ。
そして、偽りの「戦後」七〇年を閲《けみ》して、もしかしたら、いま――少なくとも、一部の覚醒した先駆者においてではなく、大衆・市民社会的規模において、という意味では——いま初めて、それは生まれつつあるかもしれないのだ。

〔註二〕月刊『世界』一九九二年四月号〜一二月号連載。のち一九九四年、『「新しい中世」がやってきた！』として岩波書店刊。ただし私は現在でも、雑誌連載時の題名の方に〝こだわり〟がある。

当面、たとえば日本共産党はじめ幾つかの立場から主張されている「解散・総選挙」が、どのようなプログラムを通じ、実現可能なのかどうか。私はただちに詳《つまび》らかにはしない。また、現・安倍政権がこの状況下、容易にそれに応ずるはずもあるまい。

さらに、来夏の参議院選挙に関しても、事態は予断を許さないだろう。危惧すべき要素は枚挙にいとまがない。

一言でいうなら、私たちは安倍政権に何をされるか、予測がつかない。状況は極めて緊迫している。(しかも私は、山本太郎氏を除くすべての国会議員の「覚悟」を、本心では疑っている。もちろん個個に程度の差はあるにせよ、結局のところ彼らにおいては、自らが「国会議員」であることが自己目的化しているのではないか、と。彼らにとって、自らが「国会議員」でありつづけること以上の優先的「価値」が、ほんとうにあるのだろうか——と)

だが、いかに展望が乏しくとも、明らかにとりあえず今回、安倍政権の横暴に最後まで抵抗しつづけた広汎な市民を機軸に、多くの心ある人びとが——「参政権」を与えられていると、いないとにかかわらず——連帯し、危機感を共有するところからしか、乏しい、僅かな可能性も、始まりはしないのだ。さまざまな不安・懸念・危惧・恐怖を抱えながらも、遅くとも参院選、そして可能なら「解散・総選挙」から、決定的な倒閣─政権交代に到る抵抗を組織するよりほかに、私たちが生き延びる道はないのだ。

付言するまでもなく、この「生き延びる」は、いささかも比喩でなど、ない。

かつて、「戦争を知らない子供たち」(北山修)と誇らかに自己規定し、また──詩人自身は、おそらく戦死した亡父をも念頭に置きながらでもあったろうが──やはり「戦争は知らない」(寺山修司)との表題のもと、さらに瑞みずしい「叙情」を迸《ほとばし》らせもした……しかしやはり歴史的・人間的に見たときには過てる歴史認識をここまで持ち越してきてしまった「戦後」日本人が、いま、その厖大な負債をまのあたりに、たじろいでいる。

だが──果たして返済可能なものなのかどうか、さらには「貸し方」に受け取ってもらえるものなのかどうかも別にして──沖縄を含む東アジア、ひいてはこの搾取と抑圧、差別と収奪とに充ち満ちた、不平等で悲惨な全世界に向けて、私たち「戦後」日本人が、その負債を誠意をもって返すべき時だ。自らの存在と、自らがその一員であるはずの人間としての尊厳を賭して、隣人とも、より遠くの他者とも、いまこれから初めて創らねばならぬ、「抵抗」の歴史を生成する時である。

〔初出/山口泉ブログ『精神の戒厳令下に』──二〇一五年〇九月二一日 一七時四七分〕

傷つくことのできるものだけが持つ「つよさ」
——光州民衆美術の北極星・李相浩三〇年の画業

李相浩《イサンホ》（一九六〇年生）の個展『歴史の街角に立って』は、光州《クワンヂュ》の〝アート・ストリート〟となっているらしい、その名も東区藝術道にあるDSギャラリーで開かれた。画家の無二の盟友・全情浩《チォンヂォンホ》（同前）が、万感の思いを込め、〝相浩の三〇年ぶりの外出〟と形容した、記念すべき回顧展である。

私が二人に出会ったのは、二〇〇五年一二月も半ばのことだ。一九八〇年の光州市民蜂起から四半世紀を経て、この歴史的事件のただなかに自己形成を遂げた画家九人の作品が、世界で初めて一堂に会するという破天荒の展覧会（京都市立美術館別館）に、企画立案者の徐勝《ソスン》さん（現・立命館大学特任教授）からの招きを受け、赴いたのだった。

真冬の京都の青墨《せいぼく》を流したような宵闇の底に集っていた、国際的にも著名な韓国民衆美術の旗手・洪成潭《ホンソンダム》はじめ、百戦錬磨の〝美術のパルチザン〟ともいうべき、いずれも一騎当千の面面——。

彼ら、栄光の「光州民衆美術」の散開星団のごとき画家たちとの出会いは、私の生涯の重大事件の一つである。その日付から「五《オ》・一八《イルパル》」とも呼ばれる八〇年の市民蜂起当時、東京の国立大学の美術学部にまだ籍のみ残し、この国の白日夢めいた〝繁栄〟の底で孤立を深めていた二十代を顧みて。

わけても一九八七年、共同で描いた韓国民衆美術独自の様式コルゲクリム（掛け絵）の大作『白頭《ペクトゥ》の山裾のもと、明けゆく統一の未来よ』が、美術作品として初めて「国家保安法」違反の嫌疑を受け、ともに逮捕された上、拷問を受けたという全情浩と李相浩の佇まいは、強く私を打った。拷問の精神的傷痕の依然、癒えない盟友を、たえず気遣う全情浩。彼を支えとして、制作を続ける李相浩。二人の姿に、私は生死の境をかいくぐった同志的連帯の現存を見たのだ。

李相浩の作品を特徴づけるのは、東洋画の恐るべき伎倆に裏打ちされた、その細密描写であり、生命感に溢れた流麗な描線であり、美麗を極める豊饒な色彩である。出獄後、韓国の「人間文化財」卍峰《マンボン》禅師から仏画の奥義を授けられたという画家の修錬は、歴代軍事独裁政権やアメリカ帝国主義の非道を告発する画面すら、民衆の苦痛を自らのそれとして引き受ける、深い静謐さを湛《たた》えるに到った。同時に、たとえ直接それが描かれていない作品にあっても、日本のアジア侵略・植民地支配と、まやかしの「戦後」——朝鮮戦争・ヴェトナム戦争・イラク戦争等に加担してきたありようは、つねに下地のようにそこに横たわり、糾《ただ》されている。

それにしても、なんという絵画的誠実か……。病床の老父を見つめる九〇年代の鉛筆素描群には、私はヴァン・ゴッホのオランダ時代、エッテンやハーグで農民を描いた木炭デッサンを想起した。

高齢の御母堂も臨席した個展の開会式は、「光州」を表徴するこの画家のそれに相応しい、参集した人びとの熱波が心地よく脈打つものとなった。私は挨拶で、光州民衆美術における李相浩の原則性と不転向を「北極星」に準《なぞら》え、以下のように語った（通訳／小原つなき氏）。

——李相浩作品には、繊細なもの、傷つくことができるものだけが初めて持ち得る、勁《つよ》さと厳しさがあります。彼がなぜ、傷つかなければならないか。苦しみつづけなければならないか。そこには、現在の世界における藝術という営みの、たぶん最も重要な役割が秘められているでしょう。

だが、そうした揺らがぬ人格性は、むろん個個の資質に由来する若干の「変奏」は伴うにせよ、実は光州の表現者の多くに共通するものでもあるのだ。

三泊四日の慌ただしい光州滞在のあいだ、毎日『歴史の街角に立って』会場に足を運びつつ、同時に洪成旻《ホンソンミン》・朴光秀《パクグワンス》・梁甲秀《ヤンガプス》・朴泰奎《パクテギュ》・金喜孌《キムヒリョン》ら、旧知の民衆美術家とも久闊《きゅうかつ》を叙《じょ》した。また市内の《5・18民主化運動記録館》《アラム人権・小さな図書館》《五月オモニ（母）の家》等、八〇年の市民蜂起ゆかりの施設も訪ねた。いつもながら、空気が火を噴くように濃密な数十時間である。

光州を訪ねるたび、私は、自分が彼ら民衆美術家たちと同じ時代に生まれ合わせた幸福を感ずる。そして、生きるとは、それに伴うあらゆる痛苦を、なお引き受けるに値する作業であることを、改めて確かめる思いがする。

現在、私は、安倍軍国主義ファシズム政権の憎悪に満ちた暴圧が吹き荒《すさ》ぶ沖縄で、光州民衆美術を展示すべく構想を進めている。米国を後ろ盾とした韓国軍事独裁政権との闘いの証たる作品を、今こそ、琉球弧で──。叶《かな》うなら、彼らと私たち沖縄の市民とが、新たなコルゲクリムの共同制作もし、辺野古の海辺に掲げたい。とめどなく恥知らずな二重植民地支配を続ける日米両政府に対する──それは、アジアの民の文化的連帯の旗印ともなることだろう。

〔初出／『週刊金曜日』二〇一五年一一月一三日号〕

▲盟友・全情浩さん（右）と李相浩さん（李相浩個人展『歴史の街角に立って』会場にて）。後ろは『廣濟院　薬師如来像』。廣濟院（クワンヂェウォン）は住職を置かない「民衆持ち」の寺。

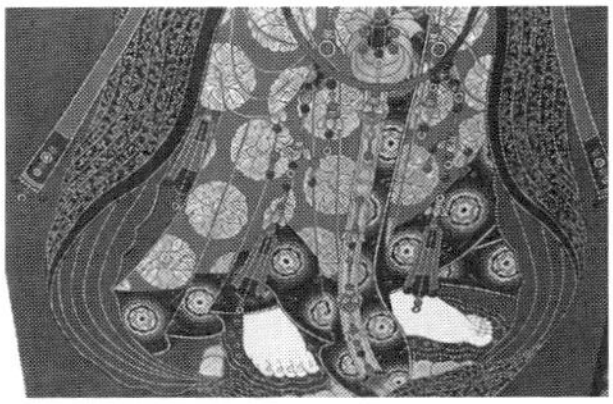

▲李相浩『廣濟院　薬師如来像』部分。東洋画の極致を示す薬師如来像の台座の下に、実は現代韓国民衆の姿が……。

▶李相浩『イラク戦争反対　観世音菩薩』（二〇〇三年）部分。全体図は、三三五頁参照。

◀李相浩『地獄圖』部分（上・左・右とも）。照魔鏡が映し出す米軍の非道。下の２図は、この面積に米国「100ドル紙幣」を描き込む画力を見よ。全体図は裏カバー参照。

▲李相浩『嘔吐』（木版画／1987年）。デモが鎮圧された後、戦闘警察隊の使用した催涙ガスの毒性に嘔吐する市民。

▲李相浩『歴史の審判には時効がない』（1995年）。画面右下は「5・18」（光州民衆蜂起）虐殺真相糾明を訴え、「断髪闘争」を行なう遺族。

（写真はすべて李相浩個人展『歴史の街角に立って』会場にて）

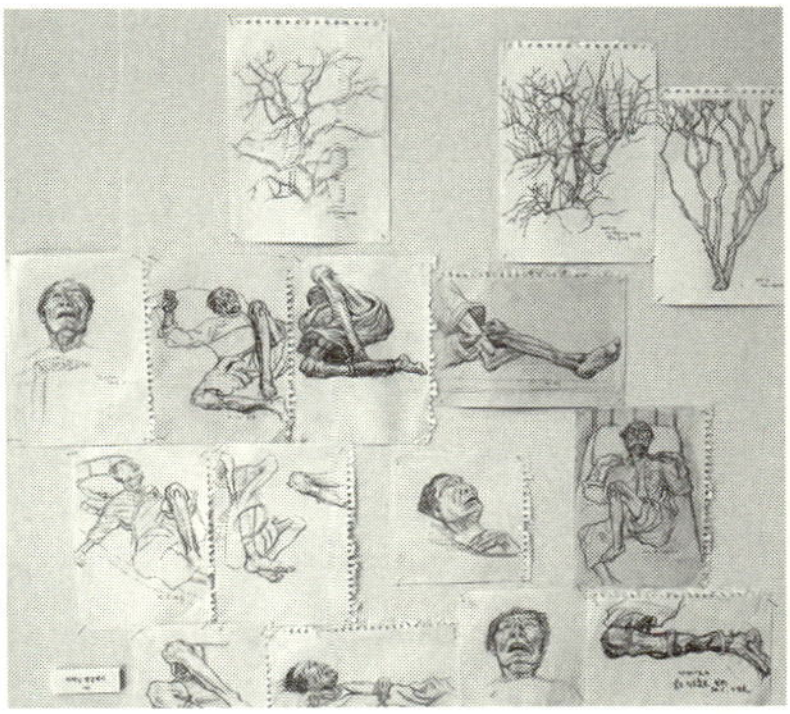

▲李相浩・素描連作。アボニム（父上）像と木立。

▼李相浩『駐韓米軍阻止市民総決起大会』ポスター原画（2004年）。

▶李相浩『焚身労働者・全泰壹 誕生60周年記念』切手（2008年）。「虚構」としての切手に、民主韓国の到来を託した連作から。全泰壹（チョン・テイル）は大邱（テグ）に生まれ、貧困のなかに成長、1970年11月13日、労働者の待遇改善を要求して、ソウル・平和市場（ピョンファシヂャン）で焼身抗議、死去した青年。以後、その存在は、労働者と学生・知識人との連帯の象徴となった。韓国民主化運動において、彼を知らない人はいない。

招待状、この険しくも輝かしい闘いの祝祭への

いま日本政府が沖縄に加えている、この無法は何だろう？

私たち主権者県民は、昨年一月の名護市長選から一一月の県知事選、一二月の衆院選まで、あらゆる機会を通じて「辺野古埋め立て・新基地建設」を明確に拒否してきた。その意志を封殺して工事を強行し、反対する市民を陸上でも海上でも弾圧する――。

そしてついに今般、辺野古「キャンプ・シュワブ」ゲート前に、従来の沖縄県警に加え、警視庁機動隊百数十名が派遣・動員された。たちまち激化した横暴が、高齢者も少なくない座り込みの市民に今後どのような事態をもたらすか。憤りに震える思いである。

私が住む沖縄市（旧コザ市）では、選挙や県民大会等、人びとの意思が示されるたび、その翌日以後、早朝から夜半まで、米軍機の飛行の頻度と威圧的な爆音が凄まじい。

かつて九〇年代初頭、私は〝東西冷戦〟の終熄後の世界が新たな「資本主義的中世」に陥る危惧を表明した。そして現在の日本政府の所業たるや、まさしく往時の封建領主のそれのようだ。


この、沖縄は中部西海岸の読谷村で、前月に続き、一一月にもチェロを弾く。一〇月四日が記念すべき第一回となった「ＰＷＭ（ピース・ウォーク・マート）ｉｎ読谷」の野外特設ステージでのことだ。

「ＰＷＭ」は《「安保関連法」の可決に危機感を募らせた》《よみたんちゅ》の、幼子のお母さん方

を含む若い女性たちを中心に企画された《ムーブメント》である。うちなーぐち（琉球語）の「〜ちゅ」は「〜人」、すなわち「よみたんちゅ」は「読谷人」となる。地元出身者・ヤマトからの移住者を包括する〝ローカル〟かつ〝グローバル〟に開かれた自己規定と言えよう。

読谷は一九四五年四月一日、米軍の上陸地点となり、沖縄本島における地上戦の最初期から凄惨な経験を強いられた。また七〇年代中葉以降、当時の山内徳信村長のもと、米国に対し「文化の闘い」を挑んだ自治体としても名高い。

私たちが先月、行なったのは、過去二二年、広島・平和記念公園はじめ内外各地で展開してきた絵本『さだ子と千羽づる』（SHANTI＝絵本を通して平和を考えるフェリス女学院大学学生有志＝著／一九九四年、オーロラ自由アトリエ刊）の朗読だった。この〝反核平和絵本〟の制作に助言者として関わったことを機縁に、私は趣味のチェロで朗読の伴奏をするようになったのだ。

今回は、この伴奏曲目から、カタルーニャ民謡『鳥の歌』（P・カザルス編曲）や幾つかの韓国民衆歌曲、そしてJ・S・バッハ『無伴奏チェロ組曲』第二番のプレリュード等等を「解説」付きで弾くつもりでいる。その際、二〇一〇年のダブリン空港で、ポール・マッカートニー・バンドと私が遭遇したエピソードから、ロンドンのEMIアビイ・ロード・スタジオが、実は一九三〇年代の終わり、フランコ政権の暴圧とそれに加担した各国への抗議を込め、カザルスがバッハ『無伴奏』の、あの歴史的録音を行なった場であることは、言い落とすわけにゆくまい。

さらに、聴衆への「歌唱指導」に併せての〝チェロ弾き語り〟という無謀は、果たしてどうなることか……。ギターのような撥弦《はつげん》の伴奏楽器と根本的に異なる、擦弦《さつげん》の旋律楽器である。

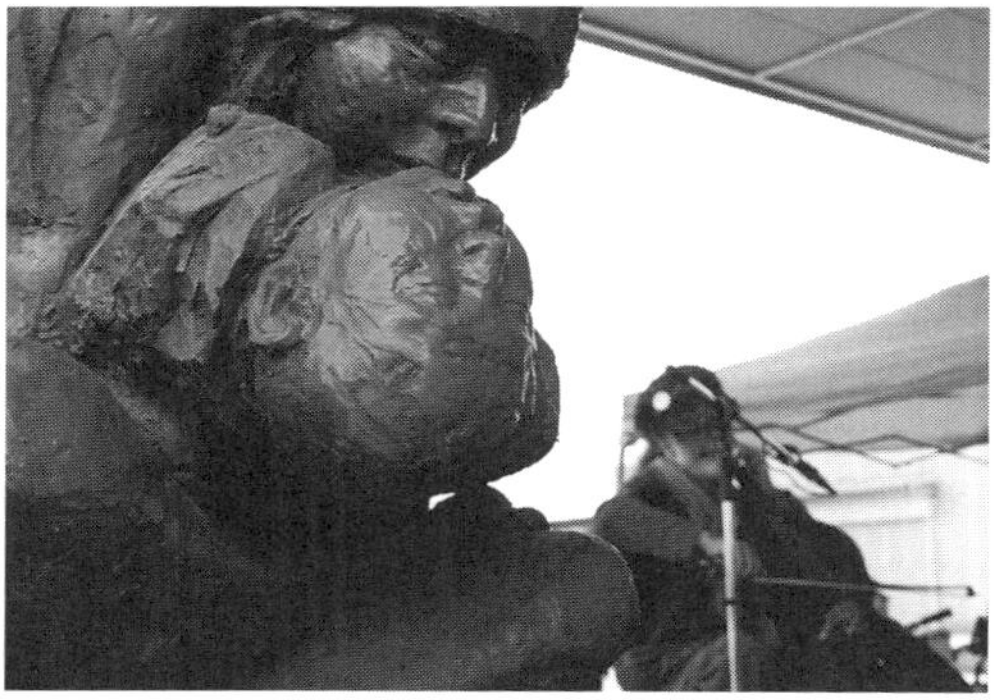

《PWM in 読谷》のスナップから（次ページも）
【左上】手前の彫刻は金城実『瀕死の子を抱く女』（2015 年 11 月）＊
【左中】絵本『さだ子と千羽づる』朗読（同 10 月）＊
【左下】『沖縄　今こそ立ち上がろう』合唱（同 11 月）＊
【上】浄土真宗大谷派の幟（同 10 月）
【下】《PWM in 読谷》オリジナルの幟（同 12 月）
＊の 3 点は、撮影・与那覇沙姫。

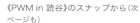

▲サトウキビ畑の中のパレード（2015 年 11 月）

▲国道 58 号線・交差点でのアピール（同 10 月）

▲子どもたちも、みんなで歩く（同 10 月）

▲演説する金城実さん（同 11 月）

▲帰り道は、楽ちん。（同 11 月）

▼何我寺（ぬーがじ）の知花一昌・住職＝知花昌一さんも、太鼓を打ちながら歩く（同 10 月）

▼月桃の茎を手に踊る金城実さん（同 10 月）

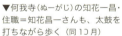

だが私の、より巨きな愉しみは、先月同様、ステージ終了後に行なう、(たぶん)陽光さざめくサトウキビ畑の間を国道五八号線まで、三線《さんしん》が奏でられ、たくさんの子どもたちの歓声がこだまする「平和パレード」なのだ。そこで、もう一つの無謀——長年の願望であった「歩行チェロ」を、今度こそ万全な形で実現したい。

歩きながら弾くチェロ——。それを初めて企てたのは、実は二〇〇〇年の沖縄、「サミット反対」のデモの際だった。以後、幾多の試行錯誤と、現在の秘策に関しては、また別の機会に譲ろう。

いま琉球弧には、険しくも輝かしい人間的抵抗が滾《たぎ》っている。

政府の専横は凄まじく、「法」も「人倫」もなきに等しい。そして、辺野古での暴圧を許すことは、加速する日本国全体のファシズムに全面的に道を譲ることにほかならない。

むろん、皆さんが沖縄に来られることも、大いに歓迎したい。しかし、たとえそれが容易ではない場合にも、抵抗の拠点はどこにでも創り得る。

リヴァプールに結成された、前世紀で最も高名なバンドも歌っていたではないか。「生」の時間はとても短い——と。

この〝問題だらけ〟の日本国の版図に人として生まれ……これほど心躍る、さながら祝祭のごとき闘いに参加されないのでは、あまりにも勿体ない。

〔初出/『ミュージック・マガジン』二〇一五年一二月号〕

憲法の仮死状態のなか「たが」の外れたファシズムへの道

――横領された日本へ〔上〕

すでにいま、日本はファシズムのただなかにある。このままでは全体主義国家になってしまう、のではない。れっきとしたファシズムが、ほぼ完成しようとしているのだ。

現に『日本国憲法』が、もはや事実上その機能を停止しているではないか。なかでも最も美しく重要な「前文」と九条（戦争放棄）とが、恣意的な「閣議決定」や、広汎な輿論《よろん》を無視しての「安保法制」の強行採決によって、現状、仮死状態に陥《おちい》っている。当然「国民主権」も「基本的人権」も否定されている。

さらに、かねてなきに等しい扱いを受けてきた九九条（公務員の憲法擁護義務）、九八条（最高法規＝憲法に反するいかなる法律、命令その他も無効）も公然と踏み躙《にじ》られている。結果として、この憲法があれだけ尊重してきた「国民の権利」は、その根幹が揺さぶられつつある。

私の理解では、これは準「戒厳」状態である。ないしは――まだ軍隊が出てきていないではないかというなら――少なくとも「非常事態宣言」下だ。

憲法改正案に「緊急事態条項」を盛り込む？　いや。安倍政権が「これからする」と宣言することの大半は、そう宣言されたときには、実は「なし崩しに行なわれている」のである。明文改憲は、その決定的な仕上げにほかならない。

昨年末、唐突に衆院解散・総選挙を断行し、「景気回復」を〝公約〟として、ひとたびそれに「勝利」すると〝戦争法案〟を成立させ、憲法を（事実上）停止する――。

本来「主権者」であったはずの国民は、国家を横領されたのだ。

誰によってか？　日本政府によってである。

「日本を取り戻す」とは、よくぞ公言したものである。沖縄にもゆかりある、筑豊炭坑の記録作家・上野英信《えいしん》（一九二三年―八七年）は、かつて〝当節、流行の「階層」という口当たりの良い言葉ではなく、あくまで「階級」という言葉を遣《つか》うべきだ〟と語っていた（岡友幸編『上野英信の肖像』一九八九年／海鳥社）。その指摘を、ここで思い出してみることも無意味ではあるまい。

自ら〝国際舞台〟で「軍国主義者と呼ばれて構わない」（二〇一三年九月、ニューヨーク）と開き直る内閣総理大臣である。その「罪状」は、枚挙にいとまがない。

第一次内閣時代の二〇〇六年一二月、日本共産党・吉井英勝衆議院議員の国会質問に対し「原発の全電源喪失は起こらない」と答弁、予備電源の必要性を全面的に否定し、東京電力・福島第一原発事故発生の直接の原因を作った。第二次内閣となった二〇一三年九月、ブエノスアイレスでのＩＯＣ総会で、二〇二〇年の「東京五輪」招致のため「東京電力・福島第一原発事故は統御されている」「事故による健康への影響は過去・現在・未来にわたり全くない」と主張、危機的実態を隠蔽し、対応の道を一層、閉ざした。

本年は一月にエルサレムでネタニヤフ・イスラエル首相と「会談」し、中東におけるその暴虐が国際的指弾を浴びている軍事国家と独断的に〝親密な関係〟を構築する愚挙によって、一気にこの国の安全を脅かし「国際的信用」をいよいよ地に墜《お》とした。八月の「戦後七〇年」談話では、戦争責任の継承を根底から否定した。

加えて『特定秘密保護法』や〝安保法制〟の成立、本来あってはならない原発再稼働の断行、福祉の切り捨て、産業・社会システムの〝売国的〟〝亡国的〟な破壊を招くTPP参加、ハイパー管理社会を到来させる「マイナンバー制」の施行……等等。

これだけの暴政を続け、新閣僚をめぐっても問題が噴出しているにも関わらず、臨時国会の召集をしないとの宣言が「外遊」先からされる。憲法同様、国会も機能を停止した、まさしく「独裁」状態である。

その一方、野党も既存マス・メディアの大半も、それを粘り強く追及することができていない。いっさいの論議が平然と拒否され、〝政治の言葉〟がいささかの重みも持たない。世が世なら、閣僚辞任――もしくは内閣総辞職級の失言・暴言・妄言が、日常茶飯事としてことごとく看過されるようになってしまった。

いまやこの国は、完全に「たが」が外れている。

この「戦後」日本最悪のファシスト政権が、とりわけ沖縄に対し、ひときわ弾圧を強めている。その執拗さに、私は、積年の日米の二重植民地支配の、憲法の「治外法権」的差別構造にあって、なお屈服しない琉球弧の民への、国家権力の底知れぬ憎悪を感ずる。

当初の普天間基地「県外移設」の公約を破った挙げ句、辺野古で抗議する市民への〝警備強化〟を主張した島尻安伊子参院議員を「沖縄・北方担当相」に任命するという人事は、さながら官選知事もしくは「明治」前期の県令のそれを思わせる。旧内務省統治そのものの姿を見るようだ。

そして「キャンプ・シュワブ」ゲート前に、東京から警視庁機動隊が〝投入〟されるという展開に続き、今月一七日には、国土交通相が翁長雄志知事に対し、辺野古新基地建設に関する代執行訴訟を起こした。この一年、県知事選・衆院選をはじめあらゆる機会を通じ、新基地建設拒否の意思を表明してきた沖縄の主権者への、この上ない侮辱であり冒瀆である。

だがその翌日、二〇一五年一一月一八日「座り込み五〇〇日目」の朝、辺野古「キャンプ・シュワブ」ゲート前は、国家主義の暴圧に反対する一〇〇〇名を超える人びとに埋め尽くされた。

いかにも、この国は破滅の淵に立たされている。先日、「虹の戦士」号で来沖した《グリーンピース》のメンバーは、政府の対応に「日本の民主主義は危機的状況にある」と警告したではないか。

しかし政府による理不尽な滅びを拒否する決意も、また琉球弧には漲《みなぎ》りつつある。現状、沖縄の異議申し立ては、日本政府のファシズムへの最も明らかな抵抗の指標であるだろう。

そして私自身、この地に生きる一人として、その抵抗に連なり続ける意思を、ここにまず記しておきたい。自らが人間であることを、最後まで手放さないために。

〔初出＝『琉球新報』二〇一五年一一月二四日付「文化」面〕

この過てる世界で「正しく偏る」ことを　立つべきは常に「命」の側
——横領された日本へ〔中〕

日本政府の、臆面もない二重基準が止まらない。

新潟には、柏崎刈羽《かりわ》原発「再稼働」をめぐって〝地元の理解〟を求める？　佐賀でのオスプレイ訓練は、とりあえず見送る？　そんな見え透いた懐柔と分断のなかで、ひとり沖縄のみを虐げているかに見えるその圧制は、しかし本来ヤマトの人びとにとっても、決して無関係ではあり得ないはずだ。

かつてナチズムの隆盛に際し、共産主義者―社会民主主義者―労働運動家―ユダヤ人―障害者・病人―カトリック教徒……と、その魔手が拡がり続ける間、それはあくまで〝他人事〟と沈黙しつづけた自分自身が、最後に捕われたとき、もはや共に抵抗する勢力は存在しなかった——。

そう、自らの不明を嘆いたルーテル派の牧師、マルティン・ニーメラー（一八九二年―一九八四年）の名高い詩は、ファシズムの常套手段の一つについての証言となっていよう。

だがファシズムには、それ以前に、考えようによってはもっと恐ろしい予備段階がある。大衆自身の自己規制と相互監視だ。そして、もともとそれが深く沁《し》みついた、この国の精神風土ときたら！

二〇一四年六月、さいたま市の「公民館だより」が、俳句サークルで選ばれた作品《梅雨空に「九条守れ」の女性デモ》の掲載を拒否した。同年「平和な国を作りたい」と書いた小学生の作文が、東京の公立小学校の卒業文集収録に際して〝書き直し〟を要求された。岐阜では公民館での「平和展」

が〝「平和」は「左翼用語」〟との噴飯物の理由で拒絶された。本年一〇月、東京都日野市の公用封筒多数が、あらかじめ印刷されていた《日本国憲法の理念を守ろう》のモットーの部分を黒く塗りつぶされた状態で使用された……。

そしてついに「憲法九条」と書いたTシャツを着、あるいは同様のバッジを付けているだけで、警官から尋問を受けるとの報告が相次ぐようになった。

——どうだろう？　いまだ「改憲」もされぬうちから空気を涵《ひた》す、この腐りきった〝草の根ファシズム〟の味は？

それにしても、「中立」とは何か？「公正」とは、何か？

日本に魯迅を、その最も内在的な理解とともに紹介した中国文学者・竹内好《よしみ》（一九一〇年―七七年）は、かつて「不偏不党を信用せず」と喝破した。

「戦前」「戦中」「戦後」を通じてファシズムへの抵抗と真の市民社会の構築を呼びかけた歴史家・羽仁五郎（一九〇一年―八三年）は、結果的に自身への『朝日新聞』からの最後の依頼となった原稿が掲載されなかった経緯をめぐり、新聞の「政治的中立」の欺瞞を問うた。

もとより、およそ「人間」に関わる一切の事象で「政治的」でないものなど、ない。

あなたの苦しみ。あなたの悲しみ。あなたの孤独。あなたの願い。あなたの喜び。それらすべては、とりもなおさず他者や社会とつながる「政治的」なものなのだ。それをことさら「政治」と切り離して扱うこと自体が、実は現在の過《あやま》てる社会を支配する力に無防備に搦《から》め捕られることであり、まさしく逆の意味でまさに政治的なこと——自分自身を既存の政治システムの犠牲に捧げることなのだ。

いまこの瞬間にも、パレスチナで幼い子どもたちが、イスラエルの圧倒的な軍事力の前にボロ切れのごとくずたずたにされ、血まみれで殺されている。あなたがそれに心を痛めるとすれば――すでにあなたは〝政治的に偏っている〟のだ。

そして「戦後」長く続いた禁を平然と破って、そのイスラエルへも武器を輸出しようとするのが、ほかでもない、私たちをも圧する安倍政権なのだ。


ところで〝「平和」を訴えることは偏っている〟という話は、実は昨今、急に始まったわけではない。たとえば一九九三年からの一年間、横浜のフェリス女学院大学学長（当時）だった古代ローマ史学者、故・弓削達《ゆげとおる》さんから依頼され、私が絵本『さだ子と千羽づる』（オーロラ自由アトリエ刊）の制作のため、SHANTI（シャンティ＝絵本を通して平和を考えるフェリス女学院大学学生有志）の助言者となったときがそうだ。

「核兵器反対などという偏ったことに参加するな」――そう、家族や恋人に言われ苦慮したメンバーがいた。そこで私が彼女らに伝えたのは、こういうことだ。

「偏る」というなら、人はすべてなんらか「偏って」いる。自らの価値観・世界観を持って生きる者は。大切なのは、現実が誤っているとき、その現実を押しとどめ糾《ただ》すよう「正しく偏る」こと、「正しい位置に立つ」ことだ。そしてその正しさの基準とは、命が奪われるのを阻むかどうかにある――と。

人がいっさいの「政治的」発言を躊躇し、押し黙って、絶対の受動的存在となる状態は誰にとって都合の良いものか。考えてみる必要がある。

ちなみに、日本語版刊行以来二二年目となる今夏まで、私たちが毎年八月六日を中心に、この絵本の朗読会を行なっている広島・平和記念公園に、突如として旭日旗を林立させた集団が現われ、排外主義や核武装を聴くに堪えない恫喝的な罵詈雑言とともに主張するようになったのが、ほかでもない二〇一一年からだった。その事実はあまりにも象徴的であると、私は考えている。

《……沖縄戦でのひめゆり、白梅、その他多くの学徒隊の戦場における献身的な看護活動と悲惨な体験を忘れることはありません。日本の捨て石として二〇万人の沖縄の住民が犠牲になったのは、沖縄に日本軍がやってきたからです。ガマの中で「看護婦さん殺してください」と言われ、注射で「集団自決」に手を貸した事実や従軍看護婦としてアジアの占領地で働いてきた歴史などについても忘れてはなりません。》（「いのちを守るナイチンゲールと医療者と卵の会」声明／部分）

一一月七日、辺野古で出会った、この「声明」の皆さんは、名護に拠点を置く、現時点で看護職五〇人・看護教員二人・医療者一〇人から成るグループである。

《今、辺野古ゲート前は、沖縄戦で死者の血をのみ地獄を生き抜いた島袋文子さんを先頭に厳しい座り込みが続いています。より多くの看護職や医療者、医療者の卵たちにゲート前に来てもらうための活動を強化することを今日宣言します。》（同前）

機動隊を前に、腕を組んで『沖縄　今こそ立ち上がろう』（原曲『美しき五月のパリ』／替詞・山城博治）を歌う白衣の女性たち――。

解散命令を繰り返しながら威圧するように接近してくる指揮車輛に向け、ひときわ声を高めるその姿は、私に改めて沖縄の抵抗の「勝利」を予感させた。

〔初出＝『琉球新報』二〇一五年一一月二五日付「文化」面〕

▲辺野古「キャンプ・シュワブ」ゲート前で、米軍と機動隊に抗議し、『沖縄 今こそ立ち上がろう』を合唱する《いのちを守るナイチンゲールと医療者と卵の会》の皆さん。（2015 年 11 月 7 日）

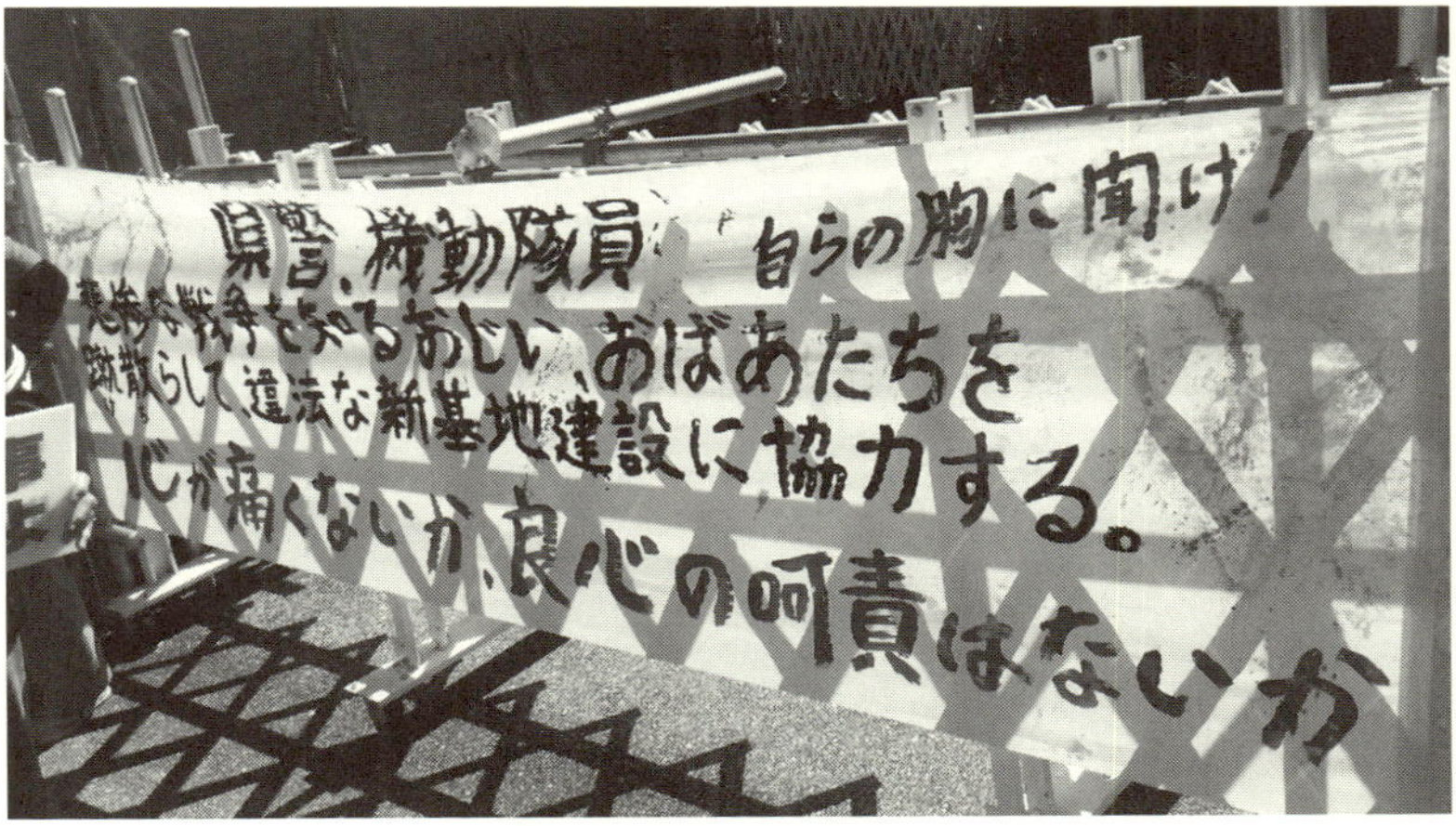

▲辺野古「キャンプ・シュワブ」のフェンスに張られた横断幕。（同上）

光源はあちこちに存在する　東アジア被抑圧民衆の連帯に向けて

――横領された日本へ〔下〕

雲母《うんも》のかけらをまぶしたような陽射しのさざめくサトウキビ畑の間を、私たちはゆっくりと進んだ。高く乾いた三線《さんしん》の音色に混じって、子どもたちの歓声がこだまする。

路傍から抜いた月桃《げっとう》の茎を振り振り、満面の笑みで踊りながら歩くのは、彫刻家・金城実さんだ。浄土真宗の僧衣をまとった反戦活動家・知花昌一さんは、沖縄反基地運動の名高い闘争歌『一坪たりとも渡すまい』を、深みのあるバリトンで重おもしく詠唱する……。

本年一〇月四日の日曜日の午後、読谷村でのことだ。この日が、記念すべき第一回となった『ＰＷＭ（ピース・ウォーク・マート）ｉｎ読谷』は、「安保関連法」の可決に危機感を募らせた「よみたんちゅ」――とりわけ若いお母さん方を中心に企画された、月一回の「ムーブメント」である。

ウチナーンチュ・ヤマトンチュ、皆で国道五八号までを往復する「平和パレード」は、金城さんの彫像群が前列に並ぶ野外ステージでの演目が終了した後のプログラムだった。

《沖縄の各市町村長がデモをした／東京を練り歩いて　叫んだ／「オスプレイ配備　反対！」》
《美しい　銀座で罵声を浴びる／「売国奴！」》
《その時　彼らは何を思っただろう》

（与那覇けい子『決意』部分／『非世界』第二七号・二〇一三年一二月）

……書き写していても、苦しい詩である。

だが、その胸苦しさの底から、苦しさを超えて読み手に迫り来る、別のものがある。

《この島に　帰るしかない人々は　思う》
《沖縄は　沖縄に帰るしかない／この国で　沖縄に帰るしかない》（同前）

さらに、

《この島で　生きるしかない人々は　思う》
《この島を　生きるしかない／この国で　この島を生きるしかない》

そして――

《この島で　闘い続ける人々は　思う》
《この国は　この島を変えることはできない／この島が　この国を変えるしかない……と》（同前）

――琉球弧の未来に関し、さまざまなヴィジョンが存在することは、私も承知している（そう記す私自身、新参の移住ヤマトンチュなりに、当然、一つの管見を追究しつづけてはいる）。同時に、この詩篇においては、作品を貫く灼《や》けつくように強靭な現実感覚の、まさにそれゆえにこそ、「感動」する者の位置と、その「感動」の意味とが、終始、問われつづけもする。「連帯」の可能性をめぐる絶望（怒り）と、なお止み難い希望（それは、むしろヤマトの側の義務）との振幅——。その往復運動のなかに、私を捉えて放さぬ、この詩の力がある。

かねて私は、アジア植民地支配・侵略戦争の歴史的責任を自ら負うことなく、その後も米国の世界支配の加担者として、沖縄を含む多くの地域・国の苦難の上に偽りの〝繁栄〟を謳歌してきた日本の「戦後」という虚構を批判してきた。

だが虚構の「戦後」といえども、それが教育をはじめ多様な場で培ってきたものは、必ずしも絶無ではない。私たちを呑み込もうとしている軍国主義を阻止し、実はまだこの国が一度も、真に自らのものとはし得ずにきた「民主主義」に、いま初めて実体を与えようと力を尽くす「連帯」の光源は、確かにあちこちに存在する。

そして、積年の日米の二重植民地支配構造のなかで闘い抜く沖縄へは、他のアジア地域からも深い共感が寄せられている。

昨夏、台北《タイペイ》から来沖、私が高江・辺野古をはじめ何箇所かを案内した高俊宏《カオジュンホン》さんは、いずれも日本の植民地支配を受けた台湾・沖縄・韓国という東アジア圏の「三角地帯」に注目する歴史観のもと、象徴性の高いインスタレーション（設置作品）を制作しつづける美術家であり、協力者の林欣怡《リンシンイ》さんは、高さんの作業の記録もライフワークの一つとする映像作家だ。

また今春、本来は東京電力・福島第一原発事故から沖縄に逃れた「避難ママ」たちに関する企画で私を訪ねてきた台湾公共電視（テレビ）のディレクター・呂培苓《リュイペイリン》さんには、ぜひにと辺野古の取材も要請、彼女を現地に伴ったところ、折り良く沖縄平和運動センター議長・山城博治さんに引き合わせることができた。黄昏のゲート前で収録された山城さんのインタヴューは、立ち会った私も胸の熱くなるものとなったが、先日の呂さんからの電子メイルでは、ほどなく番組は完成する模様である。

この九月、韓国で嬉しい展覧会があった。

全羅南道《チョルラナムド》の道都・光州《クワンヂュ》は、一九八〇年五月、全斗煥《チョンドファン》の軍事独裁に市民が命を賭して抵抗した地として名高い。その世界史的事件を出発点として活動を展開する多くの民衆画家と、縁あって私は親交を結んできた。

なかでも李相浩《イサンホ》（一九六〇年生）は、盟友・全情浩《チョンヂョンホ》（同前）と描いたコルゲクリム（掛け絵）『白頭《ペクトゥ》の山裾のもと、明けゆく統一の未来よ』（一九八七年）が、絵画として初めて「国家保安法」違反に問われ、共に逮捕・投獄された画家である。受けた拷問の精神的傷痕が、三〇年近くを経たいまも癒えない、その李相浩が、友らに励まされ、回顧展『歴史の街角に立って』（光州・DSギャラリー）を開いたのだ。

全般に光州民衆美術は、ケーテ・コルヴィッツらドイツ表現主義から、魯迅による中国木版画運動、また一方、フリーダ・カーロやディエゴ・リベラら、メキシコ民衆美術の影響が強い。それに対し、東洋仏画の奥義を極めた李相浩の表現は、民の苦難に共振する画家の深い悲しみを、一種清冽な次元にまで昇華する独自の完成度を示している。

目下、私が構想している計画の一つは、彼ら光州民衆美術家の作品を沖縄で展示することだ。

むろん、日本の植民地支配、沖縄戦と朝鮮戦争、米軍の圧制という共通性や類似性もある。だが今、私の内部で強まっているのは、歴代軍事独裁政権と闘ってきた韓国民主化運動の経験が、日本政府に対峙する沖縄にとって、今後、間違いなく重要な意味を持つだろうとの、半ば以上、確信に近い予感なのだ。

できれば、韓国現代史に聳《そび》える高峰の一つ――一九八七年の「六月民主化闘争」三〇周年となる再来年、この企画を実現できないものか……。関係各位の御助力をお願いしたいと考えている。

いま、世界は限りなく暗い。わけても日本は、ひときわ暗い。

――自らが滅びに瀕した奴隷にほかならない事実に、しかも無自覚であるほど、人として救われ難く暗然たる状態があるだろうか。

その日本国の版図にあって、なお最も「希望」を残しているのは琉球弧だと、私は思う。それは政府によって加えられる暴圧を直視し、決して屈服することなく、あくまで誇りを掲げつづける民がいるからだ。僭越を承知で記すなら、現在の沖縄の苦悩は、とりもなおさずこの異様な国での人間としての自己証明であり、「希望」の根拠にほかならない。

老若男女、さらに多彩な参加者を得、「人間は美しい」ことを深く確認できる催しの一つ『ＰＷＭ ｉｎ読谷』は、一一月にも第二回が開催された。

〔初出＝『琉球新報』二〇一五年一一月二六日付「文化」面〕

▲自作『イラク戦争反対　観世音菩薩』（2003 年）の脇に立つ李相浩さん（左）。右は全情浩さん。中央・著者。（2015 年 9 月、韓国・光州 DS ギャラリー『歴史の街角に立って』展にて。撮影・小原つなき）

◀島袋文子さん（右）と宜野座映子さん。お二人とも温かなお人柄が溢れる満面の笑み。こうした方がたを苦しめ、過酷な闘いを強いる日本政府を、私は許さない。（二〇一五年一一月七日／辺野古にて）

▼新基地建設に反対する沖縄市民との連帯のため、はるばる《虹の戦士》号で来航したものの、内閣府沖縄総合事務局からの大浦湾への寄港許可が下りず、やむなく陸路、辺野古を訪れた「グリーンピース」メンバー。瀬嵩の浜で、地元の子どもたちと交流する「フォト・セッション」が企画・公開された。（同右）

山城博治と翁長雄志
――再び「辺野古の弁証法」について
（あるいは、私たちはいま、途方もない「歴史」に参加しているのだということ）

時として「琉球弧に生きること」の意味を、単なる苦しみや不当な屈辱への怒りだけではない――人間としての根底からの誇りや喜びとして体感する日がある。私のような移住ヤマトンチュにも。

二〇一五年一二月二日が、そんな一日だった――。

この日、なんとしても朝から辺野古「キャンプ・シュワブ」ゲート前に赴きたいと考えたのは、国会・県議会各議員が結集する恒例の水曜日であるばかりではない。日本政府が沖縄県・翁長雄志県知事を提訴するという、暴政の国家主義そのものの顚倒《てんとう》した裁判の第一回口頭弁論――翁長知事の陳述が福岡高等裁判所那覇支部で行なわれるという歴史的な日だったからだ。沖縄県民として、この日には、辺野古現地を踏みしめていたい……。

早朝、まだ真っ暗ななか、最小限の電子機器・撮影機材を携えて車に乗り込む。今回は、チェロは積んでいない。このとき雨にはまだ遭っていなかったが、いずれにせよ本日の現地はそうした状況ではないだろうとの予感はあった。

いつもどおり、沖縄南ＩＣから沖縄自動車道を北上する。依然として、あたりは暗い。窓外に流れる、うるま市近辺のまばらな灯に重なって、さまざまな想念がよぎる。

伊芸ＳＡを通過したあたりで、突如、集中的な豪雨が襲ってきた。前後のワイパーを最強にしてもなお足りない。一〇分ちかく続いた雨を、走行車線を減速して走りながら、なんとかやり過ごすが、この雨はその後も勢いは弱めながら、結局、夕刻まで間歇的に続いた。

ようやく四囲が明るみ出した頃、宜野座ＩＣを出て、国道三二九号線へ――。ここから「キャンプ・シュワブ」ゲート前までは一本道である。

六時半過ぎ、到着。だが、いつもの駐車場所はつねにもまして一杯で、雨の中、すぐに歩み寄ってきた若い女性スタッフがここには置けないという。いったん辺野古漁港方面に降りかかるが、現地の状況をひとまず確認しておきたいと思い直し、結局、左右にすでに皆さんが集まっているゲート前を通り抜けて、そのまま二見の駐車場まで三二九号線を北上。この信号を右折した先には、派遣された警視庁機動隊が投宿しているという超高級リゾートホテルがある。

ゲート前まで戻れる巡回車が、折りよくあるかどうか……。距離計がさらに四キロほどの走行を示す間、少なからず危惧しつづけていたが、これは杞憂だった。親切な誘導員の案内で駐車したすぐそばに巡回車らしきライトバンが止まっており、三人ほどの男性が乗り込もうとしている。ちょうどこれからゲート前へ向かうとのことで、直ちに乗せてもらうことができた。

私も自分の車でしばしば、漁港―ゲート前―二見の間をそうすることがある。辺野古では、車輌での移動に関しても「相互扶助」の精神が日常的に息づいている。

午前七時過ぎ。再び到着し、やっと降り立った辺野古「キャンプ・シュワブ」ゲート前は、降りしきる雨が煙るようにあたりを包むなか、機動隊のバスを囲繞するかのごとく、すでに五〇〇名以上の市民が手に手に《違法工事／中止せよ》《新基地／阻止》《辺野古新基地／ＮＯ》《ＭＡＲＩＮＥＳ／

OUT》等等のプラカードを持って結集していた。多くは、手回し良くビニールの雨合羽を着込んでいる。座り込んだ隊列の中央部には、国会・県議会議員の姿も見える。

その前で、やはりビニール合羽を着込みながらも、普段どおり、登山帽から黒白ストライプのタオルを垂らした山城博治さん（沖縄平和運動センター議長）が、マイクを手に声を振り絞っている。

「今朝も、ここまで工事車輌は止めている。これは凄いことだよ。こうやってみんなが集まれば、作業は止められるんだ！」

今春、悪性リンパ腫が発覚し、困難な治療を続けられた同氏が晩夏に退院後、ゲート前の座り込み指揮に戻られてから、私の側のいくつかのタイミングの悪さも重なって、一度もお会いできていなかった。直接、その姿に接するのは、「復帰」後、今朝が初めてである。「辺野古」に対するその思いから、おそらくまだ万全ではないはずの体調を押して、この雨の中、ゲート前に立ち、人びとを鼓舞して指揮を執《と》りつづけられる姿に、ひたすら打たれる。

と思う間もなく、歌が始まった。『一年生になったら（友だち一〇〇人）』の替え歌——。勇躍しながら、合唱の中心で皆をリードしているのは、いまやその温かさに溢れたキャラクターで〝辺野古のチャップリン〟の異名も持つ、旧知の小橋川共行さんだ。ビニール袋に穴を空け貫頭衣風にした、明らかに急拵えの〝代用合羽〟から透けるバラ色のトレーナーが、雨の中、ひときわ鮮やかに目を惹く。

私も合唱に加わり、タブレットのカメラを構えたまま、小橋川さんの前まで躍り出て挨拶すると「おおう！」と手を上げ、元気な声が返ってきた。先般、ここを尋ねた鳩山由紀夫・元首相をも魅了した小橋川さんの、人びとの心を引き立てる少年のような笑顔は健在だ。

泡瀬干潟を望む稀有の〝博物館カフェ〟ウミエラ館・館長の屋良朝敏さん、ウミエラ館の〝応援団長〟で環境問題の専門家である水野隆夫さんは、それぞれやや離れた場所にいたが、ともにジュゴンのかぶり物を頭にかぶっての参加である。

一曲が終わるごとに山城博治さんの、おそらくは未明からの指揮で既にかすれぎみの勁《つよ》い声が響く。

「ほら！　大勢が集まれば、工事は止められる。もちろん辛いことや苦しいこともあるだろう。でも、闘いのなかでの痛みや苦しみは、一人一人、自分だけで抱え込まず、みんなで共有しよう！」

歌が変わる。『沖縄を返せ』。いつからか、この曲は――私が知る限り――（少なくとも）辺野古で歌われるときには《民族の怒りに燃える島》の部分が《県民の怒りに燃える島》に変わった。歌詞と旋律との関係という観点からは、さらに検討の余地もあるだろう。だが「民族」が「県民」に置き換えられたこの変更に、私は現在の沖縄の抵抗の培った、鋭敏な批評性と省察の深さとを見る。

――あえて記すなら、かねて私が「辺野古の弁証法」と規定してきたのは、たとえばこうしたことなのだ。かかる一事にも、すでにそれは息づいているのだ。

七時半過ぎ、最初の晴れ間が来た。すっかり明るくなった国道三二九号線の左右、人びとの動きが活気を帯びる。

この晴れ間を待っていたかのように、再び歌が始まった。『明日があるさ』の替え歌――。

小橋川共行さんが躍動する。私も左右の肩と手を繋ぎ〝ライン・ダンス〟を踊りながら歌う。そして『座り込め　ここへ』（詩・曲／合村一男）……さらに『越えて行け　フロートを』。前者は新潟全電通の活動から生まれた歌が四〇年以上の時を経、「キャンプ・シュワブ」ゲート前でさらに新たな「生命」を獲得した一曲であり、後者は、まさに辺野古・大浦湾での闘いそのものから生まれた作品だ。

普天間爆音訴訟団団長の島田善次さんの発言がある。現状の宜野湾市のさまざまな問題についての詳細な報告がなされる。沖縄市と宜野湾市、いずれも保守系の市長がそれぞれ一八歳～二六歳の住民の名簿を自衛隊に提供していたという事件は、現下の状況においていよいよ重大だ。

八時二〇分過ぎ、再び雨。今度の雨は強い。勢いを増す風もあって、すでに私の携えてきたビニール傘はひしゃげていた。

座り込みの隊列には、合羽や傘を持たない参加者もいる。そこで、このあたりから敷物用の大型ブルーシートが次つぎと拡げられ、それを頭上に抱え持っての巨大な「天幕」の下に人びとが肩を寄せ合うようになった。

前後して飛び込んできた〝名護警察署前に工事車両が集結中〟との報に、空気がたちまち緊迫する。すでに議員たちはこの場を去っていた。

「みんな、集まれー。ここに結集！」と山城博治さん。

「名護警察署前の作業先導車両の動きが急になっている。翁長知事の口頭弁論の日に、負けたという形にしたくないから、ぜひともと工事の強行を図っているのだろう。だからこそ我われも、知事を支えるため、きょうはなんとしてもゲート前を守り抜こう！」

降りつのる雨をブルーシートで防ぎながら、博治さんの指揮で『ケ・サラ』の合唱が始まった。『ケ・サラ』――これも『勝利を我らに（We Shall Overcome）』等と同様、山城博治が愛唱し、このかん「キャンプ・シュワブ」ゲート前の〝定番〟となってきた一曲だ。私も左手でシートの縁を掲げ、右手のカメラで撮影を続けながら、歌う。

「島袋文子さんも、雨の中、我われと一緒に闘ってくれている。がんばろう！」

博治さんが示す、道の向こう――付添の女性と並んで椅子に掛けた、黄色いビニール合羽の小柄な人影が見える。かつて米軍の火焔放射器で大火傷を負い、死者の血の混じった水を飲みながら沖縄戦を生き延びた、八六歳の女性が、いま私たちとともに、おられる。

——このかん、持参したタブレットからスマートフォンを中継して発信する私のツイート（フェイスブックとも連動）にも、絶え間なく反響が届く。タブレット、スマートフォンとも、リツイートの着信音が鐘を乱打するように響きつづける。多くはヤマトから、この場に参加できない口惜しさと支援、連帯の意思を伝えられる真摯なメッセージが寄せられている。


青いビニールの〝天蓋〟の下、人びとの歌声が谺《こだま》する。その向こう、基地のフェンスの手前には、民間警備会社ＡＬＳＯＫの警備員たちが並んでいる。

「溜まった雨水を棄てるときは、気をつけて。縁の方からそおっと……誰かに一気に浴びせないようにね」マイクを通して、山城博治さんは間断なく指示を出しつづける。

「……こんな風にして、雨の中、ブルーシートを掲げて座り込んでる人間を、同じ人間の心を持っていたら、排除なんてできるものか。こんなふうにしている人間を——」

一瞬、博治さんの声が止まったのは、警備員たちに新たな動きの気配が垣間見えたからだった。

「増員か？」

だが、そうではなかったようだ。詳述は控えるが、本来「対立」を強いられているはずの者同士が明らかに心を通わせた瞬間を、私は「目撃」した。まことに、ささやかではあるかもしれない。だが、鮮烈な印象である。この一瞬もまた、私の記憶の「宝」となるだろう。

そして沖縄平和運動センター議長はすかさず、「仕事」で心ならずもいまこの場に動員されているかもしれない、彼ら民間警備会社の人びとへも、人間としての配慮を以て接するよう、一同に念を押す。

一五分ほどして、また雨は上がった。いつにもまして、天候の変化が目まぐるしい。ブルーシートを畳むのは屋良朝敏さんたちに任せ、私は再び国道三二九号を横切って、丘陵側で抗議活動を続けている人びとのあいだを回り、また反対側からゲート前座り込みの模様を撮影する。

ところが、そのとき山城博治さんのマイクが思いがけないことを告げた。

「今日は山口泉さんが来てくれているので、何か一言、話してもらいましょう。……あれ、さっき山口さん、姿が見えたが——どこへ行ったかな?」

はい、はい、はい、ここにいますよと、ひしゃげたビニール傘を振り振り、慌てて三二九号を渡りなおす。「山口泉さんは哲学者で社会学者で……」すごい人なんだと山城博治さんは紹介してくださるが、もちろん私はすごくないし、哲学者でも社会学者でもない（——また現状の日本国のそれらの大半を、私自身はほとんど評価していない）。しかし私の言ったり書いたりしていることから、多忙な山城さんがそうした印象をお持ちくださっているとすれば、それは、もしかしたら〝普通の〟小説家ないしは作家と認識していただくより、むしろ光栄であるかもしれない。

貴重な辺野古「キャンプ・シュワブ」ゲート前の時間を無駄にしてはならない。マイクをお借りし、皆さんにウチナーグチで御挨拶した後、手にしたタブレットの画面を示して、さきほどの胸に迫る『ケ・サラ』合唱の模様をインターネットで発信したことを御報告、そして辺野古の地を訪れるたび、いよいよ高まる「希望」と「幸福感」についてお話する。

……この圧倒的な国家暴力を正面から受けながら、しかも「キャンプ・シュワブ」ゲート前に立つとき、いつも込み上げてくる「誇り」と「勝利」の確信は何なのでしょう? それは辺野古の——そして沖縄の闘いが、人間としての正当性に基づいているから以外の何物でもありません。すでにゲート前の、また大浦湾の抵抗は、ヤマトを超え、アジアから世界の注視を浴びるものとなっています。そしてここにはいつも素晴らしい方がたがおられる。絶対に負けない。私たちはすでに最初から勝利しているのです。私はいま、人間として、皆さんと共にここに立てることが嬉しい。山城博治さんや皆さん、ほんとうに、いっぺーにふぇーでーびる……。

さらに山城博治さんが水を向けてくださるので、現在入稿作業中の著作――すなわち本書『辺野古の弁証法――ポスト・フクシマと「沖縄革命」』の案内まで、させていただいてしまった。まことに嬉しく、ありがたいことである。

マイクを山城博治さんにお返ししてほどなく「山口さん」とお声がけいただいたのは、一一月七日にここで感動的な『声明』を発表された《いのちを守るナイチンゲールと医療者と卵の会》共同代表の稲垣絹代さんだった。その折り撮影した写真を『琉球新報』に寄稿したエッセイ『横領された日本へ』中篇で使用させていただくにあたり、電話ではお話ししていたが、直接、言葉を交わすのは初めてだ。

「会の幟《のぼり》ができました」とおっしゃるので、またまた三二九号線の反対側の丘の麓へ。なるほど、看護帽をつけた溌溂《はつらつ》たる女性のマスコット・キャラクターがあしらわれた桃色の幟が掲げられ、それを取り付けた旗竿には、赤地に白抜きで大きく「救護」の文字がプリントされたボードが貼られている。下には「AED、救急医療セット」の大きなアクリル・ケースも設置されていた。頼もしい。

近くには《正義は県民にあり／あらゆる手段で／工事を止めよう／非暴力》の筵旗、日英両文で《世界の皆さんへ／沖縄は圧殺されている／これが現在の日本政府、日本警察の実態だ》と綴られた横断幕――。スミレ色の地に白抜きで《南無妙法蓮華経》と染め抜かれた日本山妙法寺の幟も翻る。

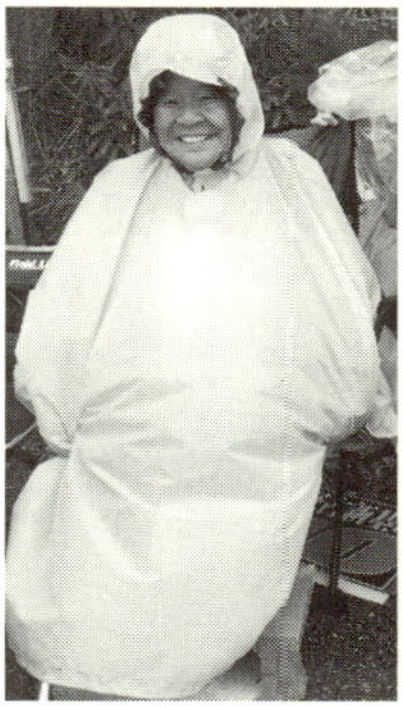

▶島袋文子さん。笑顔のなんという若わかしさ。

■《いのちを守るナイチンゲールと医療従事者と卵の会》の救護所（右）および幟（左）。

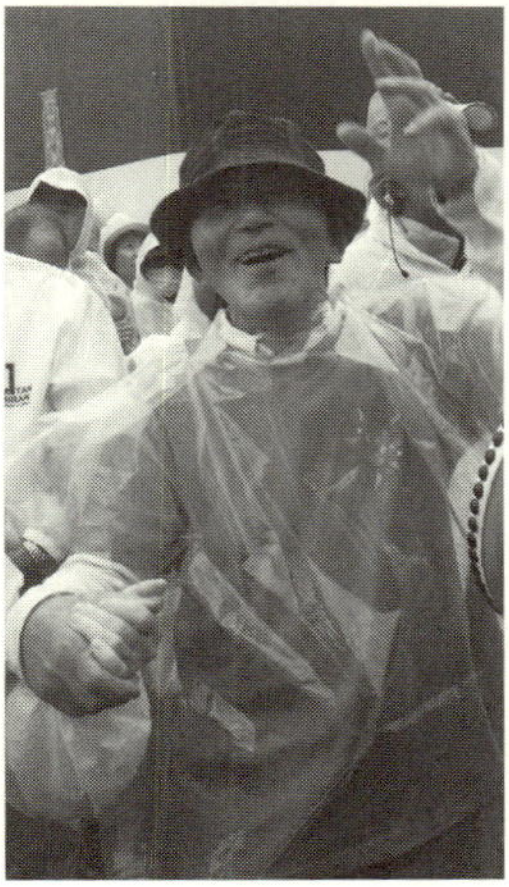

▶皆の合唱とラインダンスをリードする、小橋川共行さん。

ゲート側では、大浦湾の会場抗議行動を担うカヌー隊に参加している青年男女の報告が始まった。男性二人が直接、御自身で体験された、海上保安庁の暴力が生なましく語られる。

この頃から、またしても雨が降り出した。雨足が強い。山城博治さんの懸命の声が響く。

「名護警察署の車輌がしきりと巡回し、ゲート前の人数を確認している。我われの数が減ったタイミングを見計らって、工事車輌を入れようとしているのだろう。何としても、ゲート前を破られてはならない！　一人でも多くの結集を！　仲間を集めよう――」

すでに議員たちの姿はなく（これは翁長知事の陳述に合わせ、福岡高裁那覇支部へと回ったもの）、早朝行動を了え、それぞれの職場へ向かった参加者も少なくない。結果として、本日いちばん座り込みの人数が乏しい状態が現出していた。ゲート前を封鎖するのにも心許ない「壁」の薄さである。

「一〇時半になれば、那覇方面から『島ぐるみ会議』のバスもやってくる。そして昼まで頑張れば、今日の工事はもうない。それまで、なんとか持ち堪えよう！」と山城さん。

私もすでに、ともかく正午ごろまではここにいつづけようと心決めしていた。

ブルーシートを掲げていると、傍らの七〇歳くらいの男性から声をかけられる。私が先月『琉球新報』に寄稿した四本のエッセイを切り抜いて持っているとおっしゃってくださる方で、さきほどマイクで御案内した新著についてのお尋ねを受ける。

「あなた、作家？　ふうん。『弁証法』っていうのは、ずいぶん小説家らしくない題名だけど……それってたとえば、沖縄が沖縄だけの闘いでやっていたんでは駄目で、ヤマトも巻き込んで、沖縄とヤマトの両方から立ち向かっていかなければいけないというような――つまり、そういうことかね？」

むろん、それが私のこの書名に込めたすべてではない。しかし、確実にそうした一部でもある。

お名前を伺う余裕もなかったが、初対面のこの方の、その精確な洞察と理解とに驚嘆する。

高まる緊張感のなか、ブルーシートを掲げつつ、リーダーが交代しながらの歌が続く。『一坪たりとも渡すまい』は二番の歌詞の《ベトナムの友を》が《イラクの友を》に替えて歌われ、『青い空のように』では、再び小橋川共行さんが伸びやかな歌声を響かせた。そして『友よ』は山城博治さんのリードで、とりわけ深い思い入れを込めて。そういえば一時期、ここではかつて岸洋子が歌唱した『希望』の替え歌も歌われていた――。

辺野古には、つねに歌声が溢れている。いま皆でブルーシートを支え、こうして歌いつづけていることそのものが「闘い」であり、さらに言うならその一瞬一瞬が「勝利」である。「辺野古」に出会えたこと、いま自分が辺野古に立ち会えていること自体が誇らしい。

そのかん、他の方がシートを持ってくれるタイミングでまた道路を渡り、島袋文子さんに御挨拶に赴く。一一月に撮影させていただいた写真を本書に使用するにあたり、宜野座映子さんを通じて御快諾を得たものの、まだ直接のお礼はお伝えしてなかったからだ。黄色いビニール合羽にくるまれた、完全装備の姿があまりに颯爽《さっそう》としておられるので、お願いしてきょうも写真を撮らせていただく。

「こんな格好なのに……」と含羞《はにか》むように笑われるその表情が、またひときわ美しいのだ。

一〇時三〇分よりやや早く、ついに、待ちに待った応援到着の報が入る。着いたのは、那覇ではなく浦添からの「島ぐるみ会議」のメンバー四〇名だった。

破顔した山城博治さんは「島ぐるみ（会議）の存在をこんなに頼もしく思ったことはない」と軽口を交えて小躍りし、ブルーシートを抱え持った六〇名ほどの間にも光が差し込むような気分が溢れた。

隊列に加わったた浦添のメンバーにとっても、予期をさらに上回る歓迎だったことだろう。

「このあと昼にかけ、那覇からのバスも着く。五〇人位は来るだろう。そうやって止めつづければ、もう今日の工事はない。なんとしてもがんばろう！」博治さんの呼びかけは、いっそう熱を帯びる。

「こうして、ね。こうやって、ブルーシートを拡げて雨を防ごうなんて、誰が想像したか？　また一つ、新しいことを我われはやった！　素晴らしいよね」

「せっかく応援にきてくれた皆さんに、カヌチャャみたいなおもてなしはできないけれど、それでもここでみんなで雨をよけて、歌って、そうしてがんばろう」

カヌチャとは《カヌチャリゾート》――。前述のとおり、東京から派遣された警視庁機動隊の宿舎に充《あ》てられているという、大浦湾に臨む超高級リゾート・ホテルである。

それにしても、どんな事柄にも何かしら光明を見出し、それを人びとの前に差し出して「希望」の火を熾《おこ》そうとする――この山城博治という運動家・思想家の「方法」は何か。真に闘い抜いてきた人ならではのその熱誠が、この辺野古「キャンプ・シュワブ」ゲート前の冷気のなかに放射されてゆく。


――あのときも、山城博治は、そうだった。本年三月四日、「三線《さんしん》の日」。知花昌一さんらの呼びかけで琉球古典音楽の名匠らがここに結集し、楽器を構えようとした、まさにその直前、強襲した機動隊によって雨よけの仮屋根が撤去される。だがその後も、雨中、正装の音楽家たちは端然として演奏を完遂した。その姿を讃え、はからずも権力の弾圧に「沖縄の文化」の真髄を示すことができた、その感動を嗚咽しながら語り、詰めかけた市民の前で歓喜の〝一人カチャーシー〟を踊ったときも。

（あの日は正午の時報に合わせ、私もここゲート前のテントの一隅で、周囲はもちろん、琉球弧全域で同時に演奏しているであろう数千、数万の人びとともに、持参の三線で『かぎやで《かじゃでぃ》風節』を奏でたのだった。いまだ工工四《くんくんしー》を目で追いながらの、すこぶる覚束ない演奏ではあったが……）

「凄い。ほんとうに凄い。きょうは工事を止めた。こうやって毎週水曜日だけでなく、月曜も火曜も木曜も、毎日、国頭《くにがみ》・山原《やんばる》、中頭《なかがみ》、那覇、島尻……と、地域を調整し、割り振って、みんなが集まれば、工事は阻止できる。お互い、連絡を取り合って、そういう態勢を創り上げていこう」

山城博治さんの訴えに力がこもる。

そして、歌。満を持していたように、ここで『沖縄　今こそ立ち上がろう』が始まる。

パリ五月革命を歌った作者不詳のシャンソン『美しき五月のパリ（Ah! Le Joli Mois de Mai à Paris＝おお、パリの五月、美しい月よ）』に、山城博治さん自身が「替え詞」を施した曲だ――。

沖縄の未来《みち》は　沖縄が拓く
戦さ世《ゆ》を拒み　平和に生きるため
今こそ立ち上がろう　今こそ奮い立とう

以下、六番までのフルコーラスに、さらに一番のリプライズ。各番リフレインの前に「そぉーれ！」と博治さんがぐるぐる腕を回し、ブルーシートを揺るがす歌声はいよいよ熱を帯びてゆく。

元歌は、加藤登紀子氏の日本語詞・歌唱で名高い。そして、その加藤氏は先月二九日、古謝美佐子さんとともにここを訪れ、山城博治さんを交えて同曲を熱唱している。

それにしても、こうした曲を「本歌取り」して琉球弧の抵抗の歌を作り上げてゆこうとする志向それ自体に、私は山城博治という運動家・思想家の世代的経験値と、深い浪漫主義的な知性を感ずる。

ちなみにそれに先立つ先月一五日、私も読谷村の第二回『ＰＷＭ（ピース・ウォーク・マート）ｉｎ読谷』でのミニ・チェロ・コンサートにこの曲を持ち込んでいた。実行委員の皆さんに、模造紙の歌詞を準備していただき、昨年末ここゲート前でも、その外連味《けれんみ》のない骨太な歌声に接した〝辺野古の歌姫〟当山なつみさんのリードによる合唱が実現したのだ（私自身は、〝チェロ弾き語り〟で伴奏――）。

何はともあれ、『沖縄　今こそ立ち上がろう』は、いつ聴き、そして歌っても、そこに漲《みなぎ》る「決意」と「勇気」に深く鼓舞される歌である。

「これまでの闘いを通じて、翁長知事はいくつも感動的な言葉を残してくれました。『魂の飢餓感』も、その一つです。きょうの裁判でも知事は、持てる智慧を尽くして、沖縄の思いを語ってくれることでしょう。そういう言葉を用意してくれているはずです」

併せて山城さんは、すでに日本政府により、あらかじめ裁判官が変更されるという、この訴訟の露骨な政治性についても、簡潔だが透徹した見解を示し、その上で私たちを裁判にどう位置づけるべきかを訴えた。

高く腕を突き上げながら、山城博治さんはひときわ声を高める。

「那覇の裁判所の方へ、行く予定の人は行って――。この現場は、我われが守る。こうやって歴史の中に生きていること、いまここに立っていることを、私は誇りに思いたい」

すでに一一時を一五分ほど回っていた。雨は、上がっている。卓越した現場指導者たる沖縄平和運動センター議長の判断によれば、おそらく本日は工事関係車輌の進入や、それに伴う機動隊の直接的弾圧は防ぎ止められたのだろう。

辺野古新基地

道の向こうの島袋文子さんと付き添いの女性の座り込み場所には、小型のブルーシートとビニール紐、ブロックの台座や支柱によって、さらに万全のテントが造られ、そこにいまは山城博治さんと、もう一人の女性も加わって歓談されている。ビニール合羽を脱いで、赤と黒のチェックのシャツに茶のスラックス、丸い登山帽姿の島袋文子さんは、いよいよ若わかしい。

今日はほどなく、ここはお暇《いとま》する旨、御挨拶に赴くと、皆さん、満面の笑みで応えてくださる。

「那覇に行くのなら、もう出た方が良いですよ」と山城さん。

この険しくも輝かしく、温かな人間性の横溢する「歴史」の現場から立ち去り難い思いはあったが、御助言に従い、間を置かず出発することにしよう。

二見の駐車場までの移動は、やはり未知の方が私一人のために快く車を出してくださった。道中、伺ったところでは、この方も連日、警視庁機動隊との過酷な対峙の現場に立たれている模様。御健闘と御自愛を願って別れる。またしても、雨が降り出していた。

那覇へは、そのまま国道三二九号線で辺野古岳の東麓を越え、沖縄自動車道北端の許田ＩＣから南下することにする。途中、国道五八号に通ずるまでの道は、本年二月二二日、山城博治さん・谷本大岳さんの不当拘束・逮捕に抗議するため、名護警察署に向かったときと同じルートである。

——まさか、この僅か三日後の一二月五日、またしても山城博治さんが不当拘束・勾留されることになろうとは、むろんこのときは予測する由もなかった。氏の現在の健康状態を考えるなら、こうした対応には、人道に悖《もと》る露骨な国家権力の憎悪と重大な意図を感じざるを得ない。

途中、給油の後、一散に那覇をめざしながら、山城博治という人物について考える。この沖縄平和運動センター議長について。

たとえば――近年では、つい先頃までウルグアイ大統領だったホセ・ムヒカや、英国労働党の新たな党首ジェレミー・コービンがいる。あるいは一昨年死去したベネズエラ大統領ウゴ・チャベスや、遡るならエルネスト・チェ＝ゲバラ……。

だが彼らに比したとき、さらにいかなる「権力」も、むろん「武力」も持ってなどいない分、山城博治はより民の一人としての等身大の指導者であり、本質的な変革者であるだろう。彼の手段はただ、その熱誠ほとばしる火のごとき弁舌と、想像以上に声質もリズム感も良い歌だけなのだ。そう考えれば、まさにその姿は、彼自身が愛唱する『ケ・サラ』の日本語詞にも登場する革命的音楽家、ジョー・ヒルやヴィクトル・ハラに近いか。

辺野古「キャンプ・シュワブ」ゲート前で、その姿を見るたび――会うたび、しゃべり続け、叫び、踊り、歌い続ける山城博治という人物に、私は思う。しばしば安易に用いられる〝カリスマ性〟なる胡乱《うろん》な概念が、もしほんとうに実在するとすれば、それはいかなる力でも権威でもなく、ただあくまで底知れぬ誠実さ、人としての率直さとして現われる以外の何物でもないことを。

本書の副題にそう掲げ、そのことの意味を終章でも詳述したとおり、かねて私はいま辺野古で――そして沖縄で起こっていることを、最も平和的で人間的な「革命」、非暴力「革命」であると定義している。こうした、山城博治のごとき指導者を――ないしは、むしろ代表者を得た「革命」は、敗けないだろう。またそれ以上に、変質することもないだろう。

一三時をやや回った頃、辿《し》り着いた開南界隈、福岡高裁那覇支部を含め裁判所が集中する一角は、警察車輌による厳戒態勢が布かれていた。新聞・テレビ等、取材陣も夥しい。むろん間もなく始まる翁長雄志・沖縄県知事の、日本政府により起こされた代執行訴訟における第一回口頭弁論のためだ。それにしても、このものものしい〝警備〟は、一体何を守ろうとしてのものか。

なんとか駐車場所を確保し、裁判所方面に戻ると、道路脇の一角は、翁長知事支援に集まった市民とそれを取り巻く報道関係者との同心円状の人混みが埋め尽くしていて、そのいちばん外周——歩道の縁に立つのがやっとの状態だった。三時間ほど前まで辺野古に詰めかけていた国会議員・県議会議員らの姿も見える。

円の中心で次つぎと発言する議員らは、口ぐちに、知事を訴えた日本政府の本末顚倒した非道を糾弾し、この「侮辱」を逆に沖縄による政府告発の場にしよう、と呼びかける。いかにも、その通りだ。

ところで、いまこの立錐の余地もない現場のどこに、とりあえず私は身を置くべきか。集会の様子から察するかぎり、まだ知事は入廷してはいないようだが……。

そのとき、背後から私の肩をたたく人がある。振り返ると、先般、辺野古「キャンプ・シュワブ」ゲート前でお会いしている中村司《まもる》《安保廃棄・くらしと民主主義を守る沖縄県統一行動連絡会議》代表幹事だった。細いストライプの入ったスタンド・カラーの渋い〝かりゆし〟姿の中村さんは、いつにも増して精悍な面差しで、もうすぐ知事がここを通りますよ、とそっと耳打ちしてくださる。

その後、中村さん御自身も市民の環のなかに進み出てアピールされるのに耳を傾けながら、しばらく待つうち、県職員のプレートを付けた男性が何人か、左右に並んで通路を確保して、ほどなく黒塗りの公用車が乗りつけ、翁長雄志・沖縄県知事が姿を現わした。

環になった集会の参加者たちばかりでなく、沿道で見守る市民からも大きな歓声が上がる。後から二〇〇〇名と発表された人びとの結集に、一瞬、知事は驚いた様子だったが、すぐにその表情は民の支持と共にある為政者の力強い笑みへと変わった。

■翁長雄志・沖縄県知事の〝「辺野古埋め立て承認」取り消し〟決定に対し、日本政府が起こした代執行訴訟での第1回口頭弁論のため、翁長知事が入廷する福岡高等裁判所那覇支部周辺。右上の写真で知事と握手するのは、《安保廃棄・くらしと民主主義を守る沖縄県統一行動連絡会議》代表幹事の中村司さん。(2015年12月2日)

カメラのストロボを浴びながら集会の環の中央に立った翁長雄志氏は、しばらく参加者の歓呼に応えた後、その所信を語り出した。県民から示された民意を携え、法廷の場で沖縄の声をしっかり伝えたい。きちんとした法的手続きを経て下した〝「辺野古埋め立て」承認取り消し〟の決断の正当性を、改めて広く主張するとともに、日本の〝民主主義〟を問い、沖縄のアイデンティティを示したい。……約《つづ》めて言えば、これだけのことだ。だが前任者の仲井眞弘多知事は、その民意を平然・公然と裏切り、そして翁長知事がこの地点に漕ぎ着けるまでにも、就任後一年という歳月を要したのだった。

いま、形の上では日本国政府からの〝逆襲〟を受けたかにも見える状況は、しかし一裁判所の判断を超え、二一世紀前葉の国際社会——人類の精神史にとって重大な意味を持つ抵抗の一過程であると、私は考える。日本国の版図に帰属する（帰属させられた）一「県」が、県知事を先頭にその「県」を挙げて、軍国主義の道をひた走ろうとする最悪のファシズム政府の、差別と憎悪に満ちた圧制をはね返そうとする、この空前の抵抗は。

満場の拍手と歓声のなか、知事と随員は環を歩み出し、これから歩道を通って裁判所へと向かうらしい。カメラのフラッシュが雪崩れるように煌《きら》めき、「オナガ」コールが地鳴りのごとく一円に轟く。まさしく昨秋の県知事選以来の昂揚である。私もそれに唱和しながら、カメラ・モードにしたタブレットを頭上に構え、道路側から知事一行を追った（カメラ専用機をメインの撮影機材にしなかったのは、これまでの経験上、現場からツイートしておかないと結局、情報発信が遅れ、悪くすればそのまま取り止めてしまうため）。

高裁那覇支部側へと向かおうとする柵の切れ目で、知事の正面に周り込むことができ、握手とともに激励の一言をかける。氏と直接、言葉を交わすのは昨秋の県知事選挙の時期、とあるホテルのコンコースでばったり遭遇したときを初めとする数回以来か。

私の手許のタブレットの画像記録によれば、一三時三七分、沖縄県知事一行は、福岡高等裁判所那覇支部へ入廷――。知事による、《イデオロギーよりアイデンティティ》《魂の飢餓感》の二大モットーをはじめ、まさしく反論の余地のない精緻な思考が鏤《ちりば》められ、真率な感情の張りつめる「意見陳述」の内容と、以後の展開は、新聞等で既報の通りである。

私はその場でお声がけいただいた、元教員で私の新聞寄稿をお読みくださっているという男性としばらくお話し、帰路へ。

途中、宜野湾の馴染みの自然食品店に立ち寄り、遅い昼食を摂《と》りがてら、若干の買い物をする。この店の、いつ会っても輝くばかりの笑顔に溢れた店長とはかねて懇意で、彼女は私の活動にも共感を寄せてくれていた。久しぶりの再会に最近の消息を尋ねられたため、本日は早朝から辺野古―那覇と回ってきた経緯を説明し、未読だというので、ちょうど携えていた小文のコピーを手渡す。

沖縄で、私がいつも強い印象を受ける一つは、こうしたとき先方から決して、難しそうだとか、たぶん読んでも解らない……といった消極的で拒絶的な対応をされないことだ。どなたからも、ただの一度もない。この事実に、私は深い感銘を覚えている。そして多くの場合、次にお会いしたときにはどなたからも、きちんと御感想や御質問をいただく。この宜野湾の若い彼女ばかりではない。住まいの近くの別の無農薬野菜の店のおばさんもそうだ。

その逆なら――これまでヤマトにおいてどれほど、そうした経験を繰り返してきたことだろう。私が考え書くような事柄――すなわちこのテキストのような言葉・文章を、ほとんど〝脊髄反射的に〟拒絶する――自らとの関係を遮断しようとする、自己防衛的とも保身的とも、私の目には映る対応がなされる。そしてその傾向は明らかに、近年――より具体的には「3・11」以降、いっそう著しいものとなっていた。

ところが、こと沖縄においてはこれまで、年齢・職業・経歴・性別……等等、もろもろの社会的属性を問わず、いかなる立場の人からも、そうした反射的拒絶を示されることが、ないのだ。

だが翻って考えれば、この種の経験は他の諸国にあっても決して珍しいことではない。韓国でも台湾でも中国でも、ドイツでも英国でも北欧でも、私は同様の経験を数知れず、してきた。どんな人も一個の自立した個人として、たとえ仕事中であれ、自らの判断で私に主体的かつ真率に対してくれる。してみると、むしろ特異なのは沖縄ではなく、日本国の側であることに改めて気づく。ヤマト大衆社会に瀰漫《びまん》する、保身と思考停止の気分の方が、実は〝世界基準〟に照らして異様なのだ。

さらに北谷《ちゃたん》で行きつけのベーカリーに回り、いつも求める絶品の天然酵母パンを買って、暮れなずむ刻限に、ようやく帰宅する。未明に家を出てから夕方まで、国頭・島尻を除く、沖縄本島中央部をほぼ南北に往復、合計一五〇キロを走破した。

もとより、特定の個人を突出させるのは私の最も好まぬところである。ただ、山城博治と翁長雄志とを思うとき、二人が、現在の沖縄の抵抗を象徴する存在であることは疑いない。

これまで何度も述べてきたとおり、そもそも東京電力・福島第一原発事故にも直接最大の責任を負う安倍晋三と、その取り巻きのファシストらにより、真の破滅の淵にまで引きずられてきた日本国家を呑み込んだ軍国主義・全体主義。その圧倒的暴圧に対する、沖縄の懸命必死の抵抗を――。

山城博治さんを見ていて印象的な一つは、彼がいつ、いかなる局面にあっても、翁長雄志・沖縄県知事への否定的な言辞を絶対に口にしないことだ。最も緊迫した闘争の現場で、沖縄県警さらには警視庁機動隊、ないしは米軍基地警備隊の暴圧を直接受け止め、その過程で拘束・逮捕・勾留もされ、加えて篤《あつ》い病をも得、過酷な治療に堪え、さらに再び人びとのなかに復帰し、きょうも未明からこの現場の指揮を声を嗄《か》らして執りつづける……その人物自身が。

私の知る限り、博治さんの口から翁長知事に関し、疑念や不信、非難や批判の類いが発されるのは、かつて聞いたことがない。その発言はつねに知事への徹底した擁護・支持に貫かれ、聴く者に、現・沖縄県政に対する根底的な信頼と支援を呼びかける。

では、こうして、最も厳しい「現場」の闘いを担う中心的存在からこれだけの信頼を寄せられつづける「県政」の最高責任者は、いかなる思いでいるだろうか。彼は、それに応えていないだろうか？いや。現状、翁長雄志・沖縄県知事が示し抜く日本政府への抵抗の姿勢は、この国にかつて一度も存在しなかったもの――一自治体首長が民の圧倒的な支持を支えとして、国家の暴政を糾《ただ》してゆくという、もはや国際的次元での「事件」であり「歴史」となりつつある。なかんずく、内閣総理大臣・安倍晋三らとは遠く位相を異にする、その鋭敏な知性による洞察・見解は、まさにこの日、福岡高裁那覇支部の法廷で開陳された『意見陳述』三六〇〇字に、余すところなく示されているではないか。

――むろんその一方、日本政府への根底的批判とともに、翁長知事に対しても、厳しい原則的叱咤を提示しつづける人びとの存在も、私は極めて重要だと考えている。とりわけ、ともすれば〝和を以て尊しと為す〟この国の、骨身に染みついたずぶずぶの〝草の根ファシズム〟の風土にあっては。

沖縄県知事・翁長雄志といえども、為政者である以上は権力者なのであり、権力の座にある者を市民・民衆がつねに厳しく見つめつづけねばならないのは当然だ。私の友人にも、基本的には翁長知事を支持しつつ、そうした冷静な立場を決して手放さぬ人びとがいる。正しいことである。しかも彼女ら・彼らの辺野古の闘いへの連帯・参加と、日本政府への批判とは、見事に一貫している。

だがしかも、沖縄平和運動センター議長・山城博治にあっては、いま自らが為すべきは翁長雄志への支持と信頼を核として県民を組織することであるのが、心憎いまでに精確に認識されているのだ。その透徹した状況把握の見事さにもまた、感嘆措《お》く能《あた》わざるものがある。

もとより山城博治氏は、県知事を神格化も崇拝もしているわけではない。そして、それらすべての意味合いを、ほかならぬ沖縄県知事・翁長雄志その人もまた、疑いなく、よく承知していよう。


山城博治と翁長雄志。

抵抗の「現場」と「県政」の枢要を結ぶ、剛直にして柔軟、そしてあくまで明晰な闘いの方法論の連携・協働、その深い暗黙の「分担」の形を見るとき——私は、「連帯」とは、同志への信頼と友愛とを手放さない、極めて深い「勇気」の上にこそ、初めて成り立つ現象であることを痛感する。

彼ら二人が、あたかも楕円の二つの焦点のごとく厳然と存在し、彼らを支える人びとと共に、それらは互いに共振し、増幅し合って、さらにそれまでの次元をはるかに超えた高みを目指す……。

——それこそが私の考える「辺野古の弁証法」なのだ。「沖縄革命」ということの動力学なのだ。


いま辺野古に赴けば、必ずそうなることは確実に予期された、まさにその通り——すでに本書の「終章」も「あとがき」も脱稿した後になって、さらにこうした場に立ち会い、最終入稿の予定も遅らせてもらって、二万字を優に超える本篇を制作しつづけた。当初、一〇月末に取次・書店に書名と共に告知した際の予定分量は、その後に発表した『横領された日本へ』（『琉球新報』二〇一五年一一月二四日〜

二六日付「文化」面）三篇をはじめとする追加収録もあって、最終的に一〇〇ページ以上も上回っている。

本来、あり得べからざる事態である。刊行を引き受けてくれたオーロラ自由アトリエに、ただでさえ困難を極める諸事情のなか、もたらす負担を思うと、言葉もない。本書の場合、当初の企画の経緯からして、そもそも通常の〝業務〟としての出版を超越した歴史的必然性を帯びていたとはいえ――。

だが、これを書き留めずに済ますことはできない。二〇一五年一二月二日――沖縄は辺野古「キャンプ・シュワブ」ゲート前で、ビニール合羽を着て手を取り合い、さらには雨よけのブルーシートを共に捧げ持って、踊りつづけ、歌いつづけ、たじろがずにあった人びとの姿を。

本稿の制作にあたり、携行のデジタル・カメラとタブレット、スマートフォンで当日撮影した写真を確認しながら、皆さんの厳しく美しい表情に、再び、あの降りしきる雨のなかの午前を思った。何枚もの画像を並べて開いたデスクトップ・コンピュータの大型液晶ディスプレイを前に、とめどなく涙が溢れる。

このかん、沖縄で何が起こっているか――。それを知りたいと、あなたは尋ねるだろうか。

答えは明白だ。それは人間としての覚醒の闘いである。偽りの〝戦後〟七〇年、非道の日本国家と暴圧のアメリカの覇権主義を――現在の私たちの世界を腐蝕し、澱《よど》ませる欺瞞のすべてを、人としての尊厳を賭して問おうとする闘いである。辺野古にいる一秒一秒、さらには沖縄の地に暮らす一瞬一瞬が、誇りに満ち、美しく、栄光に輝く、宝玉のような時間である。

いま私は、途方もない「歴史」に立ち会っている。そこに連なる人びとはおしなべて友・同志であり、師・先達である。あまりにも、人間が美しい……。

韓国民衆美術の文字通り〝旗手〟であり、朝鮮の伝統的な言い方をするなら、私と同甲《トンガプ》（同い年）の畏友でもある画家・洪成潭《ホンソンダム》はかつて、軍事クーデタを起こした将軍・全斗煥《チョンドファン》の暴政に一九八〇年五月、市民が立ち上がった光州《クワンヂュ》コミューンの「解放」の一週間を回想し、こう吐露した。この世で最も遠く、かつまた最も親密なものを見つめる眼差しで──「人間が美しかった」と。

それを耳にしたとき、私は、この日本国家の版図において、自らの実人生のなか、そうした経験に出会うことなど、たぶん永遠にあるまいと考えたものだ。

違っていた。いま私は、それに立ち会っている。

人間が美しいと、躊躇なく語り得る「場面」の数かずに。

沖縄は蹂躙され、侮辱され、苦難に満ちている。裏切りも、分断もある。真の安穏は、果てしなく遠い。

だが、それでもなお、ここには紛れもない「希望」がある。

自らが奴隷のままに滅ぼされようとしている、その屈辱的な現実からすら最後まで目を背け、互いに互いを監視し牽制し合う息苦しい社会に囚《とら》われて、惨めに生を閉じる迷妄に較べれば──はるかに。

いま、この時代に沖縄に生き、歴史に参加できる幸福を思う。

〔本書のための書き下ろし〕

終　章　その余波や、余光すらも――「沖縄革命」とは、何か？

むろん、軽がるしく用いられて良い言葉であるはずはない。だが現在、琉球弧に展開されている事態は、もはやそう呼ばれるに相応しい段階に入りつつあるとも、私は確かに感じているのだ。

すなわち——「沖縄革命」と。

何世紀にも及ぶこの地の「非暴力」の理念にあくまで貫かれ、また、だからこそ唯一実現可能となる、真の「自由」を回復し、普遍的な人間性を解放するための。

それは言葉の最も本質的かつ簡潔な意味での「革命」、とりもなおさず「人権」そのものに関わるものであるだろう。そして「人権」は、その抑圧された場にあってこそ、いよいよ本来の意味と重み、輝きを増してくる。

日本国家に帰属する（させられた）一「県」が、政府の圧制に正面から異議を申し立て、人間としての尊厳を賭して対峙する——。かかる局面が、かつてこの国の近現代史にあっただろうか？

しかもいま、その抵抗を全面的に展開しているのは、かつて「戦前」「戦中」の天皇制帝国主義の支配下にあっては、最後には言語を絶する沖縄戦へと引き込まれ……「戦後」も新たな日米の二重植民地支配下、七〇年の長きにわたって苦渋と屈辱を強いられつづけてきた沖縄なのだ。

二〇一四年一月の名護市長選以来、県知事選と那覇市長選、衆院選を含む数かずの公職選挙における明確な意思表示と、併せて辺野古「キャンプ・シュワブ」ゲート前座り込みに象徴される、さまざまな場での非暴力直接行動とを、ともに通じて。

この国にかつてなかった社会的規模と精神的深さ、そして粘り強い持続性を伴った抵抗。その歪んだ国家像のありように対する、根底からの変革の要求。

これは、やはり平和革命の明確な姿ではないか。とりわけ、その理不尽な「戦争法制」の強行成立が〝憲政クーデタ〟と批判される安倍晋三政権の、その非道に対置したときにはいっそう。

（そもそも、あれを「採決」「可決」「成立」と見做《みな》すか——それ自体が、はなはだ疑問であるが）

二〇一五年一〇月一三日午前一〇時。翁長雄志・沖縄県知事は、仲井眞弘多・前知事が当初の公約を平然と破って行なった「辺野古埋め立て」承認を正式に取り消した。私たち——翁長氏を支持し、彼を知事に選んだ「沖縄県民」が丸一年にわたって待ちつづけた、その決断表明である。

むろん、これは状況を打開するための最初のステップにすぎない。だが、ここを経ずして今後にいかなる展開もあり得ない、これは「絶対必要条件」にもほかならないのだ。

翁長知事が沖縄県庁五階の記者会見室で、まさしく「取り消し」発表を行なっているあいだ、私は一階ロビーで、携えてきたタブレットを通じ、ＩＷＪ（Independent Web Journal）による、その中継に見入っていた。その後、他のインターネット動画では、辺野古の座り込みテントで知事発表に歓喜する島袋文子さんや山城博治さん、宜野座映子さんらの弾けるような笑顔も確認した。

いずれも、現在の沖縄における「抵抗」と「希望」の体現者ともいうべき方がたである。

翌日午後になって、ほぼ半月ぶりに赴いた辺野古「キャンプ・シュワブ」ゲート前は、静かな持続性ともいうべき落ち着きのなかに、いつもの営みが存在していた。「不屈／座り込み／四六五日目」の立て看板や、「うちなーうしぇーて／ないびらんどー！」（沖縄をバカにするな）と大書された筵旗の脇にくつろぐ愛らしいジュゴンの巨大ビニール風船のあいだを歩き回って、何人か旧知の方とお話した後、電話で連絡のついた金城実さんと若干の打ち合わせをすべく、読谷に回ったのだった。

だがその昨日も、知事会見から二日が経ったきょうも――私の住む本島中部は早暁から夜半にいたるまで、低空を掠《かす》める米軍機の爆音が凄まじい。たいていはジェット戦闘機のエンジン音が、さながら終わらぬ雷鳴のように波状的に旋回する合間には、オスプレイとおぼしい、すこぶる内臓に悪影響をもたらしそうな低周波のレシプロ機の爆音も響いてくる。そして、それらの頻度たるや、まったく尋常ではないのだ。かつて花綵《はなづな》にも喩《たと》えられた、この糸のごとく細く美しい、弧状列島の上に。

こうした事象は昨年初めの名護市長選の頃から、ほぼ決まって沖縄県民の巨きな政治的意思表示がなされるたび、その直後から、ひときわ強まるような気がするというのが、このかんの私の経験的実感でもある（同様の見解は、他の方がたからも聞く）。

沖縄の民意と、それを代表して行動する翁長雄志県知事に対する、あからさまな暴圧・恫喝と受け止めざるを得ない。

さらに本日の新聞では一面に大きく、二〇一七年から「横田基地配備　空軍オスプレイ／沖縄で訓練　通告」のニュースが報じられている（『琉球新報』二〇一五年一〇月一五日付）。そしてその隣には、今回の沖縄県知事の懸命の「承認取り消し」発表に対する「国、取り消し無効請求／二三日にも執行停止」の報が（同前）。

なんと卑しい心性か。まさしく日米二重植民地支配そのものともいうべき露骨な圧力であり、国家的嫌がらせである。沖縄の必死の意思表示に、すでに陰惨な報復が始まっている――。

発端は、一昨年末の仲井眞弘多・前知事による公約破りの「辺野古埋め立て」承認にあった。

そこに端を発し、昨年晩秋の県知事で、有権者県民の圧倒的支持を得て当選した翁長雄志・現知事が、今回の「取り消し」表明に到るまで――この一年という時間を、どう捉えるか。それはあまりにも取り返しのつかない「空費」であったか？

だが、国の圧制が環境に確実に加えた破壊と、それに対抗しつつ「取り消し」以後の展開を見据えての、国際輿論《よろん》の動向をも含む状況の構築の作業との函数《かんすう》関係において判断するなら、これはぎりぎり〝間に合った〟選択なのだと、私たちは思いたい。

そして現状、沖縄県知事としてこの役割を担える人物は、疑いなく翁長雄志氏を措《お》いてなかった。

この一年ちかく、翁長知事を見てきて感ずるのは、氏はまさしく、自らが折りに触れ言明するとおり「沖縄の保守」政治家なのだということだ。彼に「完全」を望む必要はないし、またそうすべきでもない。いかなる為政者もそれが必然的に権力と共にある以上、市民はつねに批判の眼を携え、手放してはならぬのだ。

事実、沖縄における「内政」という意味では、泡瀬干潟の埋め立て推進や、USJ（ユニバーサル・スタジオ・ジャパン）の山原《やんばる》建設計画への協力姿勢など、翁長知事にも、「二重基準」とも見做し得る矛盾や、見識の看過すべからざる不徹底がある。だが同知事の、少なくとも日本政府に対する姿勢は、現時点まで、原則的で揺らぎない。

いずれにせよ昨年（あの息詰まるような晩秋から、まだ一年と経っていない！）、もしも翁長雄志氏ではなく前任者が再選されていたら、沖縄は今頃、一体どうなっていたか……。

日本政府・安倍政権が沖縄に押しつけようとした、想像するだに身の毛のよだつ破壊ないしは破滅へのプログラムをぎりぎりで押しとどめ、現在に到るまで「抵抗」を持続する足場を守り抜いてきたのは、翁長雄志氏を知事に選任し、彼を支えてきた「沖縄県民」の力であり、それと共にありつづけようとした日本国内外の「連帯」の意識だった。


沖縄の異議申し立ては、まず何より、この地に生きる民が自らを守る懸命のものとしてある。

だがそれは同時に、沖縄だけの問題に留まるはずもない。


沖縄に対してばかりではない。ヤマトにあっても、国家主義はいよいよ肥大し、加速している。

東京電力・福島第一原発事故に端を発した民主党の犯罪的なまでの無能・無責任ぶりと、それが誘発した、同事故のまぎれもない「主犯」たる自民党・安倍晋三を政権に復帰させるという、この〝先進〟ODA―旧〝経済大国〟の有権者大衆の意識の現状を見せつけた二〇一二年末の絶望的な総選挙。

果たしてそれ以降、『特定秘密保護法』「安保法制」を経て、TPP（環太平洋戦略的経済連携協定——なんという下卑た名称！）参加・「マイナンバー」（同前）制度へと畳みかけられ、世が世なら〝空想政治小説〟のモチーフにあくまで留まっていたであろう諸もろが、しかしいま、私たちの踏みしめる土、呼吸する空気、網膜に映ずる風景……この全現実に瀰漫《びまん》し、それらを丸ごと涵《ひた》しつつある。

私たちがあれほど恐れ——少なくとも私は——警鐘を鳴らしつづけてきたつもりでもあるファシズムが、ついに襲来した。厳密にいうなら、ある臨界点を過ぎ、日常そのものの最表層に姿を現わした。

気分はどうだ？　来る来ると恐怖しつづけたそれが——　〝ほんとうにファシズムが来た〟いま、この時代の空気は？

程度の差こそあれ、胸苦しい危機感を覚えている者も、事ここにいたってなお、いまだ、その恐ろしさを毫《ごう》も感じ得ない者も、すべてはしかし、日本政府・安倍晋三政権がほぼ完成させようとしている、史上前例を見ない〝先進資本主義国〟での新しいハイパー軍国主義ファシズムにすっぽりと呑み込まれているのだ。東京電力・福島第一原発事故の〝爆心地〟では、子どもたちが、疫学的に異様なまでの高率で次つぎと甲状腺癌を発症し、東日本の少なからぬ地域には、チェルノブイリ原子力発電所事故の「避難勧告地域」並みか、それ以上の放射性物質が降り注いでいる――そのさなかに。

どうするつもりなのだ？　無限に受動的な、これら〝遵法《じゅんぽう》精神〟〝適法意識〟の権化のごとき従順な日本国大衆は？　かつて小林多喜二をはじめ、この国の最良の心ある人びとを、なぶり殺しにし、傷つけ、孤立させた『治安維持法』にも唯唯諾諾《いいだくだく》と従い、「満蒙開拓」「大東亜共栄圏」「八紘一宇」「鬼畜米英」「撃ちてし止まん」から「本土決戦」「一億玉砕」へまで到る……そしてその他もろもろの醜く、おぞましいスローガンにも、最後の最後まで無抵抗に流されつづけていた大多数の人びとは？

（ちなみに、くだんの「一億」は、大日本帝国政府がその植民地支配下の民をも算入した数である）

〝悪法といえども法〟か？　だが「世界を変える」とは、本来、自らの内部の倫理、自らの良心を裏切らずにあろうとする覚悟によってのみ、初めて可能になるのではないか？

最後は、体制に屈服・隷従するか、それとも自らの道義を貫き通すか――。その二者択一が問われる。

外部の、現存日本政府より強大な何かが世界を一変させてくれるまでは、それがどんなに過《あやま》てる、非道でぶざまな国家であろうと、その国家に生殺与奪の権を握られていることをやむなしとする、沈黙の大衆。軍事独裁政権下の韓国で学生や労働者により展開された、かの〝『国家保安法』を守らない運動〟のような主体的抵抗は、現在までの日本においては相対的に極めて乏しい。（ただし、これまでにも同様の抵抗は日本でも存在はした。また、現在以降にそうした新しい潮流が生まれ出る可能性も皆無ではない。……と、そうは言っても、私が現在、表層に現われている現象をそのまま「評価」し、そこに即自的に安堵し、今後を楽観しているわけでも、またない）

そもそもが憲法違反の悪しき小選挙区制を前提に、一昨年末の衆院選の公約では曖気《おくび》にも出さなかった軍国主義路線が「集団的自衛権」の〝閣議決定〟をはじめとして狂奔を開始した。そして議会制民主主義の最低限の手続きを外した強行採決により、『日本国憲法』九八条（最高法規）と九九条（公務員の憲法擁護義務）に明白に違反した「安保法制」――戦争法案が、いまやこの度し難い国の「国是」となろうとしている。

本来、義務教育課程においていくらでもそうした機会があったはずであるにも関わらず、しかも憲法条文さえまともに読んだことのない大衆が、自らの一片の努力もなしに与えられた（宛てがわれた）参政権を受動的に「行使」して――ないしは当然のごとく「棄権」して、このファシズムに加担しているのだ。彼らはおしなべて、人間性を蹂躙する巨大な組織的・国家的犯罪の共犯者である。むろん、大衆をそのような状態に留め置いた支配層の「教育亡国」（教育哲学者・林竹二による「教育が国を滅ぼす」という概念）的手法と、それを可能ならしめた〝格差社会〟の問題は当然、糾明される必要があるにしても。

とはいえ、それを、昨今、例によってのキーワード輸入ブローカーたる大学教員やマス・メディアらが広めようとする、これだけは珍しく片仮名語ではない「反知性主義」などと、怪しげな造語ですり替えてはならない。

こんなものは「反」でもなければ「主義」でもない。最低限の能動性・主体性すら欠如した、あくまでも無知、卑劣と怠慢と自己侮辱と韜晦《とうかい》の綯《な》い交ぜとなった事大根性にほかならない。それに「反知性主義」などと、うらぶれた片言で扮飾を施してやること自体、彼らへの加担なのだから。

もとより真の解放・革命などは永久に来もしなければ、それどころかファシズムから身を守ることすらもできず、たちまち現出する陰湿な相互監視の密告社会のなか、徳川幕藩体制下の「五人組」、そして十五年戦争下の「隣組」よろしく、自主的奴隷制の完成にいそいそと勤《いそ》しむ人びと。「反天皇制」運動のなかにすら厳然として「天皇制」的ヒエラルキーがあり、本来、反差別や反排外主義として直視しなければならぬ暴力的恫喝をも、安直にパッケージングして喋喋《ちょうちょう》する者たち自らが、低劣な差別的言辞やセクト主義をふりかざす……。

「反戦」「平和」の抵抗とは、とりもなおさず、人間における最も低劣なものとの闘いにほかならない。しかもその低劣は一定の線の〝向こう側〟にだけあるのではなく、あらゆる場に遍在するのだ。

そしてこうした傾向は、ファシズムが進めば進むほど、いよいよ強まってくることだろう。このとき「希望」とは、最大限の「勇気」と不可分のものとなる。

ユネスコ「世界記憶遺産」への「南京大虐殺」登録に〝抗議〟し、〝断固たる処置〟と称して同機関への分担拠出金の凍結を〝検討〟するというぶざまさ。その没歴史的で無教養な歴史修正主義や、人としての道理を踏み外して国際社会における孤立をいよいよ加速する愚昧ぶりもさることながら、一方で、〝戦勝国裁判〟で戦犯を裁き、あるまじき〝憲法を押しつけた〟はずの仇の超大国アメリカへは絶対的隷属を加速し、自衛隊も「国土」も、その超大国の盾として費やそうという論理矛盾。

戦後一貫してのナチズムへの痛切な反省から、いまはシリア難民の受け容れを万難を排して続け、彼らのため、自国憲法をアラビア語に翻訳して配布するというドイツとの、なんという懸隔。

これが、同じ旧「枢軸国」――いや、同じ「人間の国」か？

この、どこまでも、どこまでもどこまでも救い難い、無限に絶望的な「戦後」日本にあって、いかにも沖縄の異議申し立ては、同時に、史上前例を見ない新しいハイパー国家主義への抵抗の、現状、最も明らかな指標となるだろう。

すでに九〇年代から、普天間で、辺野古で、高江で、幾度、私は以下のような言辞を耳にしてきたか。曰く――「沖縄に来て元気を貰った」「辺野古で、元気を貰って帰りたい」。

それは、致しかたないのかもしれない。現状、ウチナーとヤマトとの隔絶はあまりに大きく、その存在する次元・位相はあまりに異なり過ぎるから。むしろ、その懸隔を身を以て確認しようと来沖する人びとは、それでも相対的に覚醒した、善意の存在であり、彼らこそが今後に「媒介者」となり得る可能性を秘めもするのだろう。かつてある中国人から「日本人は、動物ではなく植物だ」(邱永漢)と喝破された、その状態から、少なくとも「一歩」以上を踏み出そうとするという、その意味で。

(――とはいえ、植物だったら、アジア侵略戦争もしなければ、原発事故も起こすまいが)

歴史的にそれが、たとえ自ら獲得したのではなく与えられたものにすぎなかったのだとしても、ともかく「参政権」を持っているはずのれっきとした大人が「いままで政治に関心を持ってこなかった」と悪びれもせず語る、それに耐えながら。まさに「教育による愚民化」ともいうべき異様に顚倒《てんとう》した果て、出現したこの最悪の政権下、それでも私たち皆が、なお人間として生き延びるために。

それにしてもどうして、この国はかくも度し難いのか？　結局、見え隠れするその本質は、偽りの「戦後」日本の似而非《えせ》民主主義の始まり……いや、それどころか、この国の過てる「近代化」の出発点に、相も変わらずその淵源《えんげん》が求められねばならぬようだ。

《私たちの内部に骨がらみになっている天皇制の重みを、苦痛の実感で取り出すことに、私たちはまだまだマジメでない。ドレイの血を一滴、一滴しぼり出して、ある朝、気がついてみたら、自分が自由な人間になっていた、というような方向での努力が足りない。》（竹内好《よしみ》「屈辱の事件」一九五三年）

すべては今、ようやく始まろうとしている。さまざまな抵抗の歴史が示すとおり、これからの道程にどれほどの苦難が待ち受けているか。非常な重苦しさを覚えもする（むしろその方が強い？）。だが私自身において自らを支えるのは、これが私たち総体における一種巨きな人間性回復の企てなのだという認識だ。

今般の第三次安倍内閣改造で、島尻安伊子・参議院議員が「沖縄・北方担当相」（科学技術担当相等も兼務）に就任した。二〇一〇年の参院選に際し掲げていた「普天間基地県外移設」の公約をその後、公然と破った挙げ句、辺野古で抗議する市民への弾圧を主張する者をこのポストに据えるという、琉球弧を愚弄しきった人事は、ヤマト——日本国家が「琉球処分」以来の植民地主義を、もはや誰憚ることもなく掲げなおした布告と見るべきだろう。

きょうお話していた、ある方は、私が水を向けると、即座に「それなら来年の参院選では、現職大臣のまま、島尻を落選させてやりましょう」と応じられた。沖縄の地に深く根を下ろした先達の思想家ならではの、力強い言葉である。

それにしても、この新・沖縄担当相がその婚姻後の姓から、あたかもウチナーンチュであるかのように思い込んでいる人は私の見聞上、沖縄県民にも少なくない。そして今回の人事はまた別の意味で、沖縄における「民衆連帯」の可能性を分断しようとする安倍政権の何重もの卑劣さを示している。本書のV「二〇一五年　辺野古の弁証法」冒頭の一篇——『血を噴く自己剔抉が透視する「希望」』にも記したとおり、桑江常光さんが〝二一世紀の「人類館」〟と喝破された二〇一四年一一月二五日の東京・自民党本部での「県選出・出身の自民党国会議員」による「辺野古移設容認」記者会見でも、幹事長・石破茂の脇で、他の四人（比嘉奈津美・宮崎政久・国場幸之助・西銘恒三郎の四衆院議員）が目を伏せ、悄然とうなだれるなか、一人、昂然としていた人物が、ほかならぬ島尻安伊子・参議院議員だった。（なお、直後の二〇一四年一二月の衆院選挙では、前記の四議員全員が、沖縄選挙区では「オール沖縄」の候補に敗北、落選したにもかかわらず、四人全員が比例九州ブロックで〝救済〟されている）

新・沖縄担当相がもともとウチナーンチュではないことすら知らぬ「情報弱者」は、とりわけヤマトにあっては〝沖縄も一枚岩ではなく、辺野古埋め立て・新基地建設容認〟の声があるのだと解釈するだろう（むろん冷静に考えるなら、現実の問題として、その事実にはなんの不思議もない。日本国家の圧制の地にも——逆に、だからこそ——つねに「親日派」はいるものなのだから）。

また一方、新・沖縄担当相がヤマトンチュであったことを承知している「情報強者」は、ことにウチナーンチュの場合、もしかしたらそこに、この思想上の節操というものを欠いた保守政治家へのある感情的印象を抱懐するかもしれない。

いずれにせよ、それらすべてが、まさしく今回の第三次・安倍改造内閣人事の〝思うつぼ〟なのである。そして前者より後者のマイナスの方が、実は沖縄の未来にとっては、はるかに大きい。こうして沖縄における「民衆連帯」を分断することそれ自体が、陋劣《ろうれつ》な安倍政権の目的なのだから。

前述したとおり、当然ウチナーンチュにも、韓国近現代史におけるがごとき〝裏切り者〟としての「親日派《チニルパ》」(친일파)はいる。またその一方、沖縄における「レイシズム」への傾斜や「排外主義」(この場合、これらの言葉の使用には当然、慎重を要するが——)の勃興が、とりあえず現象的には日本政府に親和的であるはずはない。

だが、にもかかわらず、本来「沖縄の自立」を標榜しているはずの人びとが、レイシズム的排外主義に陥ってしまうとき、そこに忍び寄り得る〝誰を排除するか〟という、甚だ恣意的なダブル・スタンダード(二重規範)構造の弱さも含め、それらと、卑しい「親日派」との利害は、ある局面において結果的に一致する。それはウチナーとヤマトの(少なくとも)一部との、在るべき、在り得べき「民衆連帯」の可能性の萌芽を徹底的に摘み取るという局面においてである。このとき両者は、問題の全体を取り巻く円環の最も遠方において急速に近づき、時として、あっさりと〝包囲〟の手をすら結ぶ。

いま一度、想起してほしい。本書収録の『遙かなる邦』にも引いた、知花昌一さんの言葉を——。

「ウチナーンチュでもヤマトンチュでも、一緒に闘う人間が『仲間』なんですよ」

移住ヤマトンチュたる私が、安易にその認識に甘えてはならぬことは当然、自戒しつつ、しかもなお、知花さんのこの思想には「個別」を超えた「普遍」、人が最終的にめざすべき目的の地を感ずる。また私がお会いするたび、沖縄における文化の狭隘さ、その排外主義的傾向を厳しく指弾しつづける金城実さんが、宮古・八重山の「人頭税」廃止に尽力した中村十作《じゅうさく》(一八六七年—一九四三年／新潟県出身)

らヤマトンチュ先駆者の存在についてしばしば語られることの意味にも、私は打たれる。そして、たとえば中村十作の思いを深く内在的に共有し得るからこそ、金城実さんは、琉球のため非命に斃《たお》れてきた平敷屋朝敏《へしきやちょうびん》（一七〇〇年―三四年）や、謝花昇《じゃはなのぼる》（一八六五年―一九〇八年）ら、ウチナーンチュ先覚者の孤独と自由への希求にも、並並ならぬ深さを伴って共感されるのだろうとも思う。

もとより御自身はインターネット等とはいっさい無縁の、この畏敬する彫刻家の情報蒐集の「ツール」は――最大のそれである、人との直接の出会を別にすれば――もっぱら本や雑誌、新聞であるようだ。しかも、多年にわたるそれら「紙の読書」から、具体的な体験の裏付けとともに蓄積・構成されてきた知識・情報の体系の整然として的確なことに、私はいつも深い讃歎の念を抱いてきた。

まこと、真の「教養」とは〝情報量〟や、まして〝速度〟の問題ではない、自らの生の必然において組織され血肉と化した、すぐれて人格的なものであることを、金城実さんと対座していると感ずる。

ちなみに今回の第三次・安倍「改造」内閣の問題は、島尻安伊子「沖縄・北方担当相」ばかりではない。教科書問題での発言にも示されるとおりの歴史修正主義者（「体罰」の実践者でもあった）の馳浩《はせひろし》が文科相、「核武装」容認論者の丸川珠代が環境相および原子力防災担当相という、まさしく悪夢のごとき人事に見られるとおり、教育行政も、東京電力・福島第一原発事故対策も、最悪である。

私はこうした新閣僚人事を、民主主義への愚弄とも、この国に生きざるを得ぬ人びとの苦しみを侮辱する幼稚で残忍な挑発とも捉えている。だが、しかもそれは同時に、史上類例のない、ハイパー資本主義国に超復古的ファシズムを完成させるという恐るべき機能を帯びてもいる。

閣僚に任命され、嬉嬉として〝我が世の春〟を謳歌する者らはむろん、身を屈してそこに入ったかに振る舞う者も、見え透いた打算から距離を置く演技をする者も、すべてこの内閣に関わるそれらは本質的には同根であり、卑しい。しかもこれが何らかの模造シミュレーション、〝内閣ごっこ〟の類などではなく、紛れもない現実の「日本政府」なのだという、絶望と恐怖——。

小著『原子野のバッハ——被曝地・東京の三三〇日』（二〇一二年／勉誠出版刊）等でも再三、述べてきたことだが、日本国は本来あのとき——一九四五年八月に、滅んでいるはずだった国である。

それが、主として米国の二〇世紀後半の世界戦略に関する思惑から「とどめ」を刺されるのを免れ、その後七〇年にわたり、この残忍な超大国の最も忠実かつ卑屈な下僕の奴隷国家として、琉球弧を含め東アジア諸国・諸地域をはじめとする民の苦しみの上に、みすぼらしくも安閑と生き長らえてきたというにすぎない。

まさしく、そうした諸矛盾が一気に噴出し、積年の「血債」（魯迅）の返済を迫られるに到った、それが二〇一一年三月一一日の東京電力・福島第一原発事故以後の状況——私の術語を用いるなら「ポスト・フクシマ」の時代であった。しかも陋劣な日本国家は、その「血債」をすら、琉球弧を「ミサイル戦争」（翁長雄志・沖縄県知事）の危機の最前面に押し出すことで糊塗しようとしている。どこまで卑劣な国家主義か。そしてこの事態に、老若男女さまざまな人びとが懸命の抵抗線を形成し、耐え抜こうと闘い続けているのが、沖縄の現在なのだ。

《「それならどうして」とアネット夫人が訊く、「今日の芸術家はエジプトやビザンティンのような美術、或いはグレゴリアン聖歌のような音楽が作れないのかしら。」ジャコメッティは呟くように、しかし即座に答えて言った、「一人の力で社会を作ることは出来ないからだ」と。》

（矢内原伊作『ジャコメッティとともに』一九六九年／筑摩書房刊）

まこと、沖縄と日本とでは「社会の力」が違い過ぎる。ウチナー社会の底深い豊かさに比して、ヤマトのそれのなんと脆弱なことか。人びとの、なんと「ひじゅるー」（冷酷・酷薄）なことか。その根底的な連帯感の欠如は、私自身、空恐ろしいほどだ。

だが、そのヤマトにおいてさえも、ウチナーが光源のごとく放つ輻射熱《ふくしゃ》は徐徐に、確実に感知され始めている。沖縄の民がまず自らの解放のために展開する抵抗は、その余波であり余光である波動すらも、死んだように凝固してきたヤマトの社会と大衆とに、一定の聳動《しょうどう》をもたらし始めているのだ。沖縄のみが対峙するにはあまりにも強大すぎる圧倒的な力に対して、日本社会からの連帯と協同が疑いなく不可欠である以上、それは決して無意味でも遅すぎるわけでもない。そして、現実がそのように動き始めていることそれ自体が、沖縄の人びとの尊い闘いの成果であろう。

山城博治さんの病気からの快癒を願う。八六歳という島袋文子さんの御健康を。

そして、辺野古の陸と海で、日本政府の圧制に抵抗しつづける、すべての人びとの無事を――。

本書・第Ⅲ章の『〝戦後日本〟の果てに――東アジアと「フクシマ」』や第Ⅴ章『尊厳と抵抗――金城実の藝術』でも言及した、私が光州民衆美術に捧げた最初のエッセイ『光源と辺境』（二〇〇五年）は、以下のように締め括られる。

《かつて「光州」は私の彼方にあり、いまもなお、いっそうの彼方にある。だが、その光が一条、この世で「光州」から最も遠い、ここ、日本にさえ確かに届いていることも、私はためらいなく記し

ておきたい。（略）そう。かくも絶望的な隔たりをすら、ついに超える、「光州」は美しく熾烈《しれつ》な光源なのだ。》

そしてこのことはそっくり、琉球弧―ウチナー―沖縄にも当て嵌《は》まるように、私には感ぜられるのだ。右の文中の「光州」を「沖縄」に置き換えてもみたい誘惑に、私は駆られる。それらいずれの地に対しても、直接の歴史的責任を負いつづける、ヤマト―日本国家に帰属する者ではありながら。

このかんの事情をめぐって、基本的に私はいつも同じことを言っているのだが、さしあたって二〇一五年六月三〇日――沖縄「慰霊の日」から一週間後――の連続ツイート五本を引く。

《『琉球新報』『沖縄タイムス』二紙への攻撃が露見して以降の自民党、およびその「総裁」として国会首班指名を受けている安倍晋三の政権は、いよいよ論理と倫理の潰滅的破綻へと驀進している。法治主義も基本的人権もない。かねて言う通り『マグナ・カルタ』以前の「中世」的封建政府。人類史への侮辱。》

《今回「慰霊」式典において決然と安倍晋三を指弾された、あの御高齢のウチナーンチュ男性を巡っての誹謗中傷も酷《ひど》い。琉球弧から過てる日本政府に抗議すると、決まって「外から来た」「沖縄の人間ではない」との紋切り型で、あたかも何事かを言った気になるらしい、ある種の勢力の判断停止、浅薄さは何？》

《その意味では、私は移住者ヤマトンチュであり、もとよりウチナーンチュの思いを真に実感的に共有し得るはずはない。だが、私には私固有の問題と個人史があり、人間としての責任において、自

らが生きる場＝沖縄から、軍国主義ファシズムを批判し抵抗し続けてゆく。それが当然の「市民」意識というもの。》

《そもそも私の沖縄への移住自体、第一次政権時代の安倍晋三が二〇〇六年の国会で、日本共産党・吉井英勝議員の質問に対し、例によって無責任を極め、その危険性を公然と全否定して見せた──しかし正しくその通りに起こった東京電力・福島第一原発事故が原因だ。一体、何という政権であり「政治家」か。》

《あるいは人類史の終わりまで回復不可能であるかもしれぬ、東京電力による空前の「核公害」の追及を含め、私はかくも暗澹たる国の主権者として、安倍政権のファシズムを糾《ただ》す権利と、それ以上に義務を負っている。沖縄の地で、ウチナーンチュ先達を畏敬しながら、私は抵抗と連帯の道を求め続けるだろう。》

沖縄の抵抗は、まず一義的に沖縄の地のもの、沖縄の地の民のためのものである。

だが、それはさらに、超国家主義ファシズムの圧制のもと、人びとがその奴隷とされている自覚さえ持ち得ないまま、すでに滅んだかに思われるヤマトの冷え冷えと沈黙した社会をも、照らし、温め、しきりに揺り起こそうとしてやまない。

その余波や、余光すらも──なお。

〔本書のための書き下ろし〕

収録作中、一一篇に関する簡略な補説風の自註

序章　死の国からも、なお語られ得る「希望」はあるか？

二〇一三年三月、ドイツ・ドルトムントで編纂・刊行された国際アンソロジー『Project Sunshine for Japan —— Posters, Stories and Poems about Fukushima ／フクシマについてのポスター、文集、詩』(edited by Mansoureh Rahnama) のために制作した散文詩風の小品（一部、略）。同書は、在独イラン人のマナ・ラーナマさんによって企画され、世界一五箇国・一三言語・四二名の文学者・藝術家が寄稿したアンソロジーである。私の『死の国からも、なお語られ得る「希望」はあるか？』(日英・二箇国語) は、二〇一二年一二月、いったん日本語原文と、私自身の英語への粗訳を脱稿した後、さらに英訳に関しては、翌二〇一三年一月、マナさんの紹介で、彼女の知人の、英語を母語とする日本文学研究者による推敲を得た。

「バス無料券」という思想

私にとって積年の課題であった、この「バス無料券」がレイアウトされた地元紙の紙面を、遅ればせながら、ようやく確認した。奇しくも「県民総決起大会」からまさしく二〇年を経た宵、本文にも何度か登場する《くすぬち平和文化館》でのことである。

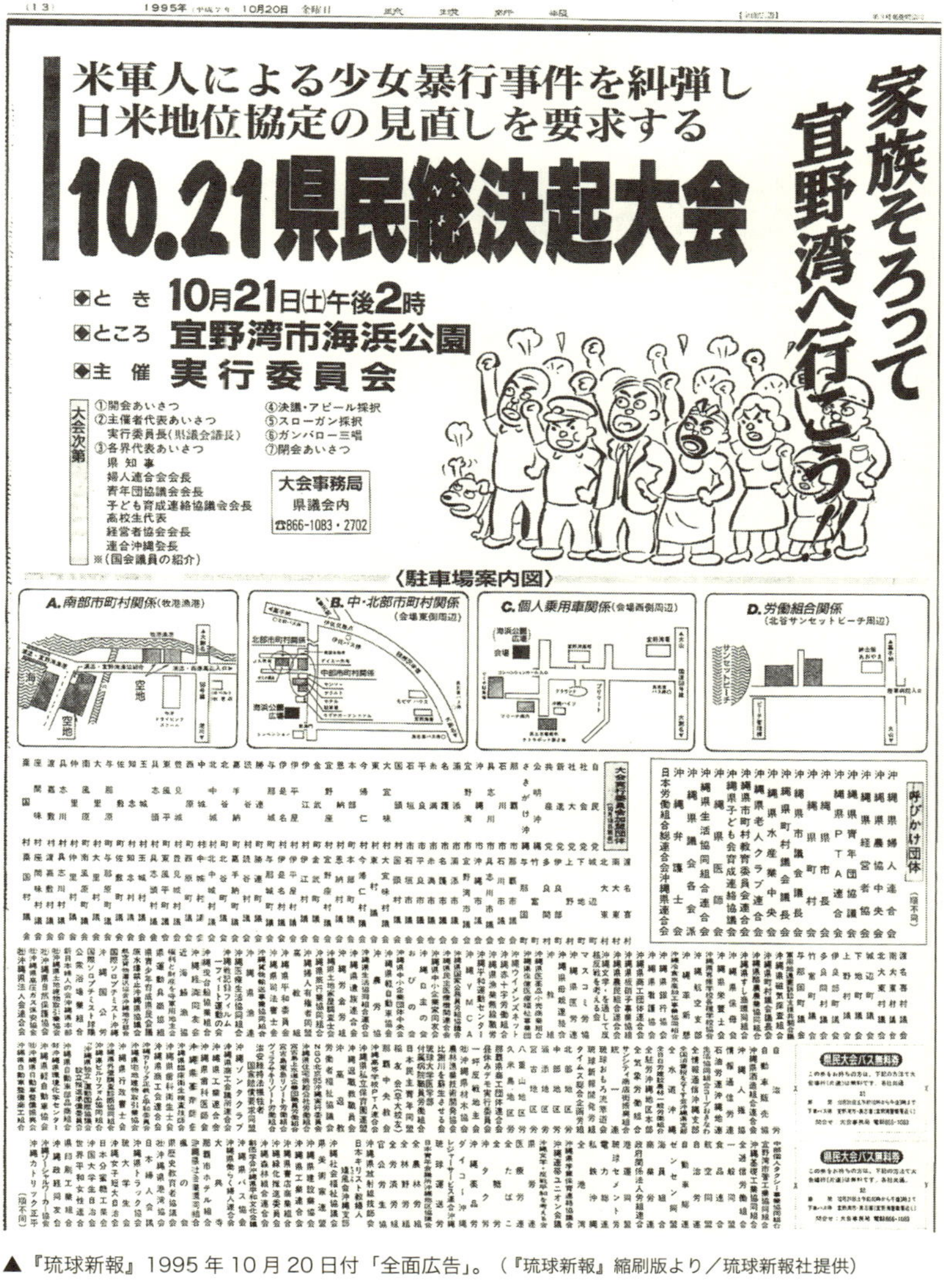

▲『琉球新報』1995年10月20日付「全面広告」。(『琉球新報』縮刷版より/琉球新報社提供)

館長・眞榮城玄徳さんを煩らわせて三階の資料室にお邪魔し、ちょうどこの時期には発行されていた『琉球新報』の縮刷版のなかから「一九九五年一〇月」の巻を探し出す（『琉球新報』の縮刷版は、一九六五年九月〜六九年および一九九三年八月〜九九年の期間のみ発行）。

一階のサロン《ひだまり》のテーブルにそれを拡げ、玄徳さんが淹《い》れてくださる、いつもながらの心尽くしの珈琲の香りが漂いはじめたなか、「一〇月二〇日金曜日」付のページのなかに「一〇・二一県民総決起大会」の「全面広告」を――そしてその右隅に上下二枚綴りの「県民大会バス無料券」を見出したとき……一九年前、同い年の友からそれを示されたときの、血の気の引くような感銘が瞬時に蘇ってきた。

それにしても、この大会の「呼びかけ団体」そして「大会実行委員会加盟団体」の、なんと多彩、かつ圧倒的なことか。沖縄の全市町村・全市町村議会・主要な市民団体・職能団体・全政党（自民党まで！）……等等が、びっしりと名を連ねているのだ。そしてバス会社各社の協力を得ての「バス無料券」である。

まぎれもない、〝オール沖縄〟は、すでにこのとき完全に確立されていた概念であることを改めて感ずる。またその一方、縮刷版の全ページを通じ、問題とされている内容が、二〇年前も現在もまったく変わっていないことも。それはむろん沖縄の新聞が変節せず初志を貫いている証明であると同時に、沖縄の置かれつづけている状況が根本的に解決していない――それどころか、いよいよ極限的なものとなっている――その事実を、何より切実に示してもいよう。

『琉球新報』が守り抜き、居合わせた他メディアが喪ったもの

つい最近、注目すべきテレビドキュメンタリーが制作された。『なぜペンをとるのか　沖縄の新聞記者たち』（ＭＢＳ＝毎日放送制作、二〇一五年九月二七日・放映／プロデューサー・澤田隆三、ディレクター・斉加尚代）。

全体の大半を占める『琉球新報』の現場の息詰まる紙面作りの記録には、よくぞ、ここまでのテレビ撮影ができた（させた）――と感嘆するよりほかないもの。そして、それは番組が進むに従い、観る者の胸を打つ人間的輝きをいよいよ増してくる。

米軍と日本政府とがつねに隠蔽しようとする真実に、社を挙げ、俊秀のスタッフおのおのが渾身の力を振り絞って肉薄する取材と探求。番組は、すでに一年以上、辺野古の現場で毎日、篤実な取材を続ける二四歳の明真南斗《あきらまなと》記者の姿を、まず捉えるだろう。さらに、二〇一五年八月一二日、浜比嘉島沖に墜落した特殊訓練中の米軍ヘリコプターに、自衛隊員も同乗していた事実を突き止め、電子版を次つぎと更新しながら、翌日朝刊の紙面を作ってゆく編集局の模様は、圧倒的なものだ。下版直前まで、真相究明を続け、容易に原稿を書き起こせない政治部記者・島袋良太氏（前ワシントン特派員）。緊迫した政治状況に、幼子を職場に伴って紙面作りに勤《いそ》しむ女性記者。母が席を離れ、泣き出したその子に注がれる、フロアの同僚たちの眼差しが優しい。

私が本章と、当時その前身たるブログで取り上げた〝「オフレコ」コード破り〟の経緯をめぐっても、この原則的な判断を下した当事者たち（当時の政治部記者・内間健友氏と、当時の政治部長で現・編集局次長の松元剛氏）が登場、憤りに満ちた正論を述べる。

……それにつけても、かかる稀有の「場」がいかにして成立し、維持・継承されているのか？　番組では、その理由の一端も明らかにされている。沖縄への強い思いを携えての入社後、さらにその歴史と現在について誠実に学ぼうとする、ヤマト出身の若手記者たち（経済部・坂口彩子氏ら）。彼女らの思いに正面から応える、ウチナーンチュの先輩記者（ニュースセンター・デスク志良堂《しらどう》仁氏ら）。

終わり近く、沖縄で新聞を作りつづけることの意味を問われた政治部長・松永勝利氏は、こみあげる思いに声を詰まらせ、落涙しながら「戦争を繰り返させないために」と、自らの考えを語る。

「沖縄の新聞記者は取材を、沖縄戦でつらい思いをした人たちから学ぶんですよ」

彼ら真摯なジャーナリストに引き比べたとき、安倍政権の幇間《ほうかん》じみた似而非《えせ》〝文化〟タレントらの、なんと醜悪なことか。人間における、真に崇高なものと、最も低劣なもの。その隔たりは、いよいよ際立つ。

なお『沖縄タイムス』からは、番組後半のインタヴューで編集局長・武富和彦氏が登場し、権力の用いる〝公平〟〝中立〟という概念の欺瞞を問う見解を述べている。

日本人は、いつ「人間」になるのか？

文中「ソーミナー」はウチナーグチ（琉球語）の単語で、メジロ科の小鳥の一種を指す。佐次田定子さんによれば、女性たちが集い、小鳥が囀《さえず》るように楽しくおしゃべりしながら、平和活動を続けてゆきたいとの願いからの命名されたとのこと。

ところで二〇一五年五月一八日付の『琉球新報』に、當山《とうやま》菊子さん（糸数アブチラガマ専属ガイドゆうなの会責任者）のエッセイが掲載された。題して『人間になること』——。文中、當山さんは阿波根昌鴻さんが「（ウチナーンチュは）日本が戦争に負けるまで人間ではなかった。人間になる勉強が必要だ」とのエピソードを引き、《再び同じ過ちを繰り返さないと誓って戦後七〇年。私たちは人間になれただろうか。》と締め括る。

ウチナーンチュに、こうした言葉を綴らせる日本国家。

「人間になる」という言葉が、まったく逆の方向性を持って、日本国家とヤマトンチュの在りようを問う。

ヒロシマ・ナガサキの後にフクシマをもたらしたもの

文中で言及している絵本『さだ子と千羽づる』（ＳＨＡＮＴＩ著／日本語版＝一九九四年、朝鮮語版＝九五年、英語版

＝九六年、いずれもオーロラ自由アトリエ刊）は、一九九三年、ＳＨＡＮＴＩ（シャンティ＝絵本を通して平和を考えるフェリス女学院大学学生有志）が企画、相談を受けた私や出版社・オーロラ自由アトリエ（遠藤京子代表）も協力し、丸一年の歳月をかけて、まず日本語版が制作された。

一九四五年八月六日、広島への米軍の原爆投下で被爆した佐々木禎子さん（当時二歳）。彼女はその後、元気に育ったものの、一〇年後に突如、原爆症（亜急性骨髄性白血病）を発症、「鶴を千羽折ると病気が治る」との言い伝えを頼りに闘病を続けたものの、ほどなく息を引き取った。彼女の死に、級友たちは募金活動を開始、それを基に三年後、出来上がったのが、いまも広島・平和記念公園に建つ「原爆の子の像」である。

佐々木禎子さんの短い生涯については、以前からいくつかの出版物はある。だが私たちの絵本『さだ子と千羽づる』が類書とまったく異なる特徴は、日本のアジア植民地支配、侵略戦争の責任も、人類史上初の核攻撃を行なった米国の無差別大量殺戮の罪科も（同書では強制連行された朝鮮人や米軍捕虜の被爆についても記している）、現在に続く世界の核状況や放射能の恐ろしさも、すべてを極めて厳密、かつ子どもたちにも解りやすい言葉と絵（作画／安達伸幸）で伝えていることだ。

絵本『さだ子と千羽づる』は幸い、一九九四年八月の日本語版刊行直後から『朝日新聞』「天声人語」欄やＮＨＫ全国ニュースで報じられるなど巨きな反響を喚《よ》び、三箇国語版完結の九七年には第三回「平和協同ジャーナリスト基金賞」大賞を受賞した。以後、現在にいたるまで、全国各地で平和教育・社会学習の教材としても使用されている。

そのかん、九六年秋のフェリス女学院大学の学園祭で、ＳＨＡＮＴＩメンバーと私たちが開催した「特別シンポジウム」は、同大学・学長（当時）の弓削達《ゆげとおる》氏や、平岡敬《たかし》・広島市長（同前）の出席を得て、充実した内容となった（司会／山口泉）。このシンポジウムに際しては、すでに『原爆詩集』等の朗読ＣＤも出されていた女優・吉永小百合氏が特別ゲストとして参加され、大講堂に入りきれない聴衆を前に、絵本『さだ子と千羽づる』全篇を朗読してくださったのも、懐かしい思い出である。

　私自身、単独で——またＳＨＡＮＴＩやＮＰＯ「オーロラ自由会議」の仲間たちと、刊行以来、絵本『さだ子と千羽づる』の普及・紹介を続けてきた。とりわけ、同書を各場面の拡大パネルとともに朗読する野外朗読会は、日本語版初版刊行の九四年以来、二二年にわたって、八月四日〜八月六日の広島・平和記念公園「原爆の子の像」の前で開催しつづけているのをはじめ、長崎・東京・京都・大阪・愛知・神奈川・千葉・埼玉ほか日本国内はもとより、アジア・ヨーロッパ・北米（ホワイトハウス前を含む）各地でも行なってきた。

　その際、私は全体の進行とともに、チェロ伴奏として、カタルーニャ民謡『鳥の歌』（Ｐ・カザルス編曲）やＪ・Ｓ・バッハ『無伴奏チェロ組曲』から何曲か、木下航二『原爆を許すまじ』（作詞＝南部文化集団・浅田石二《せきじ》）、洪蘭坡《ホンナンパ》作曲の韓国童謡『故郷の春』（作詞＝李元寿《イウォンス》）、韓国民衆歌曲の代表作『アチミスル（아침이슬＝朝露）』（金敏基《キムミンギ》／作詞・作曲）、『クナリ・オミョン（그날이 오면＝その日が来れば）』（文昇鉉《ムンスンヒョン》／作詞・作曲）等等、一三曲をメドレーで演奏する。

　こうしたさなかの二〇一一年三月一一日、東京電力・福島第一原発事故が発生した。被爆から一〇年を経て原爆症を発症、急逝した佐々木禎子さんの悲劇は、もはや決して過去のものではないのだ。ＳＨＡＮＴＩ（現在は「絵本を通して平和を考える会」）代表の湯浅佳子さんは、事故からほどなくしてのインタヴューで「この絵本をこんな状況で読む日がくるとは……」との思いを吐露した（『週刊金曜日』二〇一一年一二月九日号）。私たちは現在の危機的な状況下、この絵本を朗読することの意味を改めて感じている。

　ところで、この朗読も行なわれてきた八月六日の広島・平和記念公園入り口に、旭日旗を林立させ、恫喝的な排外主義・国家主義・基本的人権否定の言辞をスピーカーで流す集団が突如として出現するようになったのもこの二〇一一年のことである。これは単なる偶然ではないと、私はその直後から指摘しつづけてきた。

　私やＮＰＯ「オーロラ自由会議」メンバーが移住した沖縄でも、絵本『さだ子と千羽づる』の普及活動は続いている。同書の朗読会と私のミニ・レクチャーは、沖縄県内でも、これまでにジュンク堂書店那覇店・沖縄市立山内中学校・くすぬち平和文化館……等等で開催され、いずれも巨きな反響を喚んできた。また現在、同書は沖縄市教育委員会の協力を得、三箇国語版セットが沖縄市内の全小中学校・特別支援学校の図書室に、オーロラ自由アトリエから寄贈されている。

(ちなみに、沖縄市役所一階ロビーにも、本書のモデルともなった佐々木禎子さんの折った実物の折り鶴とともに、本書『さだ子と千羽づる』日本語版は、常設展示されている。遺族が提供した実物の折り鶴は、今日のような既製の折り紙ではなく、佐々木禎子さんがもっぱら薬包紙の皺を伸ばして折ったもので、その鶴の小ささには、改めて胸を衝《つ》かれる思いがする)

沖縄の地で「ヒロシマ」を伝えることには、当然、さまざまな思いが交錯する。だが以前、知花昌一さんとお話していて、ヤマトのなかでも広島に対するウチナーンチュの感情には、やはり他の地に対するそれとは違うものがあるのだと伺った。なんとプロ野球についても、沖縄では広島東洋カープのファンが圧倒的に多いのだとか。〝球界の盟主〟を以て任ずる球団に対する感情は……言うまでもあるまい。近年の八月九日の長崎の慰霊式典における被爆者代表の方がたの、日本政府の欺瞞を糾す発言の素晴らしさと併せ、やはり沖縄と広島・長崎の共振性を感じるエピソードである。

現在(二〇一五年一〇月末)までの最新の公演は、一〇月四日、沖縄中部の、幼子を持つ若い女性たちが中心になって立ち上げた《ピース・ウォーク・マートｉｎ読谷》第一回の特設ステージ(ＪＡおきなわ・読谷ファーマーズマーケットゆんた市場)にて、行なったもの(朗読/長谷川千穂、チェロ伴奏/山口泉)。金城実さんが持ち込まれた近作の彫刻『阿波根昌鴻像』『安里清信像』『瀬長亀次郎像』『屋良朝苗像』を前にしての朗読およびチェロ演奏に、最前列にずらりと〝体育座り〟して並んだ子どもたちが熱心に耳を傾けてくれた。

余談だが、本書カバー袖の著者近影はこのとき、私のカメラを実行委員の一人・与那覇《よなは》沙姫《さき》さんにお預けし、撮っていただいた「舞台写真」の一点からトリミングしたもの。朗読終了後、皆さんに私が絵本『さだ子と千羽づる』と「3・11」以後の日本の状況についてお話しているところである。読谷村での初めての朗読会が記録された、三〇点余りの間然するところのないショットは、得難い宝となった。

《ピースウォークマートin読谷》のことは、本文の最後に収めた『招待状、この険しくも輝かしい闘いへの』でも御紹介している。実行委員の畠山紀和《きわ》さん・城間《しろま》真弓さん・与那覇さんらの透徹した見識と伸びやかな実行力には、目を瞠《みは》るばかり。いまこの息苦しい状況下、彼女たちのような動きが現われてきているという事実自体、辺野古新基地建設阻止・沖縄解放・安倍ファシズム阻止の闘いの未来に希望を感じさせる。

最後のプログラムの「平和パレード」では、途中、子どもたちが歩き疲れたときの用意にリヤカーまで用意され、それを大人が交代で牽《ひ》いて歩くのだ。そうした、さりげない心配りの優しさにも胸を打たれる。

なおNPO「オーロラ自由会議」は、一一月には沖縄市の地域イヴェント《ももやま通り音楽祭》に参加、絵本『さだ子と千羽づる』を行なう（この企画も、好評裡に、予定通り実現＝二〇一五年一二月・追記）。

基本的に企画の趣旨が合致しさえすれば、沖縄本島ならどこでも無償で出張朗読（チェロ伴奏付）を行なう用意が、私たちNPO「オーロラ自由会議」にはある。朗読の所要時間は、約二五分。御希望と進行上の余裕があれば、前後に原爆投下や東京電力・福島第一原発事故をめぐっての私の「解説」も付すことができる。

朗読そのものの形態・内容に関しては、IWJ（Independent Web Journal）が二〇一二年の広島・平和記念公園での朗読会、また二〇一三年の大阪・ジュンク堂書店難波店での朗読会（途中まで）を中継してくれた動画が、アーカイヴされている。さらに前者については、NPO「オーロラ自由会議」の自主録画もYou Tubeにあり、さらに「オーロラ自由会議」によるものとして、二〇一一年七月の東京・目黒区民センターでの朗読会の動画も御覧いただくことができる。広島・平和記念公園はじめ、これまで延べ数万の方がたが立ち会われてきた朗読を、ぜひ、視聴していただきたい。

二〇一六年八月には四日〜六日の広島・平和記念公園のみならず、九日の長崎・爆心地公園でも、二二年ぶりの『さだ子と千羽づる』朗読、および私の講演やメンバーのラジオ出演等を計画している。二〇一三年から広島での朗読に参加されている、私の読者で友人となった同地在住の川上靖幸さんの御尽力のもと――。

問題を『はだしのゲン』一作のみの〝神話〟に回収してはならない

……と、本文のように記しはした。記しはしたものの、しかし最近の宮崎駿氏の「護憲」発言については、私はそれを一応、最低限、評価する立場にある。ただし、そもそも氏の作品（つまりは思想）の根底には、たとえば「反戦」「平和」や「平等」、ひいてはその〝暫定形〟たる『日本国憲法』とは本質的に相容れないものがあるとの私の批判が、やはりそれで消えることがないのも事実である。

また、ただし――だからといって、ただちに宮崎駿氏の「護憲」発言が無意味だとも、欺瞞だとも、するつもりも私にはない。いまは最大公約数的「連帯」が緊急に要請される、空前の危機的状況なのだから。それが、歴然たる「影響力」を持つらしいアニメ監督の言葉であろうとなかろうと、さまざまな立場からの声について。

いずれにせよ、この国の事大主義、権威崇拝の根深さには、いつも私は暗澹とさせられている。それが「市民運動」をも根深く侵蝕していることは、「自由」と「民主主義」への最大の障壁であるだろう。〝権威〟と〝知名度〟のヒエラルキーに自ら嬉嬉として身を投じる人びとは、実はつねにファシズムへの傾斜を抱え持つのだ。

《デュッセルドルフ文書》、アップロード開始

このデュッセルドルフ、および後述するウミエラ館での両講演は、開催時、世界同時中継をしていただい

たＩＷＪの御厚意により、現在でも全篇の動画がインターネット上で視聴可能である。各位の御厚意に感謝するとともに、それらを未見で、かつ、インターネットへのアクセスが可能な方は、御覧いただきたい。

ここで御紹介した鈴木昌司さんには、その後、来沖された折りにお会いし、また二度にわたって八月の広島・平和記念公園での絵本『さだ子と千羽づる』朗読会にも御参加いただいている。

さらに鈴木さんは、このドイツ講演のそれに続き、二〇一四年五月二五日、ＮＰＯ「オーロラ自由会議」メンバーの佐藤まさ子さんの企画により、私が沖縄本島中部東海岸・泡瀬干潟のほとりの〝博物館カフェ「ウミエラ館」（屋良朝敏館長）で行なった講演『ポスト・フクシマの世界と、沖縄の現在』についても、私のお願いを快諾され、ＩＷＪの動画から短期間に文字起こししてくださったのだった。デュッセルドルフでのそれの三倍近い、一五〇分・五万五千字に及ぶ全内容を、である。

このデュッセルドルフ・泡瀬の両回とも、東京電力・福島第一原発事故という人類史上空前の事態をめぐって、科学的・政治的・社会的・思想史的なあらゆる視点から問題を包括した講演として双璧を成すと、私自身は自負している。

同様の著作としては、すでに私は『原子野のバッハ――被曝地・東京の三三〇日』（二〇一二年／勉誠出版）を上梓しているものの、これら両講演の記録についても、インターネット上の動画としてだけでなく「紙の本」にすることは当初からの課題でありつづけている。紙数の関係で今回、本書への併録は叶わなかったが、なんらかの形でぜひとも鈴木昌司さんの御厚意にはお応えしたい。

なお、私が移住後、沖縄で行なってきた同様の企画としては、沖縄市立美里中学校での特別授業、沖縄県高教組研修大会での講演、星槎《せいさ》国際高等学校沖縄学習センターでの各学年ごとの特別講義、ＲＢＣ（琉球放送）やＦＭコザ、ＦＭおきラジ等のラジオ出演がある。

知性と良心への侮辱としての『特定秘密保護法』

この二〇一三年末の時点で私がその論議の根底を批判した「対案」「修正案」という陥穽の問題は、その後、二〇一五年の〝安保法制〟に到って、ある程度、広い範囲に共有されることとなった。

しかし、そもそも私は前世紀のうちから、こうした〝支配者の論法〟の欺瞞を指摘している。

《……いま一つ気にかかるのは、現在進行しつつある「戦後日本」の軍国主義国家としての完成を阻止しようとしていると標榜する人びとの主張に見え隠れする、ある種の功利主義だ。つねに事態を推進しようとする側が提示するプログラムに即応する形で、個別の「反対」を表明することは、ともすればその前段階までの状況を「まだまし」なものとして、そこまでの原状回復を要求しようという、相対的で妥協的な運動になってしまいやすい。

また「ガイドライン構想」を批判するためには、代案としての「日米協力」の形や、それに代わる安全保障政策を提示することが必要だ、といった論議は、すでにそれ自体、重大な陥穽におちいっている。「国防」や「安全保障」とは、本来、どのような事情によってもたらされ、現実にどんな行為を意味する概念なのか。

世の中には、「代案」なしに言うべきこと、「代案」が要求される、その根本の構造を否定しなければならない問題がいくらでも存在する。》

（山口泉『「代案」なしに言うべきこと——日米〝新ガイドライン〟論議の欺瞞』——「同時代を読む」第四一回／『信濃毎日新聞』一九九七年一〇月三一日付・夕刊「文化」面）

これは『信濃毎日新聞』に一九八九年以来、私が足かけ一八年にわたって寄稿しつづけた、合計二六七篇の写真付き同時代批評の一部である（最初の五〇篇は『アジア、冬物語』として一九九一年、オーロラ自由アトリエ刊）。

そしてそれらのなかには直接「沖縄」をめぐっての論攷《ろんこう》も少なからず存在した。そのほか、二〇〇〇年春、新川明さんにお願いして実現した対談『言いたいことの何もない日本に向かって』（季刊『批判精神』第五号／二〇〇〇年七月、オーロラ自由アトリエ発行）はじめ、本書に加えたかった作品は少なくない。巻末に、異例は承知の上で『本書における直接の「未収録」作品リスト』を付す所以《ゆえん》である。

それでも、右の引用部分だけでも、私がこの地方紙に一七年間、発表してきたエッセイがどのようなものであるか、そのおおよそは、お分かりいただけるだろう。取り扱った内容は、地域的には日本・沖縄・朝鮮半島から中国、南アジア、ヨーロッパのほぼ全域、北米大陸に及び、時系列では直接には前世紀末から今世紀初めの時代（むろん歴史的文脈ではさらに遡って）、人が世界に向けて態度表明しなければならなかった、大半の「問題」に達していると、私自身は考えている。

九〇年代初め、『アジア、冬物語』にまとめた五〇篇の後の二一七篇の集成たるべき『日本レクィエム――アジア、冬物語 II』一二〇〇ページは、その予告のみ、二四年間にわたって続けてきた。早く刊行したい。

「これまでにない」健康被害は、すべて東京電力・福島第一原発事故を前提に

前記の「ウミエラ館」講演でも言及していることだが、実は私はくだんの『美味しんぼ』「福島の真実」篇（週刊『ビッグコミック・スピリッツ』二〇一四年五月〜六月分載）には、別の意味で深甚な問題を感じている。

それは何よりその完結篇（同誌・第二五号＝六月二日号）において、〝ストーリー〟が「会津藩のもてなし料理」へと持ち込まれ、その描写にあたって「赤腹」（産卵時の鮠《はや》）「シイタケ」「山芋」「鱒」等、このかん報告されている食品の被曝データに照らして、相対的に明らかに慎重な配慮を前提とすべき品目である材料の、「安全性」に関する検証手続きへの言及が、完全に欠落しているからだ。くだんの「劇画」が取り上げている「鼻血」

の問題との関連性においても明らかに整合性を欠く、あまりにも不徹底かつ没論理的、無責任な姿勢と言わねばならない。低線量の場合、長期「内部被曝」が「外部被曝」よりいっそう危険であることなど、当初(二〇一一年春)から、分別ある人びとのあいだでは当然の前提だったというのに。

二〇一五年二月二二日、辺野古で起こったことの意味

本文の末尾に記したとおり、三日後の二月二五日にも、私は辺野古へ向かった。その日のことを綴りたい。最初に赴いた「キャンプ・シュワブ」ゲート前から、陽も傾き始めた頃になって移動した漁港ちかくの浜は、私と同行者のほかには、思いがけずまったく人影がない。遠く、沖合に海上保安庁の巡視艇・警備艇が威嚇するように犇《ひし》めいているだけだった。

この日が、前世紀以来、実に一六年ぶり、二度目の辺野古となった、同行の遠藤京子さん(オーロラ自由アトリエ代表)は、汀《みぎわ》を歩んでいる。

私は車に積んできたチェロを取りに戻り、波打ち際に近い岩場を「椅子」として腰を下ろした。弓の螺子《ねじ》を締め、調弦して、愛器を構える。八月の広島の炎天下でも二〇年以上、弾きつづけてきたチェロは、旧・西ドイツ製の量産品で、高価なものではない。現在の位置づけとしては、私においてもいわば「サブ」の楽器であるが、長年の酷使にもよく耐え、逆に年を経るに従って、音色は柔らかな豊かさを増していた。

あらかじめ、弾くことを心決めしていた曲は、カタルーニャ民謡『鳥の歌』(P・カザルス編曲)と、J・S・バッハ『無伴奏チェロ組曲』第二番ニ短調(BWV一〇〇八)「プレリュード」——。

私が辺野古の海に捧げた、それは「献奏」である。

▲ 2015 年 2 月 25 日、夕刻。辺野古の浜にて。（撮影・遠藤京子）

文化こそ「闘い」の手段　絶え間なく届く波動——尊厳と抵抗　金城実の藝術（下）

金城実と共にあり、相互に支え合う「素敵なタンメーたち」（本文）について、少し、書き留めておきたい。あらかじめお断りしておくと、それらの方がたすべてを直接、存じ上げているわけではない。あくまで、今般の『金城実・辺野古彫刻展』実行委員会の「呼びかけ人」となっている皆さんから——。

多年にわたり反戦・平和活動を担いつづけ、一九八七年の「沖縄国体」に際しては、読谷のソフトボール競技会場に掲揚された「日の丸」を、天皇制支配に対する抵抗として引き下ろし、焼き棄てるという妥協のない行為を通じて、沖縄の思いを世界に知らしめた知花昌一さん（現在は、浄土真宗大谷派僧侶・知花一昌でもある）。

私にとって、まさに「沖縄のタンメー」ともいうべき、温かく包容力に満ちた御人柄の芯に、物事の細部までゆるがせにせぬ透徹した批判精神と、譲らぬ信念とを保持された知花盛康《もりやす》さん。

元プロ野球選手（！）で琉球唐手九段（！）、読谷の自治会長としても地域を支える比嘉正春さん。

金城実さんとほぼ同世代、七〇歳を過ぎて単身、東京から読谷に移住された柴山芳雄さんは、率直かつ誇り高いキャラクターで、金城実さんと肝胆相照らす仲だ。この滑舌鮮やかな生粋の江戸弁の遣《つか》い手は、幼少時の東京大空襲を記憶されてもいる。移住者としてのその精神の勁《つよ》さには、私も学ぶべきところが多い。

金城実さんの彫刻の弟子で『沖展』入賞経験も持ち、個性的なアトリエで制作のかたわら、サイドカー付きハーレー・ダビッドソンを駆る福地勲さん。いとこの福地弘さんも、金城実の制作の協力者である。

二〇〇八年に金城実さんや私も参加した東京での天皇制問題シンポジウムの際、はるばる沖縄からの来場者として初めてお会いし、ともに「反靖国」のデモ行進をした比嘉啓治さんとも、私は移住後、再会を果たした。今回の金城実・野外アトリエの整備にあたっても、比嘉さんは庇《ひさし》の設計・建設に尽力されている。

仲宗根盛秀さんは、知花昌一さんらとともに『金城実・辺野古彫刻展』実行委員会の「呼びかけ」文案も起草された方である。文章のまとめには私も相談を受けたが、内容は資料的価値が高く、大いに教えられた。「タンメー」たちと記したものの、もちろん男性ばかりではない。

彫刻家の伴侶・金城初子《はつこ》さんには、私もいつもお世話になっている。穏やかな言葉の底に秘められた深い人間観察眼は、この方の存在があってこそ、金城実の獅子奮迅・八面六臂の活動も継続していることを、折りに触れ、納得させられるもの——。

在日の女性・愈英子《ユヨンジャ》さんは、金城実さんや知花昌一さんと「沖縄靖国訴訟」を担い、チビチリガマの慰霊祭や金城実作品の完成式等、さまざまな場で昌一さん同様、読経される真宗大谷派の僧侶でもある。

そのほか、ここに御名前を記しきれない皆さんについても、また機会を改めて紹介したい。ともかく、次つぎと出会う御一人おひとりの、その桁外れのおおらかな熱気、精神的電位の高さたるや、凄まじいのだ。

こんな逸話がある。『銃剣とブルドーザー』の制作に際し、作品の要となる〝本物のブルドーザー〟がほしかった。そこで彫刻家がある夜、読谷の飲み屋で「誰か、ブルドーザー、持ってねえか?」と声を上げていたところ、偶然、居合わせた酔客の一人が「俺が持ってるぞ!」と応ずる。翌日には、そう申し出た御本人がそのブルドーザーで直接、アトリエに乗りつけ、そのまま〝現物〟を置いて去ったという。

——それが現在、金城実の代表作の一つを、銃剣を構えた米兵らの塑像群と共に構成しているあれである。

まさに「在野の士」と形容すべき魅力溢れる人びとが、読谷で日常的に金城実と往き来し、私もまた彼らの謦咳《けいがい》に接しているのだ。目眩《めくるめ》く光景である。

〔本書のための書き下ろし〕

本書における直接の「未収録」作品リスト

その内容上、できれば本書に加えたいと考えながら、紙数の関係で収録を断念した小文が少なからずある。

人類史を前後二つに分かつ、二〇一一年三月一一日の東京電力・福島第一原発事故の、その前のもので、当初、本書の構想に含めながら、最終的に諦めた諸篇は、次のとおり（発表年代順）。

なお新聞発表作品においては、それぞれのメイン・タイトルおよびサブ・タイトルは、掲載時、整理部によって付された見出しと、私自身のオリジナルの題名とが、混在している場合が少なくない。

『最も根源的な平和思想――阿波根昌鴻さんに聴く』（「同時代を読む」第九回／『信濃毎日新聞』一九九五年二月二二日付・夕刊「文化」面）

『「象のオリ」の沖縄で――知花昌一さんとともに』（「同時代を読む」第二三回／『信濃毎日新聞』一九九六年四月二六日付・夕刊「文化」面）

『「アメリカの平和」の時代に――〝現代のローマ帝国〟を糾《ただ》す「勇気」』（「同時代を読む」第三四回／『信濃毎日新聞』一九九七年三月二八日付・夕刊「文化」面）

『宮古島が映す歴史と現在――沖縄・先島で過ごした、ひと夏』（「同時代を読む」第四〇回／『信濃毎日新聞』一九九七年九月二六日付・夕刊「文化」面）

『「代案」なしに言うべきこと――日米〝新ガイドライン〟論議の欺瞞』(「同時代を読む」第四一回/『信濃毎日新聞』一九九七年一〇月三一日付・夕刊「文化」面)

『「沖縄の心」示した住民投票――辺野古ヘリポート建設「反対」派、勝利の夜に』(「同時代を読む」第四三回/『信濃毎日新聞』一九九七年一二月二六日付・夕刊「文化」面)

『「言論」と「民衆」の思い――いま、この国はどこへ向かおうとしているのか?』(「同時代を読む」第四七回/『信濃毎日新聞』一九九八年四月二四日付・夕刊「文化」面)

『「戦後」の完全な終焉――一九九九年夏に起こったこと』(「同時代を読む」第六三回/『信濃毎日新聞』一九九九年八月二七日付・夕刊「文化」面)

『「主張」消えたメディア――世界と人間にとってのほんとうの価値とは何か?』(「同時代を読む」第六四回=最終回/『信濃毎日新聞』一九九九年九月二四日付・夕刊「文化」面)

『沖縄の現在が問いかけるもの(上)/白々と明るい「精神の戒厳令」――二重支配の底に苦衷』(『信濃毎日新聞』二〇〇〇年六月五日付・夕刊「文化」面)

『沖縄の現在が問いかけるもの(下)/民衆を襲う世界的な逆流――過酷さのなかに「希望」も』(『信濃毎日新聞』二〇〇〇年六月一二日付・夕刊「文化」面)

新川明さんとの対談『言いたいことの何もない日本に向かって』(季刊『批判精神』第五号・特集「沖縄が解放されるとき」巻頭/二〇〇〇年七月、オーロラ自由アトリエ発行)

『責任を果たさぬ政治――自衛隊「イラク派遣」後の日本で』(「同時代への手紙」第七回/『信濃毎日新聞』二〇〇四年一月九日付・夕刊「文化」面)

『重なる米国への属国化――大リーグ〝輸入〟と米軍への自衛隊吸収』(「同時代への手紙」第一九回/『信濃毎日新聞』二〇〇四年六月二五日付・夕刊「文化」面)

『平和は〝非現実〟ではない――本末顚倒の「九条改正」論』(「同時代への手紙」第二〇回/『信濃毎日新聞』二〇〇四年七月九日付・夕刊「文化」面)

『批判精神の「補助線」を――沖国大・米軍ヘリコプター墜落事故ほか状況に隠されたものを見抜け』(「同時代への手紙」第三〇回/『信濃毎日新聞』二〇〇四年一一月二六日付・夕刊「文化」面)

『真の「慰霊」「追悼」はいかにして可能か――見誤られる「靖国」問題の本質』(「同時代への手紙」第四三回/『信濃毎日新聞』二〇〇五年六月一〇日付・夕刊「文化」面)

『危機の時代の言論――いま「民衆の声」はどこにあるか?』(「同時代への手紙」第六三回=最終回/『信濃毎日新聞』二〇〇六年三月三一日付・夕刊「文化」面)

『静かな祝祭の都、ロンドンに息づく「相互扶助」と「連帯」の精神』(月刊『ミュージック・マガジン』二〇一〇年九月号)

『空の要路の下で――二〇一〇年初夏のロンドンから』(右と同時期に、本来はその〝前篇〟として制作された、完全未発表原稿)

また、東京電力・福島第一原発事故後のテキストで、今回、収録を見送ったものは、次のとおり(同前)。

『瀕死の世界にもなお残る黄金の喜悦――晩秋の南イタリアに「希望」を尋ねて』(月刊『ミュージック・マガジン』二〇一三年一月号)

講演録『福島原発事故とその現状』(Fukushima und die Folgen)=原題『核破滅ファシズムの国・日本から、残された世界を防衛するために』(二〇一三年一月一八日/ドイツ・デュッセルドルフにて《ドイツ緑の党》同市支部主催)

講演録『ポスト・フクシマの世界と、沖縄の現在』(二〇一四年五月二五日/博物館カフェ『ウミエラ館』にて)

『表現者にとって真の勝利とは何か？　――「光州ビエンナーレ事件」の意味するもの』（『週刊金曜日』二〇一四年一〇月三日号）

なお右のうち、デュッセルドルフおよびウミエラ館での両講演は、開催時、世界同時中継をしていただいたＩＷＪ（Independent Web Journal）の御厚意により、現在でも全篇の動画がインターネット上で視聴可能である。関係各位に深くお礼申し上げるとともに、本書読者の皆さんにも御案内しておく。

ちなみに、ここに挙げたのは、あくまで、いずれも直接的に琉球弧に関する内容が記述され、またカット写真を用いたものばかりである。すべての問題は相互に連関し通底しているという前提に立って言うなら、本質的なそれらは数十倍となるだろう。一九八九年から二〇〇六年の「同時代への手紙」の〝連載終了〟まで、同紙に発表してきた総計二六七篇の同時代批評（うち、最初の五〇篇のみ、『アジア、冬物語』＝一九九一年、オーロラ自由アトリエ刊＝に収録）ほか、私が公にしてきた言論の多くが、直接・間接に琉球弧に関与してきた。

それらはもとより、インターネット上の全発言を含む私の言論は、単純な誤植・タイプミス等を別にすれば、そっくりそのままの公刊を前提とした練度での思考・文体で綴ってきた「作品」のつもりではある。すなわち、いずれも無限の「未来」に想定した、自らの『全集』（それは当然、即自的な紙媒体でもなければ、また単純にヴァーチャルなものですらない、もっと観念的な概念となるだろうが）への「収録」を前提として生成されたテキストではあるということだ。

――ともあれ、今回、収録を見送った前記の諸作については、まず優先的に後日を期したい。

あとがき
――世界と、私たち自身とを、見殺しにしてしまわぬために

「戦後」日本最悪のファシスト政権が、何より「沖縄県」――琉球弧に対し、きわだった差別・弾圧・搾取・収奪を強めている。

なぜ、ここまでの憎悪を伴ってか？　それは沖縄がいま、悪しき日本政府に正面から対峙しているからだ。すべて、邪な者の鬱屈はおぞましい。

「3・11」以後、四年数箇月――。人類史上最悪の核破局である東京電力・福島第一原発事故をめぐって、また沖縄の現在に関して、大量の発言を重ねながら……こうした状況がいつまで続くのか、さながら「岸辺なき海」（M・ジャコブ）を当てもなく漂いつづけているかのような心もとなさの底で、息苦しい焦慮が私を涵《ひた》していた。

そんなさなか、所用で戻っていたヤマト、信濃は安曇野《あずみの》の一角で、思いがけぬ提言を私は受ける。いまこそ、私が「辺野古」に関して一書をまとめるべき時機なのではないか――との。

かつて河出書房新社に在籍されていた期間、伝説の〝剛腕編集者〟（故・松下竜一氏の評）として知られ、私の小説六冊・批評一冊も刊行してくださった長田洋一《おさだよういち》さんの、この示唆を一つのきっかけとして、私は本書の構成に着手したのだった。「辺野古」を中心に据えつつ、「3・11」以後の「沖縄」―「日本国家」―「東アジア」―「世界」という相同系の構造をそっくり包含させたいとの意図をもって、

これまで書きためてきた論攷《ろんこう》の、ささやかながらも集成とすべく――。

実現すれば、それはいま辺野古で起こっていることが、そのまま、これからの世界――私の術語を用いるなら「資本主義的中世」の縮図であることを示す書物となるだろう。ちょうど、A・ジッドの定義した「中心紋」の概念のように。

沖縄をその核心とする全状況は、時時刻刻、変化している。

現在、二〇一五年一〇月――。県民大多数の痛切な願いを担って下された翁長雄志・沖縄県知事の「辺野古埋め立て承認」取り消しの決断に対し、日本政府はただちに、あまりにも悪辣な、精神のとめどない頽廃《たいはい》そのものの露呈ともいうべき「執行停止」の申し立てを以て応じた。自らの比類ない失政の結果にほかならない東京電力・福島第一原発事故という絶望的危機を隠蔽しようとしながら、琉球弧を圧殺しようとする安倍晋三政権の暴圧は凄まじい。

今後に一体、いかなる展望があるのか。果たして、私たちが生き延び得る未来はあるのか? 迫り来る事態に、懸命の抵抗を形造るべき秋《とき》だ。

私が本書に提示した内容が、刊行の時点でどのような状況に到っているか。それも、むろん予測し難い。これらはあくまで、いまとりあえず私が差し出し得る行動と思考の最小限の簡略な記録としてお手に取っていただければ幸いである。

作品の初出は、各篇の末尾に示した。ただし本書への収録にあたり、多少の差はあるものの、ほぼすべてに、本来の表題や、紙数の関係で当初、割愛せざるを得なかった部分の復元を含めて、一定の加筆・補訂が施されていることをお断りしておく。

また、巻末に併録した『本書における直接の「未収録」作品リスト』は、本来、通常の書籍の概念からすれば、それをいささか逸脱するものかもしれない。

しかしながら、現在の日本の出版状況下、本書が現状のページ数においても、すでに出版社・読者双方に負担を強いるものであることは御理解いただけるだろう。加えて、緊迫した時間的条件もある。

その一方、前記「未収録」作品のなかには、私のブログ『精神の戒厳令下に』や協力者のブログほか、現時点でインターネットでも閲読・視聴可能なものがあり（現時点ですでに六〇〇〇本を優に上回る、私自身の「ツイート」も同様である——）、また新聞等については図書館で閲覧していただくことも、さらに雑誌の場合は発行元から直接購読していただくことも、必ずしも不可能ではない。

そうした副次的なアプローチをも前提として、あえて今回、異例の『「未収録」作品リスト』を付す次第である。そしてもちろん、本書に収録した各篇については、個別の初期発表形に、さらに完璧を期した推敲を施していること、前述のとおりである。

写真は、註記のある数点以外、すべて、私が撮影したものである。

カバーに用いたそれは、二〇一四年八月一九日午後、那覇空港を離陸しヤマトへと向かう搭乗機が水平飛行に移り、電子機器の使用ができるようになってからほどなく、眼下に展開した光景の息を呑む美しさに、茫然としながらシャッターを切りつづけた一連のカットから選んだ。

これ以前にもこれ以後も、幾度となく同じ空路は飛んでいる。だが、かくも「辺野古」を真上から視認した経験は、このときのほかにない。

画面中央に突出しているのが、辺野古岬。その右側が大浦湾。

この海に対し、アメリカの属国かつ〝中間宗主国〟としての軍国主義的欲望から、おぞましい新基地建設のための埋め立てを強行しようとする——。するに事欠いて、そんなことしか為し得ないとは……。この世に生を享《う》けた存在のはしくれとして、宇宙に対し、恥ずかしくないか?

また表紙のそれは二〇一四年六月四日夕刻、東海岸・泡瀬干潟を、その汀《みぎわ》に建つ〝博物館カフェ〟ウミエラ館・館長の屋良朝敏さんに御案内いただき、散策していたさなかのショットである。

沖縄中部に住んでいると、米海兵隊の兵員輸送機V—22、すなわち通称「オスプレイ」の醜悪な姿を目にすること——目にするよりも早く、内臓を鷲掴みにされるようなその不快極まりない低周波のエンジン音を耳にすることは日常茶飯事だが(そのたび、まず鳥たちが恐怖に満ちて逃げ惑うさまが痛いたしい)、このときは折りから大潮の引き潮のこととて、膕《ひかかみ》までを海水に濡らしながら、本来の海岸線から二キロ近くも沖合まで歩いて、世界でも有数の生物多様性の宝庫の豊麗な自然を堪能していたさなかの出来事だった。

以後、先刻までの夢のような時間を汚すがごとく、しきりと、この不格好な飛行体が北東方向から現われ、高からぬ頭上を波状的に飛び来たり飛びすさってゆく。それに憤りつつも、そうした現実もカメラに収めつづけているうち、終わり近くには二機編隊が出現し、上空を悠然と横断していった。

本来「オスプレイ」(Osprey)は、英語で猛禽類の一種「鶚《みさご》」を意味する。まさしくそのタカ目ミサゴ科の海鳥の棲息地でもある泡瀬干潟を、「偽物のミサゴ」(屋良朝敏さん)が、贋物の分際で我が物顔に威圧する——。むろんのこと泡瀬ばかりではない、沖縄の空を。

ちなみに「本物のミサゴ」が大きく両翼を拡げ、滑空する美しいさまは、ウミエラ館のウェブサイトにアクセスしさえすれば、屋良さんが当地で撮影された写真で、ただちに確認することができる。

カバー裏の装画は、李相浩《イサンホ》（이상호）作『地獄圖지옥도』（二〇〇〇年／一七二cm×一二五cm、韓紙に彩色）。

読者におかれては、本書の『傷つくことができるものだけが持つ「つよさ」』にも記したとおり、私が「光州民衆美術の北極星」と位置づける、この限りなく心優しい友にして、かつ恐るべき伎倆を具えた画家の、凄絶でありつつ豊麗な大作を堪能されたい。

アメリカ帝国主義と、その卑しい共犯者・日本の直接間接の非道は、いまも中東で、世界各地で、この『地獄圖』に描かれた「照魔鏡」に映るとおりである。そして、本書・表カバーの辺野古の海を埋め立てて造られようとしている「新基地」の直接もたらすのが、またしても同様の暴虐なのだ。

なお、この図版および本書収録の他の李相浩作品の図版も、今回、個展『歴史の街角に立って』（光州・DSギャラリー）会場で二〇一五年九月、私自身が携行のカメラで展示作品を撮影した写真を用いた。

いま、すべてが苦しみの時代にある。茫漠、渾沌とした、一種終末的な気分が、現実のいっさいを色濃く染め上げている——。

そのなかで、東京電力・福島第一原発事故から安倍晋三ファシズム政権の暴走という危機に臨み、これまでいわゆる「政治的関心」の必ずしも高くなかった人びとが、急速に意識を高めつつある。

何はともあれ、重要なことだ。終章に引いたジャコメッティの言葉どおり、社会は一人では造れないのだから。また、どんな絶望的状況にせよ、覚醒に遅すぎるということは、たぶん、ないのだから。

そうして、沖縄が担いつづけてきた苦難に満ちた抵抗は、久しく沈黙の底に死んだように冷えきっていたヤマトの社会と大衆の一部にも、いまようやく……遅まきながらではあるにせよ、一定の共振を喚《よ》び起こそうとしつつあるかにも見える。私たちが、自らの生を諦めない——このまま世界をむざむざと、あれらの者らに明け渡し、世界と、そして私たち自身とを、あたら見殺しにてしまわぬために。

《本当に、沖縄は民の力を全国に見せつけていますね。日本が変わるとすれば、沖縄からではないかと感じます。この底力が持続してほしい、持続させなければ。やっぱり、一人一人の思いと行動ですね。》

——過日、若い八重山民謡歌手・山本藍《あい》さんから、いただいたメッセージである。

この簡潔にして透徹した言葉が、静かに指し示しているもの。それこそが、これまで私たちの世界にはなかった……しかし私たちが生き延びるためには、いまこれからの世界になんとしても創り出さなければならない「連帯」の可能性のありかだろう。

いよいよ危機と困難の極みにあって、日本国家という牢獄に囚われた人びとを、遠く、琉球弧の抵抗が燠火《おきび》のごとく照らし出し、救助信号を明滅させている。

世界が滅ぼされる、その前に目を醒まし、人間としての闘いの環にまで歩みを進めるように——と。

確かに、それぞれの場で存在を賭した抵抗が始まっている。

「戦後」とは、その道義の根本において底の抜けた空洞であったが、それが空洞であるなりに、そのなかで生まれ育ってきた人びとの心に育てたものもまた、ないわけではないのだ。私たちが、真に主人公となるべきときである。

いま、ここからだ。この日本政府のなりふり構わぬ非道に対し、私たちが選んだ沖縄県知事とともに、抵抗の連帯を形成し、それを支え抜くのは。

もとより敗北はあり得ない。人間として最初から破産しているのは、政府の側なのだから。大切なのは、その明白な事実を、分厚い沈黙の壁を貫いて、より多くの人びとにまで届けること。
——私自身、自らの活動のあらゆる局面を、いま、そこに収斂《しゅうれん》させつつある。

かつて最晩年の埴谷雄高《はにやゆたか》は、都内の一隅で久方ぶりに再会したある晩秋の一夕、突然、何を思ったか、こちらの挨拶を遮るように、いきなり、その法皇めいた貌（奇妙な形容だが、そうとしか言いようがない）をおもむろに私の耳もとに近づけ、暗鬱な呪文のごとく「山口君は、孤立するよ。いずれ、あなたは、必ず、孤立する——」と力を込め、かつ執拗に、確信に満ちた囁きを繰り返した。

それに対し、私は「孤立なら、もうとっくにしております」と反射的に応じたのだったが……そんな咄嗟の安易な返答の、いまにして思えば、なんと浅はかだったことか。

このあたりの経緯は、その翌春に実現した、彼と私との対談『預言者の運命』（一九九四年五月一一日、埴谷邸にて収録／小著『「新しい中世」がやってきた！』＝岩波書店＝所収。のち、埴谷雄高『超時と没我』＝未来社＝に再録、『埴谷雄高全集』＝講談社＝第一八巻に再再録）に詳しい。『死霊』の文豪が、九〇年代以後の日本において、とその条件まで定義した上で、荘重に下し与えてくれた、まったくもって有り難くもない、件《くだん》の「託宣」は……しかしながら、時を追うに従い、いよいよ的中しつつある気配である。

そうした困難がますます強まる〝魂の亜窒息状態〟ともいうべき閉塞状況のなか、本書の成立にあたっては、得難い奇蹟のごとく——私のこれまで一九冊の著書のどれよりも、さまざまな立場からの有形無形のお力添えと励ましをいただいた。

まず、本書にも登場していただいた方がたをはじめ、ここ琉球弧で、人間としての尊厳回復の抵抗の列に、新参の移住者ヤマトンチュの沖縄市民を迎えてくれている、ウチナーンチュおよびヤマトンチュの皆さん。その多くが、辺野古を含め琉球弧の各地で、ともに闘う仲間たちである。

そして、収録作諸篇の発表の機会を提供してくださった、各紙誌の担当編輯者各位。

終末的危機の実態それすらもが、最後まで欺瞞に染め上げられた隠蔽と沈黙の底に包み込まれているという、あまりにも非道な困難の極みにあるヤマト——日本国に生きる、友人知己。

韓国・台湾、さらに世界各地から「連帯」の手を差し伸べてくれている、同志・盟友。

沖縄・コザと、無慮二千キロになんなんとする距離を隔てて、本書の印刷・製本にあたっていただいた関係業者各位。

最後に……東京・目黒区から沖縄市へとその根拠地を変えながら、私の前著『避難ママ——沖縄に放射能を逃れて』(二〇一三年)に続いて、今回も快く本書の上梓を引き受けられたのみならず、かかる末期的な「精神の戒厳令」下、文字通り万難を排し、著者として当初の構想をはるかに上回る作り込みをする機会と、万全の製作サポートをいただいた、出版社・オーロラ自由アトリエの遠藤京子さん——。

御承知のとおり、もはや現在の日本では、「言論」は直接、書店や図書館の、権力からの「自由」の問題としても浮上しつつある。そうした観点からも、本書への御支援をお願いする次第である。

私にとってちょうど二〇冊目の著書となるこの本が、これほど多くの方がたの一種共感的支援を受け、いま琉球弧から生まれることに、強い思いがある。

「沖縄」について語ろうとすることには、そこに生きること同様、さまざまな思念と現実的困難が錯綜する。だが、それら一切を承知しつつ——すべてのゆかりある皆さんに、感謝の言葉を記したい。

いっぺー、にふぇーでーびたん。まことに、ありがとうございました。

二〇一五年一〇月二一日
五〇回目の「国際反戦デー」――一九九五年「県民大会」二〇周年の日に

沖縄　コザにて

山口　泉

追　記

現在、琉球弧が強いられている苦難の状況がひときわ激変しているなか、この地の人びとが手放さない希望を、ぎりぎりまで反映したかったことと、私の側の不可抗力的な事情もあり、結果として作業の進行が二箇月以上、遅れてしまった。本来なら「あとがき」も稿を改めるべきところなのだろうが、内容上、本質的な変更の必要を認めないのと、二〇一五年一〇月二一日という日付を尊重したいという思いから、あえて当初のままとさせていただく。

そのかん、むろん事態には進展があった。その最大のものは、翁長雄志・沖縄県知事の下した、〝前知事の公約違反の「辺野古埋め立て承認」〟取り消し決定に対する、日本政府側の顛倒した提訴（一一月一七日）であり、それに続く石井啓一国土交通相による〝取り消しの執行停止決定〟に対しての、知事側からの抗告訴訟（一二月二五日）である。

事前に露骨な裁判官変更までが公然と行なわれ、〝沖縄が勝つはずはない〟と日本政府が傲岸に冷笑する法廷闘争を、にもかかわらず翁長知事はウチナーの声を世界に訴える場と位置づけ、見事な陳述を展開した。「三権分立」などなきに等しい状況下、なお沖縄が原則的抵抗を続ける理由は、何か？　なぜ、沖縄の人びとは、いまだに屈しないのか？

私もまた不可避的に帰属するヤマトよ。このままでは、真に人間としては、あなたがたの側こそ避け難い「破滅」の淵で、最後の覚醒の機会を逃してはならない。その決定的局面が、いまや目前に迫っている。

〔二〇一五年一二月二八日〕

山口泉（やまぐちいずみ）

作家。1955年、長野県生まれ。1977年、東京藝術大学美術学部在学中に中篇小説『夜よ天使を受胎せよ』（未刊）で第13回太宰治賞優秀作を得、文筆活動に入る。

NPO「オーロラ自由会議」副代表理事。SHANTI（絵本を通して平和を考える会）アドヴァイザー。「小諸・藤村文学賞」銓衡委員。同志社大学メディア・コミュニケーション研究センター嘱託研究員。日本文藝家協会会員。日本ペンクラブ会員。

2016年1月より、同時代批評『まつろわぬ邦からの手紙』を『琉球新報』に連載予定。

著　書（以下には、単著のみを掲げる）
『吹雪の星の子どもたち』（1984年／径書房）
『旅する人びとの国』〈上巻〉〈下巻〉（1984年／筑摩書房）
『星屑のオペラ』（1985年／径書房）
『世の終わりのための五重奏』（1987年／河出書房新社）
『宇宙のみなもとの滝』（1989年／新潮社）
『アジア、冬物語』（1991年／オーロラ自由アトリエ）
『ホテル物語　十二のホテルと一人の旅人』（1993年／NTT出版）
『悲惨鑑賞団』（1994年／河出書房新社）
『「新しい中世」がやってきた！』（1994年／岩波書店）
『テレビと戦う』（1995年／日本エディタースクール出版部）
『オーロラ交響曲の冬』（1997年／河出書房新社）
『ホテル・アウシュヴィッツ』（1998年／河出書房新社）
『永遠の春』（2000年／河出書房新社）
『神聖家族』（2003年／河出書房新社）
『宮澤賢治伝説　ガス室のなかの「希望」へ』（2004年／河出書房新社）
『アルベルト・ジャコメッティの椅子』（2009年／芸術新聞社）
『原子野のバッハ　被曝地・東京の三三〇日』（2012年／勉誠出版）
『避難ママ　沖縄に放射能を逃れて』（2013年／オーロラ自由アトリエ）
『避難ママ　沖縄に放射能を逃れて』音訳版CD（2014年／オーロラ自由アトリエ）

ウェブサイト『魂の連邦共和国へむけて』　http://www.jca.apc.org/~izm/
ブログ『精神の戒厳令下に』　http://auroro.exblog.jp/
ツイッター　https://twitter.com/yamaguchi_izumi

辺野古《へのこ》の弁証法《べんしょうほう》 ――ポスト・フクシマと「沖縄革命《おきなわかくめい》」
2016 年 1 月 31 日　第 1 刷発行

定 価　1800 円（＋税）

著　者　山口　泉
発行者　遠藤京子
発行所　オーロラ自由アトリエ
〒 904-0003 沖縄県沖縄市住吉 1-2-26　住吉ビル 1A
電話 098-989-5107　ファクシミリ 098-989-6015
郵便振替　0-167-908
http://www.jca.apc.org/~aurora/

株式会社平河工業社／印刷製本
ISBN978-4-900245-16-7　C0036 ￥1800E
JAN192-0036-01800-0

オーロラ自由アトリエの本

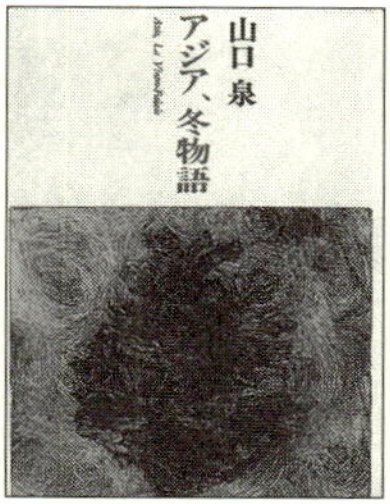

現代日本の「言論」の極北。

アジア、冬物語

Azio, La Vintro-Fabelo

山口泉

信濃毎日新聞連載「本の散歩道」一九八九・九〇年度版

■全五〇章＋補註＋索引二二頁付●四六判・上製・カバー装／総三八五頁

●定価一八〇〇円＋税

■日本図書館協会選定図書

■魂のふるえが文章を推し進めていくような文体に出会いました。誰の代理人でもない、この「わたくし」が発せずにはいられない言葉をくりだすという作業のみが、物書きの誠実を裏打ちするのだということをあらためて思っています。（日野市／O・Nさんの読者カードから）

■本書には、わたしたちが見えないと思いこんでいる現実があざやかに彫りこまれている。しかも、そんじょそこらのエッセイストの鈍感さなど比較にもならぬ鋭敏な感覚をもって、だ。その感覚に触発されれば、われわれもまた、魂の深いどこかに「かくあってほしい」ユートピアへの夢があることに目覚めるだろう。挑発に乗って、まず山口泉と〝論争〟してみようではないか。（井家上隆幸氏『量書狂読』三一書房刊）

■「豊か」で「平和」といわれる日本だが、近年その姿は一層見えにくくなっている。あふれるばかりのメディアのなかに現れる評論家などの言論に、私たちは何を見いだせばよいのか。その手掛かりを与えてくれる。（『信濃毎日新聞』一九九一年一〇月六日付）

■現在の日本では問題にされにくく、しかし最低限これだけは踏まえておかなければならない、という問題点が具体的な人物や事態や本（詳細な索引がありがたい）に即して網羅された本である。（小森収氏『サンデー毎日』一九九一年一〇月二〇日号）

■とりあえず背筋を伸ばして読みたい。（『宝島』一九九一年一〇月九日号）

■中央メディアが軒並み「日本は日本だ」という自明性にうつつをぬかした言説を流布している間に、アジア圏を含んだ視座から、メディアの表層を飾った数々の時事問題を巡ってなされた真摯な論考の数々は、今健全な知性がすべき作業がいかに膨大かを示す。「現在を荒野と感じうる、あなたに」という呼びかけで始まるこの論考を、孤独な作業のままで終わらせてはイケナイ。（『CITY ROAD』一九九一年一〇月九日号）

■底流にあるものは〈自由と平等〉をないがしろにする論理への透徹した批評精神である。刺激感いっぱいの状況論だ。（『CLIPPER』一九九一年一〇月一〇日号）

■エッセーという言葉から連想されるような気軽さはみじんもなく、おう盛な批評精神に貫かれた状況論といっていいだろう。（『河北新報』一九九一年一〇月二〇日付）

■表現する自己がどこにもない空疎な批評がまかり通る中にあって、ここにも一人、はっきりとした自己を持つ批評者が存在した。（伊達政保氏『ミュージック・マガジン』一九九一年一一月号）

■『アジア、冬物語』の提示するパノラマはすさまじい。意思と意思との格闘、生きること、生きていることの葛藤。……この人の〈読者〉でなかったことを悔しくさえ思っているのが偽らぬところだ。（野分遙氏『労働法律旬報』一九九二年五月上旬号）

■ポスト全共闘きっての硬派。（福嶋聡氏『よむ』一九九三年一〇月号）

オーロラ自由アトリエの本

精神と自由
——より人間らしく生きるために

森井 眞（明治学院大学前学長）
弓削 達（フェリス女学院大学学長）
司会／山口泉

なぜ、日本には「市民社会」が育たないのか？

一人ひとりが「精神の自由」を侵されることを、きっぱりと拒絶するには？ 一九八九年、昭和天皇死去の際、文部省の「服喪」通達に対し、大学としての「自治」の姿を示した二人の知識人による、深い示唆に富む対話。

いま、新たなファシズムの時代の始まりに、基本的人権を守り抜くため、改めて本書を——。

＊肩書きは、一九九二年時点

●四六判・並製・カバー装／総一五八頁 ●定価一五〇〇円＋税

季刊総合雑誌 ●A5判・一四八頁●定価各一五〇〇円＋税

※季刊『批判精神』は、現在、休刊中です。バックナンバーのみの販売となっています。

創刊号（一九九九年春）「日韓新時代」の欺瞞
第二号（一九九九年夏）「脳死」臓器移植を拒否する
第三号（一九九九年秋）核は廃絶するしかない
第四号（二〇〇〇年春）いよいよ歴史教育が危ない
第五号（二〇〇〇年夏）沖縄が解放されるとき
第六号（二〇〇〇年冬）新たな戦争とファシズムの時代に
第七号（二〇〇一年春）絶対悪としての買売春

■『アジア冬物語』の続篇、二〇一六年後半から順次、待望の刊行予定

日本レクィエム
Japana Rekviemo
——アジア冬物語 II

山口泉

一九九一年から二〇一二年に至る、この国の滅びの姿。『信濃毎日新聞』連載の「本の散歩道」「同時代を読む」「同時代への手紙」の未刊三大エッセイ二一七篇と、その後に『週刊金曜日』『ミュージック・マガジン』等の紙誌、さらにインターネットを通じて展開されつづけた、精神の戒厳令下の日本における「言論」の究極のレジスタンス。総三〇〇篇・二五〇〇頁以上。年ごとの分冊型式で、二〇一六年秋から順次、刊行予定。定価・刊行形態については未定。〝戦後日本〟は、いかに終焉すべくして終焉したか——。慟哭の年代記。現在、沖縄中部において、関連・連続講座も企画準備中。

オーロラ自由アトリエの本

避難ママ——沖縄に放射能を逃れて

愛する者の命は、自分が守ろう！　自分の頭で考えよう！

山口泉

二〇一一年三月一一日、東北地方を襲った巨大地震と大津波に端を発した、東京電力・福島第一原子力発電所の大事故。放射能汚染から子どもを守りたいと、東日本から沖縄へと逃れた女性たちが、いま、語り始めた……。世代も、環境も、家族形態も異なる彼女たち「避難ママ」六人の言葉。子どもたちのこと。夫のこと。残してきた、さまざまな人びとのこと。ふるさとのこと。避難地・沖縄のこと。これからの日本と世界のこと。自らの「いのち」のこと——。政府の発表とは裏腹に、なんら収束してなどいない空前の原発事故の影響下、「被曝」の不安に苦しみ悩む人たちの役に立てば……。そしていつか、子どもたちが大きくなったとき、「避難」を決意した前後の気持ちを知ってほしい……。痛切な思いがほとばしる、稀有のインタヴュー集。各章に探訪記を、巻頭・巻末に解説を付す。

●四六判・並製・カバー装／総二五六頁 ●定価一四〇〇円＋税（テープ版読者会製作の音訳版CDも、同価格で発売中）

革新無所属

宮本なおみ

彼女を、みなが親しみを込めて「なおみさん」と呼ぶ。一九三六年、福島に生まれ、上京後、労働者としての青春時代を経て、七一年、東京都目黒区議選に初立候補、初当選。以後五期・二〇年を、革新無所属の区議会議員として、民衆と共に歩んできた女性の軌跡。平和・女性・自治・選挙をつなぎ、地域から「市民の政治」を追い求めた日々。もう一つの「戦後史」。日本の「民主主義」がめざしたものは、なんだったのか？　巻末に、解説インタビュー「時代の流れに身を任せたら闘っていた」（聞き手＝山口泉）を併録。

●四六判・上製・カバー装／総四〇二頁 ●定価二八〇〇円＋税

■**この本を推薦します。**

天野恵一（反天皇制運動連絡会）
内田雅敏（弁護士）
大倉八千代（草の実平和研）
高二三（新幹社）
高田　健（許すな！　憲法改正市民連絡会）
富山洋子（日本消費者連盟）
林　郁（作家）
原田隆二（市民運動）
福富節男（数学者）
山崎朋子（作家）
井上スズ（元・国立市議会議員）
内海愛子（アジア人権基金）
上　笙一郎（児童文化評論家）
新谷のり子（歌手）
高見圭司（スペース21）
中山千夏（作家）
原　輝恵（日本婦人有権者同盟）
ビセンテ・ボネット（上智大学名誉教授）
保坂展人（衆議院議員）
吉武輝子（作家）

＊肩書きなどは、二〇〇八年時点

第3回平和・協同ジャーナリスト基金賞大賞受賞

さだ子と千羽づる

SHANTI《シャンティ》

（絵本を通して平和を考えるフェリス女学院大学学生有志）

一九九四年八月に出版された日本語版は、朝日新聞「天声人語」やNHKテレビ全国ニュースをはじめ、各マスコミでも大きく取り上げられ、刊行以来、多くの学校・職場・地域で平和教育に活用されています。

一九四五年八月六日、二歳で被爆してから一〇年後に、突然、発症した白血病で亡くなった佐々木禎子《さだ》さん。広島の平和記念公園に建つ「原爆の子の像」は、彼女がモデルと言われています。本書はフェリス女学院大学の学生グループが〝手作りの絵本に平和のメッセージを〟と、原爆投下に至る日本のアジア侵略の歴史も学びながら書き上げました。一九九五年には韓国語版、九六年には英語版も刊行され、海外のお知り合い・お友だちに贈られる方もいらっしゃいます。

そしていま、東京電力・福島第一原子力発電所の大事故の影響が確実に拡がっています。新たな被曝の危機が進むなかで、核廃絶の思いを胸に、本書は読み継がれています。

出版以来、毎年八月四日～六日の広島・平和記念公園「原爆の子の像」の前で、読者有志による朗読会が行なわれています。23回目の二〇一六年も行ないます。皆さまのご参加を呼びかけます。

●本文カラー32頁・B5判並製
●解説・山口泉
●定価一〇〇〇円＋税

●定価一二六三円＋税●解説・山口泉●翻訳・徐民教＋現代語学塾有志

●定価一二六三円＋税●解説・山口泉●翻訳・SHANTI＋滋賀県立八幡商業高校一九九四年卒業生（別刷英語テキスト16頁付）